**복 있는 사람**

오직 여호와의 율법을 즐거워하여 그 율법을 주야로 묵상하는 자로다.
저는 시냇가에 심은 나무가 시절을 좇아 과실을 맺으며 그 잎사귀가 마르지 아니함 같으니
그 행사가 다 형통하리로다.(시편 1:2-3)

# 성서해석학

**소식 머금은 향기 두 번째 책**

소식 머금은 향기 시리즈는 문화연구원 소금향과의 협력을 통해 출판하는 도서로서, 성서 해석, 문화 해석 및 역사 해석에 관한 내용을 담고 있습니다.

# 성서해석학

시간 이론에서 서사학까지

2018년 10월 29일   초판 1쇄 발행
2023년   7월   6일 개정판 1쇄 인쇄
2023년   7월 13일 개정판 1쇄 발행

지은이 박정관
펴낸이 박종현

(주) 복 있는 사람
주소 서울특별시 마포구 연남동 246-21(성미산로23길 26-6)
전화 02-723-7183(편집), 7734(영업·마케팅)
팩스 02-723-7184
이메일 hismessage@naver.com
등록 1998년 1월 19일 제1-2280호
ISBN 979-11-92675-86-2 03230

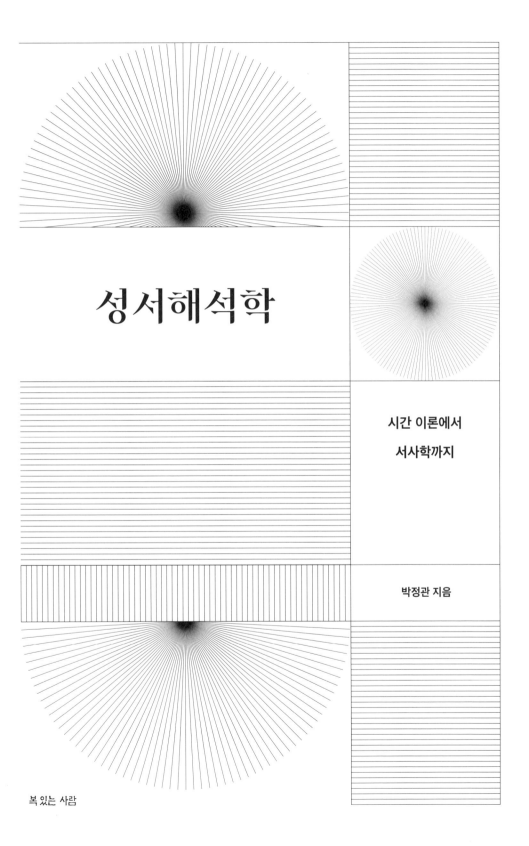

# 성서해석학

시간 이론에서
서사학까지

박정관 지음

복 있는 사람

# 머리글    성서학·성서신학·성서해석학

그동안 학교에서 강의하면서 성서해석학이 이미 큰 관심의 대상이 되어 있다는 것을 알 수 있었다. 그 이유를 생각해 보니, 일단은 당연한 듯했다. 성경을 어떻게 해석하느냐에 따라 신학, 설교와 묵상, 삶의 방식 등 신앙인에게 중요한 모든 것이 결정되기 때문이었다. 그런데 한 가지 의문이 생겼다. 성서학이 있는데 왜 군이 성서해석학을 찾을까? 시야를 넓혀 질문을 다시 던진다면, 성서학과 성서신학과 성서해석학은 서로 어떻게 다른가?

   우선, 성서학과 성서신학의 차이부터 생각해 보겠다. 성서학biblical studies은 엄밀히 말해 신학이 아니다. 그렇지 않으면 성서신학biblical theology이 따로 있을 필요가 없다. 성서학은 일반 학문의 방법론을 사용해서 성경을 연구하는 학문인데, 전제와 방법론에 따라 두 분야로 나뉜다. 우선, 역사비평은 종교사의 관점에서 성경의 형성 과정에 초점을 두고서 본문을 연구한다. 반면에 공시적 분석법은 문학이론, 수사학, 서사학, 구조주의 언어학 등의 방법론을 사용하여 지금 우리가 가지고 있는 대로의 본문을 해석하려고 한다.

   이 두 분야의 차이를 파악하기 위해서는 두 번의 세계대전 이후에 일어난 서구 학문의 변화, 특히 계몽주의를 배경으로 한 19세기의 해석학에 대한 20세기의 반작용을 이해할 필요가 있다. 일반해석학의 경우, 신비평New Criticism이 낭만주의 해석학Romantic hermeneutics을 비판하면서 해석의 초점을 저자의 심리와 저작의 문화사적 배경으로부터 본문으로 돌려놓았다. 그런데 이와 비슷한 현상이 성서학에서도 일어났다. 공시적 분석법을 사용하는 성서학자들이, 저자의 의도를 찾고 역사적 배경을 재구성하는 데에 몰두한 역사비평을 비판하면서 본문 자체를 해석의 주된 관심으로 삼은 것이다.

비슷한 시기에 일어난 성서신학 운동도 역사비평과 반대되는 방향으로 나아갔다. 신학과 성서학을 적극적으로 연결하면서 성경의 통일성을 강조한 것이다. 특히 성경의 통일성을 강조한 것은 다음과 같은 의미를 가지고 있다. 구약과 신약 사이에는 상당한 차이가 있지만 기독교가 그 둘을 한 책으로 묶은 것은 그 차이를 극복할 이유와 방법을 알았기 때문이다. 그럼에도 불구하고 성서학에서는 다음과 같은 이유로 구약학과 신약학이 분리되었다. 우선, 역사비평학이 구약과 신약의 연속성보다는 차이와 단절을 부각시키면서 두 분야의 분리를 당연시했다. 다음, 구약이 기독교 경전의 한 부분이면서 동시에 유대교의 경전인 히브리 성서이기도 하다는 점도 분리의 요소로 작용했다. 말하자면, 기독교 학자와 유대교 학자가 함께 활동하고 있는 구약학계에서 기독교의 입장에 따라 구약을 신약과 연결하기가 쉽지 않았던 것이다. 바로 이런 상황 속에서 성서신학 운동은 성경의 통일성을 강조하면서 구약과 신약을 아우르는 신학 체계를 세우려 했다.

그러면 성서해석학biblical hermeneutics은 왜 필요한가? 성서학 및 성서신학과는 어떻게 다른가? 간단히 말해, 성서해석학은 성서 해석의 원리를 연구하는 학문이다. 이런 점에서 성서해석학은 성서신학의 기초가 되는 학문이라고 할 수 있다. 그러면 성서학과는 어떻게 다른가? 성서학도 나름대로 해석의 원리를 세우지 않는가? 이 질문에 대한 답을 찾기 위해서는 서구의 학문적 흐름을 이해할 필요가 있다.

많은 사람이 중세 시대를 기독교가 모든 것을 지배하던 시대 정도로 알고 있는 듯하다. 그래서 일반 학문이 신학에 눌려 질식하고 있었다고 생각하고는 한다. 그것은 사실과 전혀 다르다. 중세에 권장된 학문으로서 '삼학사과'라는 것이 있는데, '삼학'trivium은 문법, 수사학 및 논리를, '사과'quadrivium는 대수, 기하학, 음악, 천문학을 가리킨다. 이 학문들은 신학, 법학, 의학 등의 전문 분야를 준비하기 위해 거쳐야 하는 것들이었다. 특히 문법과 논리와 수사학은 신학 공부에 필수적이었다. 인문학이 신학 연구에 필수적인 학문이 되었다는 뜻이다. 성경이 사람의 언어로 되었다는 것을 고려하면 당연한 일이다. 언어 구성의 원리를 이해하려면 문법을 배워야 하고, 언어가 현실과 어떻게 연결되는지를 이해하려면 논리를 배워야 하고, 언어가 구체적인 삶의 자리에서 어떻게 활용될 수 있는지를 이해하려면 수사학을 배워야 하기 때문이다. 따라서 루터, 칼빈, 츠빙글리 같은 종교개혁가들이 인문학에 조예가 깊었다는 사실은 그리 놀라운 일이 아니다.

그런데 역사비평학은 이런 인문학적인 기초를 소홀히 했다. 이 점은 매우 모순적이다. 역사비평학은 기본적으로 성경을 하나님의 말씀으로 보기보다 사람의 글로 보는데, 정작 언어 이해에 기본이 되는 학문을 등한시했으니 말이다. 사실, 이 모순은 역사비평이 해석의 초점을 본문 자체의 의미를 찾는 것에 두지 않고, '종교사적인 관점'으로 본문 형성 과정을 찾아내는 것에 둔 데서 시작되었다. 이와 달리 본문의 의미 구조를 찾는 공시적 분석법이 언어학, 수사학, 서사학 같은 인문학의 분야를 다시 성서 해석에 도입한 것은 자연스러운 일이었다. 그렇지만 성경 연구의 기반을 여러 분야에 대한 종합적인 이해에 두기보다 한 분야에만 두었기 때문에, 분야에 따라 구조주의적 분석, 수사적 분석, 서사적 분석 등으로 나뉘게 되었다.

이런 상황에서 성서해석학은 다음과 같은 중요성을 띤다. 성서해석학은 성서학과 달리 해석의 원리를 구약과 신약이 연결된 통일체로서의 성경에 적용한다. 그리고 공시적 분석법과 달리 언어학, 수사학, 서사학, 문학이론 등 인문학의 여러 분야를 종합적으로 사용하여 해석의 기초를 마련한다. 이 기초에 시간 이론과 역사철학이 더해지기도 한다. 이런 점에서 성서해석학은 포괄적인 시야를 가지고 성경을 읽어낸다고 할 수 있다. 그리고 이러한 방식의 해석을 신학이 이끌어 가면 바로 성서신학으로 연결된다.

2018년에 출판된 『성서해석학』은 성서해석에서 성서신학으로 나아가는 과정을 한 책에 모아놓은 것이었다. 이 판이 나왔을 때는 성서학, 성서신학, 성서해석학의 구분에 대한 인식이 제대로 되어 있지 않았다. 또한 성서해석학과 성서신학에 대한 우리나라 저자의 책도 잘 보이지 않았다. 따라서 이 두 분야를 소개할 책이 필요했고, 따로 다루기보다는 한 책에서 함께 다루는 것이 돌 하나로 새 두 마리를 잡는 효과를 얻는 것이라고 생각했다. 그래서 책의 순서를, 일반해석학의 원리를 다룬 1부와 성서해석학의 원리를 설명한 2부, 그리고 그 원리를 본문 해석에 적용하여 성서신학적인 내용을 도출해 낸 3부로 잡았다.

그러나 이번에 출판하는 책은 성서 해석의 체계를 제시하는 데에 주력했다. 이제는 성서해석학과 성서신학을 구분해서 출판할 때가 되었다고 판단해서 먼저 성서해석학에 관한 책을 내기로 했기 때문이다. 이 책은 2018년판 1부와 2부의 내용을 이어가기는 하지만, 그 내용의 구체적인 면과 전개 방법에 있어서는 달라진 점이 많다.

이 책은 1부와 2부로 나뉜다. 1부에서는 성서 해석에 문제가 되는 요인을 파악하여 해석 체계를 세우는 데에 필요한 시야를 확보한 다음, 본문 해석의 기반이 되는 시간 이론, 논리, 의미 이론 등을 설명할 것이다. 장별로 보면, 1장에서는 성서 해석의 최근 상황을 살피면서 극복해야 할 요인들이 무엇인지를 확인한 뒤에, 2장과 3장에서는 시간 이론을 기반으로 해서 기억, 믿음 및 정체성 문제를 다루면서 논리의 기초 개념을 제시할 것이다. 이어 4장과 5장에서는 언어로 눈길을 돌려 언어와 현실의 관계 및 의미 확정의 과정을 파악할 것이다.

2부에서는 단어 차원에서부터 서사 차원에까지 적용되는 성서 해석 원리를 설명할 것이다. 먼저 6장과 7장에서는 단어의 의미를 파악하는 과정에 일어나는 문제를 다룰 것이다. 8장과 9장에서는 은유를 중심으로 성경에서 사용된 중요한 수사법을 살펴볼 것이다. 마지막으로, 10장부터는 서사학narratology의 관점에서 성서서사문의 해석법과 해석 장치를 파악한 다음, 그것을 비유의 해석에 적용함으로써 책을 마무리할 것이다. 그리고 책 끝의 부록에는 성서 해석의 네 요소(본문, 저자, 지시 내용, 독자)에 관련된 18세기 이후의 변화를 간략하게 설명함으로써 독자들로 하여금 현대 성서 해석의 동향을 파악하는 데에 도움이 되도록 할 것이다.

마지막으로, 이 책의 목적은 '성경이 과연 하나님의 말씀이며, 이 세상에서 일어난 하나님의 일을 진실하게 전하는 증언인가'라는 질문에 신앙을 가진 학자로서 응답하려는 것이다. 달리 말하자면, 그리스도인들이 성경에서 하나님의 음성을 들을 수 있다는 믿음을 가질 때 그 믿음이 동시대의 학문과 함께 갈 수 있는지에 대한 고민과 탐구의 결과가 담겨 있다. 물론, 이 탐구가 학문으로만 이루어진 것은 아니었다. 9년의 연구가 다시 9년 동안 현실의 칼바람 속에서 숙성을 거친 다음, 5년 더 가르침의 여러 현장을 통과해야 했으니.

2023년 5월 4일
박정관

# 목차

# 일러두기

이 책을 읽을 때 참고할 점들은 다음과 같다.

## (1) 히브리어와 그리스어의 표기

히브리어와 그리스어는 이 두 언어를 모르는 사람들을 고려해 대략적인 발음을 알수 있도록 이탤릭체의 로마자로 옮겼다. 다만, 히브리어 표기에서 '와 '는 각각 알레프(א)와 아인(ע)을, ă, ĕ, ŏ는 유성 쉐와를 가리킨다는 점을, 그리고 그리스어 표기에서 ē와 ō는 각각 에타(η)와 오메가(ω)를 가리킨다는 점을 기억해 두면 좋겠다.

## (2) 외국 이름의 표기

우선, 교부 시대의 이름은 마르키온Marcion이나 아우구스티누스Augustinus처럼 그리스어나 라틴어의 원래 발음을 따랐지만, 오리겐Origen과 크리소스톰Chrysostom처럼 독일식으로 어미를 뗀 형태가 우리나라 사람들에게 친숙해진 경우는 예외로 했다. 아래에 설명할 칼빈Calvin도 같은 경우다.

　다음, 중세와 종교개혁 시대의 학자들은 자국어 이름 외에 공식적인 활동을 위한 라틴어 이름을 가지고 있었다. 예를 들어, 지동설을 주장한 폴란드인 코페르니크Koppernigk는 라틴어 이름 코페르니쿠스Copernicus로 널리 알려져 있다. 칼빈에게도 불어 이름 즈앙 코뱅Jehan Cauvin과 함께 라틴어 이름 요아네스 칼비누스Ioannes Calvinus가 있었다. 이 라틴어 이름을 현대의 영어, 독어, 불어로 옮기면, 각각 존 캘빈John Calvin, 요한 칼빈Johan Calvin, 장 칼뱅Jean Calvin이 된다. 모두 칼빈의 원래 이름과 똑같지는 않다. 이 책에서는 우리나라 사람들에게 가장 친숙한 '칼빈'을 사용했다.

## (3) 인용과 각주

인용하는 책의 제목이 로마자인 경우는 이탤릭체로, 한글이나 한자인 경우는 겹낫표 안에 표시했고, 논문 제목은 큰따옴표 안에 넣었다. 그리고 시, 노래, 영화의 제목 및 신문 이름은 홑낫표 안에 넣었다.

각주에서 번역서의 저자는 책 뒤의 참고문헌에서 원서와 함께 확인할 수 있도록 로마자로 표시했다. 각주에서 인용한 글을 다시 인용할 경우는 직전에 나왔으면 '위의 글'로, 그렇지 않으면 저자의 이름과 글의 제목을 간략하게 표시했다. 그리고 이 책은 필자의 학위 논문을 포함한 몇 편의 글을 기반으로 했는데, 그것은 책 끝의 참고문헌에 일괄적으로 수록해 두었다.

성경을 포함해서 다른 글을 인용할 경우에는 큰따옴표 안에 넣었다. 작은따옴표에는 두 가지 기능이 있는데, 하나는 강조 또는 구분을 표시하기 위한 것이고, 다른 하나는 인용 속의 인용을 표시하기 위한 것이다. 따옴표 안의 대괄호는 성경 본문을 인용할 때 문맥상 표현을 약간 바꿀 필요가 있는 경우 그 바뀐 표현을 표시하기 위한 것이다. 예를 들어, 누가복음 6:27로부터 "원수를 사랑하며"라는 표현을 인용하면서 문맥상의 필요 때문에 동사의 활용어미 '며'를 '라'로 고칠 때 "원수를 사랑하[라]"로 표시했다. 그리고 요한복음 10:4로부터 "그의 음성"을 인용하면서 '그'가 누구인지를 표시해야 할 때 "[예수]의 음성"으로 표시했다.

성경을 인용할 때 이 책의 필자가 직접 번역한 경우에는 '필자 번역'이라고 표시했다. 그런 표시가 없으면 그 출처는 개역개정판이다. 그리고 번역판이 없는 참고문헌의 내용을 우리말로 인용한 것은 모두 필자의 번역이며, 문학작품의 경우는 번역판이 있어도 모두 필자가 직접 번역했다.

1부      해석의

기초

# 1장.  뒤를 보며 앞으로 가기

성경은 과거의 책이지만, 오늘의 책이면서 내일의 책이다. 다시 말해, 그저 과거의 기록으로만 끝나지 않고, 현재와 미래의 삶에 적용할 수 있는 내용을 담고 있다. 다음과 같은 이유 때문에.

## 이전과 같은 일이 지금도

먼저 하나님을 생각해 보면, 하나님은 과거에 하신 일을 지금도 하실 수 있다. 이는 예나 지금이나 변함없는 하나님의 정체성identity 때문이다. 하나님은 구약 시대에 아브라함이나 모세, 다윗을 통해 세우신 언약에 근거해서 구원의 은혜를 베푸셨다. 이렇듯 이제는 예수 그리스도를 통해 세우신 새 언약에 근거해서 그 은혜를 계속 베푸신다. 그리스도인이 성경에서 자신의 정체성과 삶의 의미를 찾고자 하는 것은 바로 그 사실을 믿기 때문이다.

일반적 차원에서도, 과거에 일어난 일은 지금도 일어날 수 있다. 성경의 예를 들면, 사사기 19장과 20장은 첩과 여행하던 한 사람이 밤이 되어 베냐민 지파 한 마을에 머물렀다가 당한 끔찍한 일과 그 일이 나라 전체의 내전으로 비화하는 과정을 서술한다. 요약하자면, 그 마을의 불량배들이 첩을 폭행해서 죽게 만들자, 그는 첩의 시신을 토막 내 이스라엘 모든 지파에 하나씩 보냈다. 이 때문에 그 일은 온 나라의 이목을 끌게 되어, 베냐민을 제외한 모든 지파가 불량배 처벌을 요구했다. 그런데 베냐민 지파가 이를 거부하자 결국 내전이 일어나 베냐민 지파는 전멸하다시피 했다.

이 사건의 진정한 불행은 그 발단이 한 나라 전체를 전쟁터로 만들 일이 아니었다는 점이다. 더구나 그들이 아침 일찍 길을 떠났어도 그곳에서 밤을 지내지 않았을 테고, 그 마을이 아닌 다른 곳에 머물렀어도 불행한 사건 자체를 피할 수 있었으며, 그 일이 일어났더라도 그 사람이 시신을 토막 내 각 지파에 보내지 않았거나 베냐민 지파가 불량배 처벌을 거부하지만 않았어도 내전은 피할 수 있었다.

이와 비슷한 일이 더 큰 규모로 20세기 초에 일어났다. 1914년에 오스트리아-헝가리 제국의 왕위 계승자인 프란츠 페르디난트Franz Ferdinand 대공이 사라예보에서 암살당했다. 이 사건 역시 세계대전으로 이어질 일은 아니었다. 사실, 그가 경고를 받아들이고 사라예보로 가지만 않았어도 암살 시도가 무산되었을 것이다. 아니, 거기 갔더라도 예정된 행로를 벗어나지만 않았어도 괜찮았을 것이다. 그런데 그가 먼저 있었던 암살 시도 때문에 다친 사람들을 위로하려고 병원에 갔다가 돌아올 때 운전기사 착오로 엉뚱한 길에 들어섰고, 그 바람에 암살자와 맞닥뜨려서 그 자리에서 피살당하고 말았다. 그래도 전쟁은 피할 수 있었다. 오스트리아가 이 사건을 전쟁으로 비화시키지만 않았어도 말이다. 그러나 오스트

당시 이탈리아의 한 주간지에 실린 저격 장면의 삽화

리아가 이 일을 기회 삼아 암살 배후에 있던 세르비아를 장악하기 위해 전쟁을 선포하자, 각 나라와 동맹 관계였던 유럽, 아시아, 아프리카, 아메리카의 여러 나라가 연쇄적으로 전쟁에 가담하는 바람에 세계대전이 일어났다.

두 사건의 공통점은, 한 사람의 죽음을 계기로 나라 전체나 세계 전체가 끔찍한 전쟁의 소용돌이에 휘말렸다는 것과 그 과정 중에 전쟁을 막을 기회가 과정 중에 여러 번 있었다는 것이다. 이처럼 같은 유형의 일이 되풀이된다는 점에서, 우리는 성경에 서술된 것과 같은 일이 앞으로도 실제 삶에서 다시 일어날 가능성을 보게 된다.

그런 의미에서 인생은 기차를 타고 역방향 좌석에 앉아 가는 것과 같다. 이 좌석에 앉은 사람은 오직 지나간 광경만을 보게 되지만, 지나간 것을 통해 다가올 것을 어느 정도 예상할 수 있  다. 예를 들어, 창밖에 지표면이 올라가는 것을 보고 산이 다가옴을 짐작하고, 집이 보이기 시작하면 마을이 나타날 것을 예상하는 것이다.

## 성경 읽기의 어려움

그렇지만 성서 해석의 역사를 보면, 과거의 책인 성경을 현재의 삶의 환경 속에서 읽어내는 것이 그리 쉽지는 않았다. 그 이유는 다음과 같다.

● 문자와 영에 대해. 우선, 성경 속 삶의 방식과 현재 삶의 방식 사이에 큰 간격이 있다. 언어가 다르니 의사소통 방식도 다르고, 옷과 음식, 주거와 관련된 생활 방식도 다르며, 환경과 자원을 다루는 방식도 다르다. 그런데 간격

은 성경과 지금의 삶 사이에만 있는 것이 아니라, 구약과 신약 사이에도 있다. 예를 들어, 구약의 관심은 이스라엘 민족에게 있고, 그 중심에는 구약의 헌법이라고 할 수 있는 레위기가 있다. 그리고 레위기에는 제사법과 정결 규례, 토지법이 기록되어 있다. 반면 신약의 관심은 교회에 있다. 교회는 다민족 공동체로서 그 모든 제도를 폐지했다. 이 때문에 구약과 신약, 성경과 현재의 삶을 어떻게 연결할 것인지에 대한 해석학적인 문제가 일어났다.

이런 문제 앞에서 두 대조적인 해석법이 등장했다. 하나는 문자주의literalism로서, 성경 본문을 문자적으로만 읽으려 한다. 이 해석법은 초대교회 내에서 할례 제도를 비롯한 구약의 율법 체계를 유지하려 한 유대주의자들 혹은 율법주의자들로부터 성경의 비문자적 또는 영적 의미를 인정하지 않으려는 19세기 역사비평학자들에 이르기까지 폭넓은 스펙트럼을 가지고 있다.

다른 하나는 영해주의allegorism로서, 문자적 의미보다 영적 의미를 중요시하여 알레고리 해석법으로 성경을 읽어내려고 한다. 이것은 초대교회부터 지금까지 성경의 문자적 내용이 독자의 세계관이나 문화적 배경과 잘 맞지 않을 때 그로 인해 일어나는 논란을 피하면서 성경의 메시지를 찾아내려는 사람들이 택한 입장이었다.

이처럼 대조적인 두 해석의 경향 사이에서 기독교가 견지해 온 것은 성경의 문자적 차원과 영적 차원을 동시에 보는 해석법이다. 이 두 차원이 고린도후서 3:6(필자의 번역)에서는 "문자"*gramma*와[1] "영"*pneuma*으로 표현되어 있다.

> 그가 우리를 문자로가 아니라 영으로 새 언약의 사역자가 될 수 있게 하셨으니, 문자는 죽이고 영은 살리기 때문입니다.

---

1 *gramma*. 알파벳의 문자, 개역개정판은 이 단어를 "율법 조문"으로 의역했다.

위 본문의 맥락에서 "문자"는 초대교회 시대의 율법주의자들이 집착한 문자적 차원을 가리킨다. 이 차원의 의미는 생명 없는 것, 즉 죽은 것이며 나아가 "죽이[는]" 것이 된다. 이 때문에 성서 해석에서 가장 중요한 작업 중 하나는 문자적 차원과 영적 의미의 적절한 접촉점을 찾는 것이다.

● 사실과 해석에 대해. 신앙공동체의 책인 성경에서는 본질상 신앙이 없으면 받아들이기 어려운 내용이 실려 있다. '기적'이라 불리는 사건을 포함한 하나님의 활동이 서술되어 있는 것이다. 이 때문에 성경의 사실성에 대한 도전이 기독교 밖으로부터 종종 일어났다. 그런데 18세기 중반을 넘어가면서 그런 도전이 기독교화된 서구 사회 안에서 일어났다. 계몽주의가 서구의 담론을 주도한 18세기를 거쳐 19세기에 이르는 동안, 홍해의 갈라짐이나 예수의 부활과 같은 기적에 대해서는 물론이고, 역사적 서술로 간주된 부분에 대해서도 의심이 일어난 것이다. 이 때문에 이전까지 성서 해석에 통합되어 있던 두 양상, 즉 성경 본문 자체의 '의미'와 본문이 '가리키는 것'이 다음과 같이 분리되었다.

우선, 성경의 역사성 또는 사실성을 의심한 학자들을 중심으로 역사비평학이라 불리는 해석법이 일어났다. 이것은 다음 두 가지의 특징을 가지고 있었다. 첫째, 문자주의literalism로서, 본문의 해석에 이차적 또는 영적 의미를 고려하지 않았다. 둘째, 종교사학의 전제와 범주에 기초해 성경을 읽다 보니, 성경의 내용을 고대인의 종교적 세계관에 의해 채색된 것으로 보았다. 그 결과 문자주의에 기초해서 성경을 읽으면서도 문자적 차원의 사실성을 부인했기 때문에, 본문의 의미를 문자적 의미와 다른 "저자의 의도"에서 찾으려 했다.

역사비평학이 성경과 현실 사이를 갈라놓자, 이에 대한 반작용으로 다음과 같은 두 가지 해석적 경향이 생겼다. 첫째, 문자주의를 유지하면서 성서의 역사성이나 사실성을 옹호하는 입장이 일어났다. 이 입장에 선 사람들은 예수의 동정녀 탄생, 몸의 부활 등을 기독교의 "근본" 교리로 보고 이런 교리를 옹호하는 변증론에 많은 관심을 기울였다. 그런데 이렇게 변증론에 주력하다 보니 성경과 독자의 문화적 상황을 연결하는 해석학적 노력이 약화되었다.

둘째, 위와 반대로 문자적 의미보다 비문자적 또는 영적 의미를 중요하게 여기는 입장이 있었다. 이것은 성경의 역사성에 대한 도전이 거세진 상황에서 성경 본문의 사실성에 대한 복잡하고 골치 아픈 논증을 피하면서 영적 의미를 통해 성경을 삶과 연결한다는 점에서 적지 않은 호응을 얻었다. 이 입장에서는 '영해'라고도 불리는 알레고리 해석법을 자주 사용했는데, 이것이 종종 문제를 일으켰다. 해석이 본문의 문자적 의미에서 출발하지만 결국에는 그것과 무관한 의미에 이르러 '귀에 걸면 귀걸이, 코에 걸면 코걸이' 식의 결과를 낳는 경우가 자주 일어났기 때문이다. 이런 문제를 해석학에서는 해석학적 폭행hermeneutical violence이라고 부른다.

그런데 20세기 중반부터 학계에서 역사비평학에 대한 비판이 강하게 일어났다.[2] 먼저 그 배경을 살펴보면, 일반해석학의 주류를 이룬 낭만주의 해석학에 대한 본격적인 비판이 시작되었다. 독일에서는 가다머Hans Georg Gadamer를 중심으로, 영미권에서는 '신비평'이라는 이름으로 불리는 학자들 사이에서 일어난 것이다. 특히 신비평론자들은 낭만주의 해석학이 본문 자체보다 저자의 의도나 저술 당시의 상황에 지나치게 큰 관심을 보이는 점에 주목하여, 그것을 해석학이라기보다는 심리 연구나 문화사적 연구에 가까운 것으로 보았다. 역사비평학도 같은 경향을 보였기 때문에 역시 비판의 대상이 되었다. 그 결과, 신비평론자들이 해석에서 본문이 가지는 지위

---

2  이 책의 부록에 역사비평학의 시작과 쇠퇴에 관한 설명이 실려 있다.

를 되찾기 위해 본문을 강조하는 동안, 성서학에서는 공시적 분석법synchronic analysis이 등장해서 성서 해석의 초점을 본문으로 되돌리기 시작했다. 그런데 이 방법에도 문제는 있었다. 본문에 집중하다 보니 본문과 저자의 관계 및 본문과 현실의 관계에 대한 관심이 상대적으로 약해진 것이다.

신비평이 해석의 관심을 본문에 모으는 동안, 독자의 관점이나 상황을 강조하는 해석법도 등장했다. 독자들의 해석 전통을 강조하는 독자반응법reader response과 독자의 상황에 초점을 맞추는 해체주의deconstruction가 등장한 것이다. 이 중 독자반응법은 가다머처럼 공동체의 해석 전통을 중요시함으로써 성경을 신앙공동체의 책으로 읽는 데에 필요한 학문적 기반을 제공했다. 그러나 이 방법이 나중에는 해체주의처럼 독자의 관점이 본문을 압도하는 데에 이르렀는데, 이 점은 큰 문젯거리가 된다. 본문의 문자적 차원을 독자의 상황과 해석적 관점에 종속시켜, 위에서 언급한 '해석학적 폭행'의 위험을 일으키기 때문이다.


● 개인과 공동체에 대해. 바로 위에서 사실과 해석의 관계라는 면에서 성서 해석의 여러 경향을 살펴보았다. 그중에서 일상의 삶을 염두에 두고 성경을 대할 때 가장 큰 문제를 일으키는 것은 영해 중심의 해석, 즉 영해주의다. 나중에 더 자세히 설명하겠지만, 이 해석은 본문에 등장하는 주요 단어의 영적 의미를 찾는 데에 주력한다. 그런데 이것이 종종 해석의 방해 요소가 된다. 나무만 보다가 숲을 제대로 보지 못하게 되듯이, 단어에 집중하느라 성경의 전체적인 흐름과 무관한 것을 붙잡고 그것을 성서적 의미로 여기기 때문이다.

이 밖에도 본문과 거리가 먼 해석을 낳는 요인이 있는데, 성경을 대하는 사람의 기대와 태도가 그것이다. 말하자면, 설교 시간과 묵상에 임하는 사람들의 기대가 개인의 행복에 치우쳐 있어서 성경의 메시지를 있는 그대로 받아들이지 못하는 일이 자주 일어난다. 성경의 메시지는 개인적 차원에 대한 것도 있지만, 교회라는 공동체의 차원 및 교회와 사회의 공적 관계에 관한 것도 있다. 또한 행복에 대한 약속만이 아니라 "교훈과 책망과 바르게 함과 의로 교육하기"(딤후 3:16)를 위한 것도 있다. 그런데 개인의 행복에 대한 기대가 커질수록, 그 기대에 맞게 성경을 해석하려는 의지가 커지고, 그만큼 성경이 제시하는 것을 찾아낼 수 있는 안목이 줄어들게 된다.

더구나 단어 중심의 영해를 하다 보면, 단어 선택에서부터 개인적인 기호나 기대를 따라 하게 된다. 이렇게 선택된 단어를 묵상하게 되면 본문의 전체적인 의미와 상관없이 영해를 하게 되고, 그 결과 묵상을 통해 발견한 것이 삶 속에 제대로 일어나지 않을 때가 많다.

우리나라 교회는 성경의 문자적 차원을 소중히 여기면서 동시에 이차적 또는 영적 의미를 통해 성경을 현실과 연결하려 한다. 이런 점에서 개혁교회의 좋은 해석 전통을 이어받았다. 그뿐만 아니라 하나님의 말씀을 일상과 연결하는 것을 소중히 여겨 공적 모임의 설교와 함께 개인적인 묵상을 강조한다는 점에서 또 다른 좋은 전통을 만들어가고 있다.

그러나 이차적 의미를 찾는 과정에서 자신의 관심이나 상황에 따라 영해를 자주 사용한다는 점이 큰 우려를 일으킨다. 특히 이단이 성경의 내용과 동떨어진 자신의 교리를 합리화하기 위해 불합리한 영해를 적극적으로 사용한다는 점을 고려하면, 교인들이 이단에 빠질 만한 성서 해석의 환경을 교회 스스로 만들고 있는 셈이라고도 할 수 있다. 이 점을 염두에 두고 이 책을 읽으면 그런 위험에 빠지지 않을 길을 찾게 될 것이다.

# 2장.   시간과 기억

이 책의 첫 장을 시작하면서 과거 기록인 성경을 지금도 읽어야 하는 이유로 두 가지를 말했다. 하나는 과거에 활동하신 하나님이 지금도 활동하시기 때문이고, 다른 하나는 과거에 일어난 일과 같은 유형의 일이 다시 일어날 수 있기 때문이다. 그래서 성경 읽기와 삶의 관계를 '뒤를 보며 앞으로 가기'로 표현했다.

그렇다면 과거의 기록인 성경을 오늘날의 삶과 연결하는 데에는 어떤 원리가 작용할까? 이 질문의 근원에는 '시간'의 문제가 있는데, 이것은 하나님의 활동이 인간의 역사 속에서 이루어진다는 점을 이해하는 데에 출발점이 되기도 한다. 그래서 이 장에서는 시간과 관련된 몇 가지 중요한 문제를 다루려고 한다.


## 우주의 시간과 사람의 시간

무엇인가가 '있다'는 것은 '언제' 그리고 '어디에' 있다는 뜻이다. 다시 말해, 이 세상의 모든 것은 시간과 공간이라는 두 조건을 가진다. 그런데 이 두 조건은 본질상 아주 다르다.

공간은 눈으로 보고 손으로 만질 수 있다. 따라서 그 모양을 파악할 수 있고, 필요하다면 바꿀 수도 있다. 땅을 개간하여 논밭으로 만들 뿐만 아니라, 강을 막아 호수를 만들며, 산을 깎아 길을 내고 바다를 메워 새로운 육지를 만들기도 한다.

그러나 시간은 전혀 그럴 수가 없다. 볼 수도 없고 만질 수도 없어, 시간이란 것이 과연 있는지조차 확인할 길이 없다. 그러니 시간의 흐름을 바꾸어 늦추거나 당기거나 할 방법도 없다. 오히려 사람이 공간을 바꾸는 동안 시간은 사람을 바꾼다. 늙게 만들고 죽게 만드는 것이다. 한마디로, 사람에게 공간은 무한한 가능성이고 희망이지만, 시간은 냉혹한 현실이며 한계다.

이상에서 본 것은 우주적 시간cosmic time이라고 불리는 차원의 시간이다. 이것은 우주가 생긴 이래 흘러온, 우주의 나이 같은 것이다. 이 차원의 시간에 대해 사람이 할 수 있는 것은 아무것도 없어 보인다.

그렇지만 사람이 시간에 대해 완전히 수동적인 것은 아니다. 시간에는 또 다른 차원, 즉 사람이 능동적으로 대응할 수 있는 차원이 있다. 사람은 자신을 둘러싼 공간의 변화를 통해 시간의 흐름을 파악한 다음, 그 시간에 '2023년 1월 5일', '목요일', '겨울' 등과 같은 이름을 부여한다. 그리고 그 이름이 붙은 때의 특성에 맞게 옷, 난방 등 삶의 환경을 준비하며, 그때에 맞는 일을 한다. 다음 날, 다음 주, 다음 해의 계획을 세우기도 하고, 10년이 나 20년 또는 그 이후를 미리 생각해 두기도 한다. 다시 말해, 시간의 흐름 자체를 바꿀 수는 없지만, 주어진 시간에 능동적으로 대처할 수는 있다. 우리는 이런 차원의 시간을 인적 시간human time이라 부른다.

인적 시간에는 두 양상이 있다. 앞에서 언급한 대로 시계와 달력으로 확인하는 시간은 공적 시간public time이다. 이것은 삶에 직접 영향을 끼치는 지구의 자전(하루의 주기)과 공전(한 해의 주기)을 참고해서 정한 시간이다. 이런 시간은 모든 사람에게 공평하게 적용되기 때문에, 할 일이 너무 많아 몸이 둘이었으면 하는 사람에게나, 할 일이라고는 시간 죽이기밖에 없는 사람에게나 똑같이 하루 24시간씩 주어진다.

인적 시간에는 내적 시간internal time이라[1] 불리는 차원도 있다. 공적 시간은 시계와 달력으로 표시하지만, 내적 시간은 체내 시계body clock라 불리는 생체 리듬에 기초한다. 저녁에 일찍 자야 하는 사람이 있는가 하면 밤늦게까지 일하는 것이 편한 사람이 있는데, 체내 시계가 사람마다 다르게 형성되어 있기 때문이다.

그런데 시간의 차원과 특성을 파악해 가는 중에 끊임없이 일어나는 질문이 하나 있다. 시간은 볼 수도 만질 수도 없는데, 어떻게 시간의 특성을 파악할 수 있을까? 아니, 시간이란 것이 있다는 것을 어떻게 알 수 있을까?

이 질문에 대한 답을 찾기 위해서는 인적 시간에 있어서 가장 기초적인 개념인 현재, 과거, 미래를 이해해야 한다. 이것은 사람의 인식과 경험의 시점을 기준으로 한 것인데, 현재와 과거와 미래라는 표현 자체에 그 의미가

---

1  내적 시간에 대해서는 다음을 참고할 것: Till Roenneberg, *The Internal Time: Chronotypes, Social Jet Lag and Why You're So Tired* (Cambridge, Massachusetts: Harvard University Press, 2012).

그대로 담겨 있다. 현재는 현존, 즉 '지금 여기에 있는 것'을 의미하고, 과거는 '지나간 것'을 의미한다. 영어의 present와 past도 각각 같은 뜻을 가진 단어들이다. 그리고 미래는 '아직

오지 않은 것'을 의미하고, 이에 해당하는 영어 future는 '있을 것'이라는 뜻을 가진 라틴어 *futurum*에서 왔는데, 두 경우 모두 '현재의 시점에 도달하기 전'이라는 뜻이다. 정리하면, 현재는 인식과 경험의 시점을 가리키며, 과거는 그 시점을 지나간 것을, 미래는 그 시점에 도달하기 전을 가리킨다.


## 시간이 머무는 곳


고대사회는 시간을 주로 천체나 사물의 운동이라는 관점에서 파악했다. 플라톤이나 아리스토텔레스와 같은 그리스 철학자도 그랬다.

그런데 5세기의 신학자 아우구스티누스는 시간 이해의 새롭고도 중요한 차원을 열었다. 이 차원을 찾기까지의 과정이 그의 저서 『고백록』 11권에 담겨 있다. 시간 이론의 분기점이 된 이 글의 영향은 지금도 살아 있어서, 영국 출신의 철학자 스마트J. J. C. Smart는 공간과 시간의 문제를 다룬 대표적인 글을 모아 책을 내면서 아우구스티누스의 글로 시작해서 시공간 이론에 대한 아인쉬타인Albert Einstein의 글로 마감했고,[2] 프랑스의 해석학자 리쾨르는 시간과 서사에 관한 세 권짜리 책을 펴내면서 첫 권의 첫 장을 아우구스

---

**2**  J. J. C. Smart, *Problems of Space and Time* (New York: The Macmillan Company, 1964).

티누스의 글에 대한 주석에 할
애했다.[3]

아우구스티누스가 시간의 새
로운 차원을 찾은 과정은 다음
과 같다. 그는 먼저 "시간은 무
엇인가?"라는 질문을 던졌지만,

바로 곤경에 빠진다. 시간이 무엇인지를 묻지 않으면 "아는데", 그것을 설명
하려 하면 "모른다"는 것을 깨달았기 때문이다.[4] 이것이 시간 탐구의 난관이
다. 우리의 생각과 대화에 그보다 더 자주 등장하는 것이 없을 정도인데도
정작 그 정체는 아무도 모른다. 그 이유는 다음과 같다.

우선, 시간이란 것이 분명히 있는 것 같지만, 실제로 있는지는 확인할 수
없다. 과거는 이미 지나갔으니 없고, 미래는 장차 있을 것이니 역시 없다. 그
러면 현재는 있지 않은가? 그러나 시간은 끊임없이 흐른다. 어느 때를 가리
켜 '이때!'라고 하는 순간 바로 사라져 버린다. 그러니 증명할 길이 없다. 그
렇다면, 시간은 "존재하지 않으려고 존재하는 것"인가?[5] 다시 말해, 없기 위
해 있는 것인가?

다음, "시간이 길다"라거나 "시간이 짧다"라고 말하는 것을 보면 시간은
잴 수 있는 것 같다.[6] 그러나 곰곰이 생각해 보면 그럴 수 없다는 것을 다시
깨닫게 된다. 시간의 길이를 재려면 두 시점이 필요한데, 과거는 지나갔으
니 없고, 미래는 아직 오지 않았으니 없고, 현재는 지나가고 있으니 시점을
확인할 수 없다. 그러니 시간을 재는 것도 불가능하다.

---

3   Paul Ricoeur, 김한식·이경래 옮김, 『시간과 이야기』 1권 (서울: 문학과지성사, 1999).
4   Augustinus, 『고백록』, 11.14.17.
5   위의 글.
6   위의 글, 11.15.18.

여기까지는 불가능의 연속이다. 그런데 아우구스티누스가 질문을 바꾸어 "시간이 있다면 어디에 있는가?"라고 물었을 때,[7] 바로 시간 이해의 돌파구가 열렸다. 시간 자체는 확인할 길이 없지만, 시간이 우리를 스쳐 가면서 우리 마음에 흔적을 남긴다는 점에 주목한 것이다. 즉, 현재의 매 순간에 경험한 현실의 상image이 우리 마음에 남는다는 점에서 시간 이해의 실마리를 찾았다. 그래서 그는 현실과 그 상의 관계에 근거해서 현재와 과거와 미래를 파악했다.[8]

현재란 "현존하는 것들의 현존"(praesens de praesentibus), 즉 '지금 (현실에) 있는 것들이 지금 (마음에도) 있는 것'이다. 말하자면, 현실에 있는 어떤 것을 목격하는 그 순간에 그것의 상이 마음에 생기는데, 이 순간을 현재라고 하는 것이다. 과거는 "지나간 것들의 현존"(praesens de preteritis), 즉 '이미 (현실에서) 사라진 것들이 지금도 (마음에) 있는 것'인데, 마음에 남아 있는 그것을 우리는 기억이라고 부른다. 미래는 "있을 것들의 현존"(praesens de futuris), 즉 '장차 (현실에) 있을 것이 지금 (마음에) 있는 것'이다. 다시 말하면, 현실에서는 아직 일어나지 않았는데, 기대를 통해 그것의 상이 미리 마음에 생기는 것이다. 이런 의미에서 아우구스티누스는 현재를 "목격"contuitus 또는 "주목"attentio으로, 과거를 "기억"memoria으로, 그리고 미래를 "기대"anticipatio로 표현했다.

이상의 과정을 통해 아우구스티누스가 발견한 것이 인적 시간의 근본적인 차원인데, 이 차원에서 시간은 사람들의 마음에 들어와 사람들이 다룰 수 있는 것이 된다. 옛 시간을 다시 불러오거나 미래를 미리 그려볼 수 있는 것이다. 그런데 이 차원에서 가장 중심이 되는 것은 '기억'이다. 과거의 회상

---

7 위의 글, 11.18.23.
8 위의 글, 11.20.26.

1부    해석의 기초                                                        28

과 미래를 향한 기대가 기억에서 출발하기 때문이다.

회상과 기대가 기억에서 출발한다는 말이 이상하게 들릴 것이다. 회상과 기억은 같은 말인 것 같은데 둘을 구별하고 있으니 그럴 것이고, 미래를 향한 기대가 과거의 기억에서 출발한다니 더 그럴 것이다. 이제 이 두 문제를 차근차근 살펴보겠다.


## 과거는 사라지지 않는다

일상에서는 종종 기억을 회상과 같은 의미로 사용하지만, 전문적으로는 이 둘을 구분한다. 기억은 현실에서 경험한 것의 상이 마음에 남은 것이고, 회상recall은 그 남은 것을 '되불러오는' 것, 곧 우리 마음에 과거를 재현하는 것이다. 기억이 서류함이라면, 회상은 거기에 든 서류를 꺼내어 탁자에 펼쳐 놓는 것과 같다. 간단히 말해, 기억은 회상의 출처다.

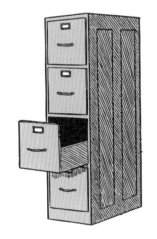

회상은 두 가지 기억을 근거로 일어난다. 예를 들어, '2023년 3월 30일에 학교 근처에 있는 식당에서 학생들과 함께 점심을 먹었다'라는 것을 회상하는 사람에게는 다음 두 가지 기억이 작용한다. 우선, 그는 특정한 날 특정한 곳에서 특정한 사람들과 특정한 일을 한 것을 기억한다. 이처럼 개별 사건이나 사물에 대한 기억은 일화기억 episodic memory이라 불린다.[9] 그런데 그 일화기억이

---

9  일화기억과 의미기억에 대해서는 다음을 참고할 것: Endel Tulving, "Episodic and Semantic Memory," in Endel Tulving and Wayne Donaldson eds., *Organization of Memory*, 381-403

성립하려면 '학교', '학생', '식당', '점심' 등이 일반적으로 무엇을 의미하는지를 알아야 한다. 이것은 사건이나 사물의 종류에 대한 기억인데, 이것을 의미기억semantic memory이라고 한다.

일화기억과 의미기억은 의식적인 회상의 근거가 되기 때문에 명시적 기억explicit memory이라 한다. 반면에 의식적으로 회상하지 않아도 작용하는 기억이 있는데, 이것을 암묵적 기억implicit memory이라고 한다. 이를테면, 옷을 입을 때 옷을 입고 단추를 잠그는 그 모든 동작을 일일이 눈으로 확인하지 않고도 잘하는데, 이처럼 늘 하던 일을 자동으로 할 때 암묵적 기억이 작용한다. 그뿐만 아니라 이미 알고 있던 것을 다시 보고 바로 알아볼 때도 같은 기억이 작용한다. 그리고 명시적 기억과 암묵적 기억을 장기기억long-term memory이라 한다.

장기기억이 있다는 것은 단기기억short-term memory도 있다는 뜻이다. 이 기억은 한 동작에서 다음 동작으로 옮기는 것과 같은 짧은 시간에 작용한다. 만일 이 기억에 문제가 생기면, 거실에 있다가 손을 씻기 위해 화장실로 가던 도중에 멈추어 서서 '내가 왜 화장실로 가는 거야?'라고 생각하며 고민하게 될 것이다. 이처럼 단기기억은 한 목표(손 씻기)를 가진 연속적인 행동(거실에 앉아있다가 일어나 화장실로 가서 손을 씻는 것)이 순조롭게 이루어지게 한다.

이상을 요약하면 다음과 같다. 단기기억은 지금의 생각과 행동을 직전의 생각과 행동과 연결해서 우리 생각과 행동을 일관성 있게 만든다. 장기기억은 과거 경험을 의식 속에 되불러올 뿐만 아니라(명시적 기억) 과거에 하던 것을 현재에도 할 수 있게(암묵적 기억) 한다. 한마디로 기억은 우리의 생각과 행동에 우리의 과거가 재현되도록, 그래서 우리의 과거와 현재가 일관성 있게 연결되도록 해준다.

---

(New York: Academic Press, 1972).

기억은 과거와 현재를 연결할 뿐만 아니라 한 걸음 더 나아가 새로운 것에 관한 상상으로 이어진다. 회상의 출처이면서 동시에 상상의 출처라는 뜻이다.

서로 반대인 듯이 보이는 회상과 상상이 기억에서 만난다는 점이 이상하게 들릴지 모른다. 이 점을 이해하려면 먼저 상상의 의미를 제대로 이해해야 한다. 상상은 현실에 없는 것을 생각하는 공상이나 현실과 다른 것을 생각하는 망상과 다르다. 물론 넓은 의미로는 공상과 망상도 일종의 상상이지만, 상상imagination 자체는 그저 현재 눈앞에 있지 않는 상image을 마음에 떠올리는 것을 뜻한다. 이런 의미에서 회상도 일종의 상상이다. 차이가 있다면 회상은 이미 경험한 것의 상을, 상상은 아직 경험하지 않은 것의 상을 떠올린다는 것이다.

과거를 가리키는 회상과 미래를 향하는 상상에 공통점이 있다는 사실 앞에서 우리는 한 가지 의문이 생긴다. 회상이 기억에 있는 상을 되불러오는 것이라면, 상상을 통해 떠오르는 상은 어디서 왔을까? 사람이 무에서 유를 만들어 낼 수 없는 존재라면, 없는 것을 떠올릴 수는 없을 텐데 말이다.

그동안 기억과 상상의 관계에 관한 많은 연구가 있었다. 그중 한 연구에 의하면, 기억과 관련된 뇌의 한 부분인 해마상융기hippocampus가 손상되어 기억상실증에 걸린 사람은 새로운 것을 상상하기 어렵게 된다.[10] 이런 종류의 연구로 인해 기억을 연구하는 학자들은 과거의 기억이 미래에 대한 상상의 근거가 된다는 점을 확신하게 되었다. 네덜란드의 심리학자 다우베 드라이스마Douwe Draaisma의 말에 따르면, 기억은 "앞으로 일어날 일"에 초점을 맞추

---

10  Demins Hassabis et al., "Patients with Hippocampal Amnesia Cannot Imagine New Experiences," *Proceedings of the National Academy of Sciences* Vol. 104 No. 5 (2007): 1726–31.

고 있으며 "예측을 위해 봉사"한다.[11]

기억과 상상의 관계는 사람들이 경험하지 못한 것을 상상할 수 없다는 사실에서 확인할 수 있다. 예를 들어, 앞으로 열릴 연주회에 가려고 하는 사람은 먼저 그 연주회를 상상해야 한다. 그리고 연주회를 상상한다는 것은 연주자와 청중이 모일 곳(연주회장)과 각각의 위치(무대와 객석), 그리고 그 행사를 통해 일어날 것(연주와 감상, 박수와 답례) 등의 상이 미리 마음에 떠오른다는 뜻이다. 그런데 이런 상이 마음에 떠오를 수 있는 것은, 과거 연주회에 참석한 적이 있어서 연주회가 어떤 것인지를 알고 있기 때문이다. 다시 말해, 연주회에 대한 기억이 있기 때문이다. 따라서 연주회를 경험하지 못한 사람은 연주회가 어떤 것인지 상상할 수 없다.

이상에서 보았듯이, 회상과 상상의 차이는 기억을 어떻게 사용하는가에 달려 있다. 간단히 말하면, 회상은 기억을 재생하는 것이고 상상은 기억을 재조합하는 것이다.


## 한 발은 앞으로, 한 발은 뒤에

이상에서 보았듯이, 과거는 기억에 의해 현재로 이어질 뿐만 아니라 상상을 통해 미래로 도약하기에 이른다. 그런데 이 과정에는 대조적인 두 가지 양상이 포함되어 있다.

우선, 상상력 덕분에 우리는 과거에 매여 살지 않고 새로운 미래를 향해 나아갈 수 있다. 상상이 없다면 우리의 현재와 미래는 과거와 크게 다르지

---

11  Douwe Draaisma, 김승욱 옮김, 『나이 들수록 왜 시간은 빨리 흐르는가』 (서울: 에코리브르, 2005), 91.

않을 것이다. 회상에 의해 이전 것만 돌아보고, 이전에 하던 대로만 할 것이기 때문이다. 다음, 기억이 미래를 향해 나아가는 것의 발판이 된다는 것은 우리의 미래가 과거의 연장선 위에 있다는 뜻이다. 그것은 우리가 앞을 향해 걸어갈 때 한 발은 새로운 곳으로 뻗지만, 다른 한 발은 이미 디딘 곳에 있어서 발자국이 계속 연결되는 것과 같다. 요컨대, 과거가 없으면 미래도 없다.

그러면 상상에서 미래는 과거와 어떤 식으로 연결될까? 첫째, 기존의 유형 안에서 새로운 경우를 상상할 때가 있다. 예를 들어, 축구 선수를 꿈꾸는 학생이 국제 경기를 관람하면서 자신도 국가대표 선수가 되어 경기에 뛰는 장면을 상상한다면, 기존의 유형(축구 경기, 축구 선수)에 개별적인 요소(자신이 국가대표 선수가 되는 것)가 새롭게 더해졌다. 이 경우에는 상상이 현실로 이어질 수 있다. 국가대표 선수가 되기를 꿈꾸는 누군가에게 실현될 수 있으니 말이다.

둘째, 새로운 유형이나 종류를 상상할 때도 있다. 그렇지만 이 경우에도 기존의 유형이 새로운 유형의 근거가 된다. 예를 들어, 유니콘은 말의 머리

에 뿔이 달린 것이고, 그리스 신화의 페가수스는 말의 몸에 날개가 달린 것이다. 아시아의 용은 낙타의 머리, 토끼의 눈, 돼지의 코, 소의 귀, 사자의 머리털, 사슴의 뿔, 뱀의 몸통, 물고기의 비늘, 매의 발을 조합한 동물이다. 이런 경우는 이미 있는 몇 종류의 동물 일부를 조합하여 새로운 유형의 동물을 상상한 것이다. 이런 상상은 실현 가능성이 없다.

마지막으로, 공상과학science fiction 소설과 영화에는 새 유형에 관한 상상이 자주 등장하는데, 바로 이 때문에 공상과학 작품에 펼쳐지는 광경은 매우 새로워 보인다. 그러나 그런 작품이 아무리 새로운 미래 모습을 보여준다 해도 서사 구성이라는 점에서는 기존 작품과 크게 다르지 않다. 예를 들면, 외계 생물이 존재하는 행성, 우주선의 전투 등 새로운 요소들이 등장하는 듯 보이지만, 불의한 권력에 맞서는 정의로운 무리, 공주의 납치와 기사에 의한 구출 등을 모티프로 삼는 중세 로맨스 문학romance literature과 닮았다. 그 문학의 틀 안에서 국가를 행성으로, 낯선 민족이나 종족을 외계인으로, 배를 우주선으로, 칼과 활을 각각 광선검과 레이저총으로 바꾼 것이다.

이런 식의 상상은 현실로 되는 것도 있고 그렇지 않은 것도 있다. 1966년에 개봉해 주목받은 공상과학 영화 「바디캡슐」Fantastic Voyage은 뇌 속의 피가 엉긴 채 죽어가는 과학자를 살리기 위해 사람을 잠수정에 태워 축소한 다음 과학자의 혈관에 투입해 엉긴 피를 제거하는 것을 줄거리로 한다. 그런데 이런 상상이 실현되기 시작했다. 우리나라의 한 연구진이 나노기술, 유체역학, 원격조종장치를 이용해 혈관 속을 움직이는 초소형 로봇을 만든 것이다.[12] 그런데 이 과정에서 사물의 크기를 축소하는 것은 실현되지 않았다.

---

12  조정호, "자체 추진 의료용 마이크로로봇 세계 최초 개발", 「연합뉴스」 (2012. 8. 6.), http://www.yonhapnews.co.kr/bulletin/2012/08/16/0200000000AKR20120816139700051.HTML (2016. 4. 18. 접속).

말하자면, 과거와 비교할 때 어느 부분은 달라졌지만, 변하지 않은 부분도 있다.

## 기억의 고집

네덜란드 소설가 세스 노터봄Cees Nooteboom 의 표현을 빌면, "기억은 자기가 좋아하는 곳에 드러눕는 개와 같다."[13] 주인도 마음 대로 다루지 못한다는 뜻이다. 사람들이 상  상을 통해 새로운 세상을 꿈꾸고, 그 꿈이 어느 정도 이루어져 새로운 세상에 살더라도 변하지 않는 것이 있다. 그것은 우리의 '기억'이다.

우리는 자신이 기억할 것과 잊을 것을 선택할 수 없다. 우리는 행복한 경험에 대한 기억이 오래 남고 어두운 것에 대한 기억이 속히 지워지기를 바라지만, 그것이 우리 마음대로 되지는 않는다. 이렇게 보면, 기억이야말로 우리 마음의 실제적인 지배자가 아닌가.

그러나 기억은 폭군이 아니다. 사실, 기억은 자신의 기능에 충실할 뿐이다. 우리 마음의 현재 상태를 그것과 관련된 과거의 사건에 연결함으로써 그 상태의 원인을 알려주는 기능에 말이다. 다시 말해, 지금 우리가 기쁘다면 그 기쁨의 원인이 과거의 무엇 때문인지, 마음이 아프다면 그 아픔의 원인이 무엇인지를 알려줄 뿐이다.

우리에게 문제가 되는 기억이 생기는 경우로 다음 두 가지를 들 수 있다. 하나는 자신이 다른 사람에게 피해를 주는 경우고, 다른 하나는 다른 사람

---

13  Cees Nooteboom, *Rituals*, trans. Dixon Adrienne (London: Harvill, 1996), 1.

때문에 자신이 피해를 입는 경우다. 두 경우 모두 기억은 문제가 생겼을 때의 마음 상태를 재현한다. 첫째 경우에는 우리의 양심을 찔러 죄책감과 두려움을 일으키고, 둘째 경우에는 피해 때문에 마음에 생긴 상처를 건드려 고통과 분노를 일으키는 것이다.

따라서 문제를 해결하려면 기억을 더듬어 문제가 어디서 시작되었는지를 확인해야 한다. 그렇지 않으면 기억은 끊임없이 양심이나 상처를 건드려 우리의 마음과 삶을 뒤흔들 것이다. 이 때문에 우리는 평소에 아무렇지 않게 지내다가도 어떤 상황에 놓이면 그 문제를 기억하고는 그 기억이 가리키는 때로 돌아갈 것이며, 그 결과 끊임없이 우리 자신을 과거의 모습으로, 곧 실패자나 피해자로 보게 될 것이다.


## 새로운 기억, 새로운 삶


신학자 볼프Miroslav Volf가 보았듯이, 지금 우리 시대에는 시간에 관한 대조적인 두 성향이 있다. 학자들 사이에서는 "기억 연구의 진정한 붐"이 일어나고 있는데, 사람들은 "훨씬 더 미래지향적" 성향을 지니고 살아간다.[14] 그런데 기억이 우리의 인식과 사고와 행동에 어떤 영향을 끼치는지를 파악하면 파악할수록 우리의 과거를 돌아보는 것이 얼마나 중요한지를 깨닫게 된다. 간단히 말하자면 이렇다. 우리가 기억을 어떻게 다루느냐에 따라 기억이 우리의 발목을 과거에 묶어 놓을 수도 있고, 앞날을 향해 우리의 등을 밀어줄 수

---

14  Miroslav Volf, "Remembering Well in a Violent World," in Sebastian Chang-Hwan Kim and Andrew Chung Yoube Ha eds., *Reflections on the Life and Teaching of Rev. Kyung-Chik Han*, Building Communities of Reconciliation Vol. 1 (Seoul: Nanumsa, 2012), 52.

도 있다.

성경에는 하나님의 기억을 언급하는 표현이 자주 나온다. 예를 들어, 이스라엘 민족이 이집트에서 고난을 겪었을 때, 하나님께서 "아브라함과 이삭과 야곱에게 세운…언약을 기억"(출 2:24)하셔서 모세를 통해 그들을 구원하셨고, 그들도 하나님께 "우리와 세우신 언약을 기억해"(렘 14:21) 주시기를 부탁했다. 그렇지만 성경에는 하나님의 망각을 언급하는 경우도 있다. 하나님께서 사람에게 "네 죄를 기억하지 아니하리라"(사 43:25)라고 말씀하시고, 사람도 하나님께 "죄악을 영원히 기억하지 마시옵소서"(사 64:9)라고 기도한다.

망각은 종종 기억력 부족이나 결핍으로 간주되기 때문에 전지전능한 하나님과 어울리지 않는 것처럼 보인다. 그러나 기억은 앞에서 설명했듯이 어떤 사실이나 사건을 회상한다는 것 이상의 의미, 곧 과거의 경험과 현재의 나를 연결한다는 의미를 띠고 있다. 따라서 하나님께서 사람의 죄를 잊으신다는 것은 범죄의 사실을 회상하지 못하신다는 뜻이 아니라, 범죄의 사실을 범죄한 사람과 연결하지 않으신다는 뜻이다. 다시 말해, 용서가 죄인을 죄에 대한 형벌로부터 분리하는 것이라면, 망각은 죄인을 범죄 사실로부터 분리해 죄인이라는 오명까지도 벗겨 주는 것인데, 바로 이 때문에 죄인이 하나님 앞에서 완전한 의인으로 회복된다. 이것을 교회는 '은혜에 의한 칭의'라고 불러왔다.

이런 망각은 하나님의 용서를 받은 사람에게도 일어날 수 있다. 우선, 우리가 하나님의 용서를 믿고 받아들이면 우리 기억 속에 있는 과거의 죄는 현재의 우리 자신과 연결되지 않는다. 현재의 정체성을 규정하는 근거가 되지 않는 것이다. 그 결과 이제는 과거의 죄 때문에 일어나는 죄책감에 시달리지 않게 된다. 다음, 하나님이 용서를 통해 우리의 죄를 잊으시듯이 우리도 우리에게 잘못을 저지른 사람을 용서하여 잊어버릴 수 있다. 다시 말해 그가 과거에 저지른 잘못을 현재의 그와 연결하지 않을 수 있다. 이렇게 되면 그 잘못의 결과로 우리 안에 생긴 상처와 분노가 다시는 우리를 붙잡지 못할 것이다.

하나님의 용서는 이처럼 우리 안의 기억을 개편해, 현재의 우리를 과거의 죄나 불화로부터 끊어 놓는다. 그 결과 우리는 의인으로 새롭게 출발하고, 화해를 통해 우리 자신과 다른 사람 사이에 난 벽도 허물 수 있게 된다. 기억이 "자기가 좋아하는 곳에 드러눕는 개"와 다른 무엇인가가 되는 것이다.

과거는 어쩔 수 없는 것이 아니다. 물론 한 번 일어난 사건 자체는 돌이킬 수 없다. 그러나 그 사건이 우리 마음에 남긴 상처는 용서를 통해 치유할 수 있고, 그 사건 때문에 깨진 관계는 화해를 통해 회복할 수 있다. 요컨대 시간은 돌이킬 수 없지만, 이전의 관계로 돌아가는 것은 가능하다. 바울 서신에 나오는 "새로운 피조물"(고후 5:17)과 "화목하게 하는 직분"(고후 5:18), 즉 화해의 직무라는 표현이 의미하는 것이 바로 그것이다.

## 교회의 기억

사람마다 각자의 기억이 있는 것처럼, 가족이든, 회사든, 국가든 모든 공동체에는 그 구성원들이 공유하는 기억, 즉 집단기억collective memory이 있다. 프랑스의 철학자이자 사회학자인 알브박스Maurice Halbwachs가 주목하여 이론화한 이 개념이 무엇인지는 그의 글의 영어판에 실린 번역자 서문에 잘 드러나 있다.[15]

---

**15** Lewis A. Coser, introduction to Maurice Halbwachs, *On Collective Memory* (Chicago: Chicago University Press, 1992), 21.

나는 진주만 사건 직전에 이민자로 이 나라에 왔다. 내 또래 젊은이들과 친구가 되거나 적어도 연락하는 사이가 되는 데는 시간이 오래 걸리지 않았다. 그러나 미국에서 태어난 사람들과의 관계에서 완전한 소통을 가로막는 무엇인가가 있다는 것과 우리 사이에 넘어설 수 없는 장벽 같은 것이 있다는 것을 느끼는 데는 오랜 시간이 걸렸다. (생략) 내 친구들이 공유하던 주요 스포츠에 관한 기억이 내게는 없었다. (생략) 나는 미식축구가 유럽식과 매우 달라서 그들의 축구 지식에 함께할 길이 없다는 것을 깨달았다. (생략) 그들이 고등학교 시절 공통으로 경험한 일에 관해서 하는 말이 내게는 무의미하게 들렸다. (생략) 그들이 특별한 역사의식을 가진 사람들이 아니었는데도 그들의 대화에서 역사에 대한 언급이 튀어나올 때 나는 종종 이해하기가 어려웠다. (생략) 나는 그들의 집단기억으로부터 제외되어 있었다.

위의 글에 언급된 미식축구는 미국인들의 삶에 중요한 의미를 가진다. 특히 주말이 시작되는 금요일 저녁에 열리는 고등학교 리그 경기와 토요일에 열리는 대학 리그 경기는 그 학교가 있는 지역의 주민들에게 축제와도 같다. 그들과 가까운 사람, 즉 가족이나 친구, 선배나 후배, 그것도 아니라면 적어도 지인의 자녀가 선수단이나 응원단이나 고적대marching band에 속해 있기 때문이다. 그래서 그 경기가 자녀에게는 학창 시절의 소중한 추억으로, 가족에게는 가정의 행복한 추억으로 남으며, 이 추억이 사진과 녹화 영상과 후일담을 통해 평생 기억으로 남는다. 나아가 이것이 많은 미국인의 집단기억을 이루어 다민족 국가인 미국의 문화적 결속에 큰 영향을 끼친다. 그렇지만 학생 시절을 다른 데에서 보낸 후 미국에 이민을 온 사람들에게는 이런 기억이 없다. 미국인이 되었지만, 미국인의 집단기억의 중요한 부분으로부터 "제외[된]" 것이다.

하나님의 백성에게도 고유의 집단기억이 있다. 구약에 나타난 이스라엘 민족의 역사에서 가장 중요한 사건을 꼽는다면 단연코 출애굽 사건이다. 이집트 노예 생활에서 탈출한 사건에 관한 그들의 기억이 그들의 신앙 중심에 자리 잡고 있기 때문이다. 그래서 구약성서에는 그 사건에 관한 기억이 계속해서 언급된다.[16] 그뿐만 아니라, 유월절과 무교절 같은 절기, 유월절 식사 같은 상징적 행위를 통해 그 기억을 이어 간다. 그리고 그 기억은 궁극적으로 하나님의 구원 또는 구원자이신 하나님에게 닿아 있다.

구약 시대 이스라엘 민족의 신앙 중심에 출애굽 사건에 관한 기억이 있듯이, 오늘날 기독교 신앙의 중심에는 예수 그리스도의 죽음과 부활에 대한 기억이 있다. 그 기억은 주일의 예배 모임, 성찬식이라 불리는 예전, 성탄절과 부활절 같은 절기, 십자가 같은 상징물 등을 통해 이어진다. 사실, 2000년 전 그 사건은 지금의 한국인과 아무 관계가 없는 일이다. 그러나 한국인 중 누군가가 그리스도인이 될 때 그 사건에 관한 기억은 그에게 가장 소중한 것이 된다. 하나님의 용서와 구원을 핵심으로 하는 이 기억 때문에, 죄에서 벗어나 의인이 된 자신의 정체성을 확인하면서 죽음의 속박으로부터 자유롭게 된 미래의 삶을 그릴 수 있기 때문이다.

---

**16** 그 예를 들면 다음과 같다: 신 5:15; 7:18-19; 15:15; 24:9, 18, 22; 삿 6:9; 10:11; 삼상 10:18; 왕하 17:36; 시 77:11-15; 106:7; 사 11:15-16; 렘 11:4, 7; 겔 20:5-10; 호 13:4; 암 2:10; 미 6:4.

## 시간과 믿음

마지막으로, 기억의 근원이자 출처인 시간으로 돌아가서, 존재의 기본 조건인 시간을 삶의 기본 조건인 믿음에 연결하면 어떻게 될까? 방금 믿음을 '신앙인의 삶의 기본 조건'이라고 표현하지 않고 그저 '삶의 기본 조건'이라고 표현했다. 독자들이 의아하게 여기겠지만 이유가 있다.

앞 장에서 말했듯이, 우리의 존재와 삶의 두 조건인 시간과 공간은 서로 전혀 다르다. 공간은 거의 원하는 대로 바꿀 수 있지만, 시간의 흐름은 조금도 바꿀 수 없으니 말이다. 그런데 이 두 조건이 현실에서 함께 작용할 때 생기는 조건이 있다. 모든 공간의 변화에는 시간이 걸린다는 것이다. 그리고 변화가 일어나기까지 시간이 걸린다는 것은 그 전에 아무런 변화가 일어나지 않은 기간을 보내야 한다는 뜻이다. 이 때문에 우리가 변화를 기대할 경우 필요한 것은 변화가 일어날 것을 '믿는' 것이다.

예를 들어, 처음 라면을 끓일 때는 조리법에 대해 친구의 설명을 듣거나 라면 포장의 설명을 읽게 되는데, 이때 필요한 것이 그 설명을 믿는 것이다. 그리고 그 설명을 믿는 것은, 지금은 딱딱한 면과 가루로 된 양념과 찬물이 담긴 냄비만 보이지만 냄비를 불 위에 올려놓고 면과 양념을 거기에 넣은 다음 기다리면 따뜻하고 맛있는 음식이 나타난다는 것을 믿는 것이다. 다시 말해, 지금 보이지 않는 것이 장차 나타날 것을 믿는 것이며, 지금 바라는 것이 때가 되면 이루어질 것을 믿는 것이다. 이처럼 지금은 없지만 앞으로 있기를 바라는 것이 실제로 있게 되는 데에는 '믿음'이 있어야 한다.

그렇다면 그리스도인이 말하는 믿음 또는 신앙은 위에서 말한 일반적인 믿음과 어떤 점에서 다른가? 그 결정적인 차이는 믿음의 근거가 사람의 말이 아니라 하나님의 말씀이라는 데에 있다. 사람은 자신의 무지나 부주의로 잘못된 말을 할 수도 있고, 의도적으로 거짓말을 하는 경우도 있다. 그러나 하나님의 말씀은 진실하다. 어떤 말이 진실하다는 것은 현실과 부합한다는 것이다. 그 말이 지금 이루어져 있는 현실을 표현했다면 현실 그대로 표현했다는 뜻이고, 아직 이루어지지 않은 미래의 현실을 표현했다면 장차 그 표현대로 현실이 나타날 것이라는 뜻이다. 성경에는 바로 이런 진실한 말씀, 즉 우리가 살아온 현실에 대한 진실한 증언과 이 세상의 미래에 대한 진실한 약속이 담겨 있다.

# 3장. 기억과 정체성

필자는 현재 한 여인의 남편이고 두 자녀의 아버지이며 한 학교의 교수다. 그런데 40년 전에는 아버지나 교수가 아니라, 아들이면서 학생이었다. 그때는 몸이 말랐고 머리털이 새까맸는데, 지금은 배가 조금 나왔고 흰머리가 군데군데 보인다. 40년 동안 겉모습이나 관계에 있어서 많은 것이 변했다. 태어난 지 1년 후의 사진과 지금의 나를 비교해 보면 그 차이는 더 크다. 전혀 알아볼 수 없을 정도로 변했으니 말이다. 그런데도 나는 여전히 나다. 왜일까? 이 장에서는 기억의 연장선 위에서 이 정체성의 문제를 살펴보려고 한다.

## 기억과 추상화

앞 장에서 기억의 체계를 간단하게 설명했다. 그중에서 의미기억은 해석의 기초가 되는 개념인 범주category나 유형type과 직접적인 관련성이 있는데, 이 두 개념은 나중에 다룰 은유metaphor, 서사narrative, 유형론typology 등의 이해에 핵심이 된다.

● 집을 짓는 데 건축 재료와 기술이 필요하듯이, 의미기억이 형성되려면 일화기억이라는 재료와 추상화abstraction라는 기술이 있어야 한다. 말하자면, 의미기억은 개별적인 것에 대한 일화기억을 추상화함으로써 생기는, 일반적인 종류 또는 유형에 대한 기억이다.

추상화를 이해하기 위해서는 먼저 '비교'라는 개념을 이해해야 한다. 비교란 차이점과 공통점을 파악하는 과정을 가리키며, 추상화란 그 과정을 통해 공통점을 추출하는 것을 뜻한다.

예를 들어, 사과가 세 개가 있는데 그중 하나는 붉은색이고 꼭지가 달렸으며, 다른 하나는 녹색이고 꼭지가 달렸는데, 마지막 하나는 녹색이면서 꼭지가 없다. 말하자면, 이 세 사과는 색깔과 꼭  지라는 점에서 서로 다르다. 문제는 각 차이점의 의미다. 우선, 색깔의 차이는 대개 품종의 차이에 기인한다. 따라서 씹을 때의 맛과 식감도 다르게 느껴진다. 그러나 꼭지가 있고 없고는 본질적이거나 필연적인 차이가 아니다. 사과를 딸 때 우연히 하나는 꼭지가 사과에 붙어서 남게 되었고, 다른 하나는 꼭지까지 떨어져 나간 것이다. 즉, 유의미한 차이가 아니다. 그래서 두 녹색 사과는 꼭지의 유무와 상관없이 한 품종으로 분류된다. 이처럼 추상화의 과정에는 유의미한 차이점과 공통점을 파악하는 것이 포함되어 있다.

● 이상에서 보았듯이 우리는 비교를 통해 차이점과 공통점을 찾으며, 그 결과를 가지고 추상화를 통해 종류 또는 범주를 정한다. 그리고 이런 과정이 되풀이되면 분류 체계가 기억으로 확립되는데, 바로 이것이 현실 인식의 기반이 된다. 말하자면, 우리는 분류 체계에 근거해서 우리 주위의 사물과

사건이 무엇인지를 알아차린다. 예를 들어, 우리가 거리에서 건물과 사람과 자동차를 알아보는 것은 '건물', '사람', '자동차'라는 종류를 기억하고 있기 때문이다. 다시 말해, '건물', '사람', '자동차'가 일반적으로 무엇을 의미하는지를 기억하고 있기 때문이다.

그런데 건물과 사람과 자동차를 조금 더 자세히 살펴보면 더 구체적인 면, 예를 들어, '큰 상가 건물', '어린 학생', '달리는 택시'가 눈에 들어온다. 그런데 '상가 건물', '학생', '택시'가 사물의 유형을 가리키고, '크다'와 '어리다'가 상태의 유형을 가리키며, '달리다'가 움직임의 유형을 가리킨다는 사실을 고려하면, '더 구체적'이라는 것이 더 세분화된 분류나 유형화를 의미함을 깨닫게 된다.

이처럼 우리가 분류를 통해 현실을 인식하고 기억하는 것은, 인식된 모든 것을 개별적으로 기억하기에는 기억의 용량이 불충분하거나, 종류를 기억해야 효과적으로 기억할 수 있기 때문이 아니다. 분류는 의미를 찾는 과정이며, 분류를 통해 세워지는 종류나 유형의 체계는 의미의 체계다. 의미기억은 바로 이러한 의미의 체계이며, 이 체계가 세상에 대한 우리의 인식과 사고의 환경을 이룬다. 또한, 이것이 공동체 차원에서 형성되면 담론 이해에 필요한 전이해pre-understanding를 이룬다.


● 이상에서 본 범주화 또는 유형화에 문제가 일어날 때가 있다. 말하자면 어떤 것을 그것에 맞지 않는 범주에 두는 것인데, 이것을 범주 오류category mistake라고 한다.

이 표현은 원래 영국의 철학자 길버트 라일Gilbert Ryle이 데카르트식의 이분법적 인간관을 비판하기 위해 제시한 것이다.[1] 그가 범주 오류를 설명하

---

1    Gilbert Ryle, *The Concept of Mind* (London: Hutchinson, 1949), 16-20.

기 위해 든 예화 중 하나는 다
음과 같다. 어떤 사람이 영국
의 한 대학 도시를 방문해 거
기에 있는 여러 대학colleges, 도
서관, 박물관 등을 돌아보고서
"대학교university가 어디 있느
냐"라고 묻는다. 대학교가 대학, 도서관, 박물관 등의 상위 범주인데도 같은
수준의 범주로 보는 오류를 범한 것이다. 다시 말해, 상위 범주와 하위 범주
를 혼동하는 잘못을 저지른 것이다.

추상적인 범주와 구체적인 범주를 혼동하는 경우도 있다. 많은 사람이 대
학교를 건물(구체적인 범주)이나 건물이 세워진 땅의 구역으로 알고 있다.
물론 일상의 대화에서는 대학교가 건물을 가리키는 경우가 있다. "오늘 대
학교에 들러서 졸업증명서를 뗐어"라고 말할 때처럼 말이다. 그러나 대학교
는 사실 교수와 학생과 행정 직원으로 구성된 인적 체계(추상적인 범주)를
가리키며, 건물은 그 인적 체계에 속한 사람들의 활동을 위한 것이다.

신약성서에 나오는 단어인 '교회'ekklesia도 마찬가지다. 이 단어는 건물을
가리키지 않고 신자들의 공동체를 가리킨다. 물론 일상의 대화에서는 교회
도 대학교처럼 건물을 가리킬 때가 있다. '오늘 오전에 교회에 들러 세례증
서 받았어'라고 말하는 경우가 그렇다. 그러나 '교회'는 기본적으로 신자들
의 공동체를 가리킨다는 사실을 잊지 말아야 한다. 특히 성경을 읽을 때는
더욱 그러하다.

인간의 의지와 자연의 법칙 사이의 혼동도 범주 오류에 속한다. 2013년
우리나라에서 공공장소 흡연 금지에 대한 법을 제정하기 전에 담배 연기와
배기가스에 대한 논쟁이 일어난 적이 있다. 이때 이 법을 반대하면서 '자동
차의 배기가스는 규제하지 않으면서 왜 그보다 더 적은 양의 연기를 내뿜는

담배를 규제하려고 하
는가'라고 말한 사람들
이 있었다. 언뜻 들으면
꽤 합리적인 논지인 것
같다. 그러나 이 논지에
는 명백한 오류가 있다.

모든 자동차는 움직이기 위해서 내연기관을 작동해야 하고, 내연기관을 작
동하면 배기가스가 나오게 되어 있다. 이것은 인과율의 문제다. 그래서 자
동차에 대해서는 배기가스가 나오지 못하게 하지 않고, 배기가스의 성분 중
몸에 해로운 기체인 일산화탄소, 질소산화물 등이 일정 기준을 넘지 못하도
록 제한한다.

그러나 사람이 움직이는 것과 흡연 사이에는 인과율과 같은 필연적인 관
계가 없다. 말하자면, 사람들이 거리에 다니려면 담배를 피워야 한다거나,
거리를 다니면 자동으로 담배를 피우게 되는 것은 아니다. 이것은 의지의
문제이며, 선택의 문제다. 그래서 담배에 대해서는 장소에 제한을 가한다.
흡연이 허락된 곳에 가서 피우라는 것이다.

● 그리스도인들 사이에서 널리 퍼져 있는 범주 오류 중 하나는 율법과 율
법주의의 혼동이다. 적지 않은 사람이 율법주의가 나쁘니 그 근거인 율법도
나쁘다고 생각한다. 그러나 전혀 그렇지 않다. 이 점은 로마서 7장의 다음
본문(필자의 번역)을 보면 분명히 알 수 있다.

12 그러니 율법은 거룩하며, 계명은 거룩하고 의롭고 선하다. 13 그러면 선
한 것이 내게 죽음이 되었는가? 그럴 수 없다! 그러나 죄가 죄로 드러나
도록 선한 것을 통해 나에게 죽음을 이루는 바람에, 죄가 계명을 통해 극

도로 죄스럽게 되었다. **14** 우리가 율법은 영적인 것을 알지만, 나는 육신적이며 죄 아래에 팔렸다.

이 본문에 의하면, 율법과 계명은 "거룩하고 의롭고 선하다". 그리고 "영적"이다. 문제는 "영적"인 율법을 제대로 이해하지 못하는 "육신적"인 사람에게 있다. 사실, 율법은 하나님의 사람이 하나님의 사람답게 살도록 주어진 것이다. 다시 말해, 구원의 조건이 아니라 구원 이후의 삶을 위한 지침과 같은 것이다. 그런데 율법주의자들은 이것을 뒤집어 율법을 구원의 조건으로 만듦으로써 구원에서 은혜를 제거하려 한다.

율법과 율법주의의 혼동만큼 좋지 않은 것이 예정론과 결정론의 혼동이다. 예정론과 결정론의 구분을 위해서는 자연과 인간과 하나님이 어떤 원리에 의해 움직이거나 행동하는지를 확인할 필요가 있다. 우선, 자연의 움직임이나 변화는 결정론적이다. 인과율에 의해서 어떤 원인에 관한 결과가 이미 정해져 있다는 뜻이다. 따라서 원인을 알면 결과를 예측할 수 있다.

그러나 사람은 자유의지를 가진 존재다. 이 때문에 어떤 조건이나 자극이 주어질 때 그것에 대한 반응이 항상 같지는 않다. 같은 조건이나 자극에 대한 반응이 사람마다 다를 수도 있고, 여러 번 주어진다고 해도 매번 같은 반응이 일어나지 않을 수 있다. 한마디로 사람은 어디로 튈지 모른다. "열 길 물속은 알아도 한 길 사람 속은 모른다"라는 속담이 생긴 것도 바로 이 때문이다.

이 문제를 '책임'이라는 관점에서 다시 생각해 보겠다. 칼은 사람의 살과 요리용 고기를 구분하지 않는다. 사람을 찔러 죽이는 경우든 고기를 잘라 요리하는 경우든, 살이나 고기가 예리한 칼날에 닿으면 인과율에 따라 잘리는 결과를 낼 뿐이다. 달리 말해, 칼은 자신의 용도를 알지 못한다. 용도를 정하는 것은 칼을 쥔 사람이다. 그래서 칼에 사람이 찔려 죽는 일이 일어날 때 그 일에 대한 책임은 칼이 아니라 사람이 진다. 사람이 그 행동을 선택 또는 결정했기 때문이다. 이처럼 사람의 자유의지에는 책임이 따른다.

그런데 예정론을 결정론으로 여기는 것은 사람을 하나님 손에 쥐어진 칼 정도로 여기는 것이다. 만일 사람이 하나님이 정한 대로 자르는 칼과 같은 것이라면, 사람은 자신의 행동에 대해 책임을 지지 않아도 된다. 나쁜 일을 저질러도 그 일에 대해 회개할 필요가 없고, 처벌 받지 않아도 된다. 그러면 하나님의 용서와 칭의도 필요 없게 된다. 예정론과 결정론을 혼동하면, 이처럼 기독교의 정체성에 핵심적인 것을 없애는 결과를 낳는다.

그리고 하나님은 행동 방식 자체가 결정론적이지 않다. 자유의지에 따라 행동하신다는 뜻이다. 사실, 하나님의 형상대로 창조된 존재인 사람의 자유의지가 바로 하나님으로부터 온 것이 아닌가. 그렇지만 하나님은 사람처럼 변덕스럽지 않으시다. 사람과 맺은 언약을 진실하게 지키시고 그 언약에 포함된 약속을 반드시 이루신다. 그래서 하나님의 약속을 알면 하나님의 행동을 예측할 수 있다. 하나님은 죄를 뉘우치고 회개하는 자를 용서하시며, 가난과 질병과 형벌로 망하거나 죽을 운명에 놓인 사람을 다시 일으키신다. 그것은 하나님께서 사랑과 진실에 넘치는 자신의 성품에 따라 행동하시기 때문이다.

이런 성품 때문에 하나님은 자신의 결정을 유보 또는 취소하시기도 한다. 예를 들어, 하나님께서 범죄한 아합을 처벌하기로 하셨지만, 아합이 자신의 죄를 뉘우치면서 "옷을 찢고 굵은 베로 몸을 동이고 금식하[자]"(왕상 21:27) 그 처벌을 유예하셨다. 이렇게 하나님이 자신의 결정을 번복하시는 것은 변덕이 아니라, 용서하시는 하나님의 행동 방식과 일치하는, 일관성 있는 행위이다.

## 보편과 특수

추상화라는 과정은 개체에서 시작하여 종류로 끝난다. 말하자면, 여러 개체의 특성을 파악하는 과정에서 공통점을 띤 개체들이 드러나는데, 이 개체들이 결국 한 종류나 유형이나 범주로 묶이는 것이다. 이것을 보편universal과 특수particular라는 개념으로 이해할 수 있다.

● 보편과 특수의 대조는 다음과 같은 두 양상을 가지고 있다. 첫째, 종류와 개체의 대조라는 면에서, 보편은 한 종류에 속한 것들의 공통된 특징을 가리키지만, 특수는 개체의 고유한 특징이나 개별 현상의 특정 조건을 가리킨다. 예를 들어, 기타에는 클래식 기타, 할로우바디 기타, 전기 기타 등 여러 종류가 있는데, 각 종류에 속하는 개별 악기는 악기의 구조와 부품에 있어 제작자의 제작 방식과 사용자의 소모품 선택에 따라 각각의 특징을 지니게 된다. 바로 이런 것이 개별 기타의 구조적 '특수성'에 관련된 요소들이다. 그렇지만 모든 기타는 구조상으로 공통되는 요소들이 있다. 악기 전체는 줄감개가 있는 머리와 줄을 누르는 부분인 목과 공명통의 역할을 하는 몸통으로 구성되며, 이 세 부분을 가로질러 여섯 개의 줄이 걸린다. 이런 것이 기타의 구조적 '보편성'을 구성하는 요소들이다.

둘째, 원리와 그 원리의 실현이라는 점에서 보편과 특수의 관계를 생각해 볼 수 있다. 예를 들어, 기타를 연주할 때 기본적으로는 왼쪽 손가락으로 목 쪽에서 줄을 눌러 음정을 정하고 오른쪽 손가락으로 몸통 쪽에서 줄을 퉁겨 소리를 낸다. 이때 손가락의 사용 방법에 따라 아포얀도, 알아이레, 아라스트레, 아르모니코스[2] 등 여러 가지 주법이 생긴다. 이것은 모든 기타 연주

---

2  아포얀도는 오른쪽 손가락으로 줄을 퉁긴 뒤에 다음 줄에 닿아 멈추는 방법이고, 알 아이

에 적용되는 '보편적인' 원리다. 그런데 실제 연주할 때는 그런 원리가 여러 가지 양상으로 배합되어 곡마다 다양한 효과를 일으킨다. 그뿐만이 아니다. 같은 곡을 가지고 여러 번 연주회를 여는 경우 연주 장소의 상황, 연주자의 신체 및 심리 상태, 청중과의 교감 등에 따라 연주회마다 차이가 생긴다. 이것이 실제 기타 연주에서 드러나는 '특수한' 양상이다.

보편과 특수는 신학에서 보편 은총과 특별 은총의 구분으로 나타난다. 먼저, 보편 은총의 개념은 마태복음 5장에 있는 다음 본문(필자 번역)에 보인다.

> 44 내가 너희에게 말하는데, 너희 원수를 사랑하며 너희를 박해하는 자를 위하여 기도해서, 45 너희가 하늘에 계신 너희 아버지의 자녀들이 되도록 하라. 그것은 하나님이 그의 해를 악인과 선인 위에 뜨게 하시며 비를 의로운 자와 불의한 자에게 내려주시기 때문이다.

45절에는 "악인"과 "선인", "의로운 자"와 "불의한 자"를 구분하지 않으시고 베푸시는 하나님의 보편 은총, 즉 어떤 종류의 사람에게든 보편적으로 적용되는 은총이 보인다. 이와 달리, 요한복음 1장에 나오는 다음 본문(필자의 번역)에는 특별 은총이 분명히 드러나 있다.

> 12 그러나 그를 영접하는 자들, 즉 그의 이름을 믿는 자들 누구에게나 그가 하나님의 자녀가 되는 권위를 주셨는데, 13 그들은 피로나 육체의 의지로나 사람의 의지로가 아니라 하나님으로부터 태어났다.

---

레는 줄을 튕긴 뒤에 아무 줄에도 닿지 않게 하는 방법이다. 아라스트레는 오른쪽 손가락으로 줄을 튕긴 뒤 줄을 짚은 왼쪽 손가락을 미끄러지듯이 밀어 다음 음으로 옮겨가는 방법이며, 아르모니코스는 왼쪽 손가락을 줄에 살짝 대고 오른쪽 손가락으로 줄을 튕겨 종소리 효과를 내는 방법이다. 아르모니코스는 하프, 바이올린, 첼로 등에서도 사용된다.

정리하자면, 보편 은총은 모든 사람에게 주어지는 것으로서 신앙과는 무관하다. 이와 달리 특별 은총은 구원과 영생을 가져다주는 것으로서 예수 그리스도를 믿는 사람에게 적용된다.

● 그런데 보편과 특수 사이에서 혼동이 일어날 때가 있다. 개별적인 한두 건을 보고 거기서 보편적인 원리를 끌어내려고 하는 것이다. 이것을 일반화의 오류fallacy of generalization라고 한다. 이 오류에는 다음 두 가지가 있다.

첫째, 일부만을 보고 그것을 전체로 여기는 것이다. 예를 들어, 여러 사람이 눈을 가린 채 코끼리의 한 부분만을 만졌는데, 코를 만진 사람은 '코끼리는 굵은 뱀 같다'라고 말하고, 귀를 만진 사람은 '부채 같다'라고 말하고, 다리를 만진 사람은 '나무 몸통 같다'라고 말하는 것이다. 둘째, 일시적인 현상을 보편적인 것으로, 우연을 필연으로 여기는 것이다. 산에서 내려오던 토끼 한 마리가 밭을 가는 농부를 보고 피하다가 나무 그루터기에 부딪혀서

목이 부러져 죽었는데, 그것을 본 농부가 밭갈이를 그만두고 토끼들이 그루터기에 부딪혀 죽기를 기다렸다는 이야기가 있다. 이 이야기의 농부가 바로 그런 오류에 빠졌다.

일반화의 오류의 핵심은 불충분한 정보에서 일반적인 원칙을 찾아내려는 것이다. 그런데 충분한 정보가 있음에도 불구하고 일부만 알려줌으로써 오류를 '일으키는' 경우도 있다. 2020년에 농림축산식품부가 전 세계 16개 주요 도시에 사는 사람 8,000명을 대상으로 한식 선호도를 조사했다.[3] 그 결과를 보니 1위는 치킨(13.3%), 2위는 김치(11.9%)였다. 이것만 보면 수

---

3   농림축산식품부, 『2020 해외 한식 소비자 조사』 (2020).

궁이 갈 만하다. 그런데 이 조사에 포함된 반대의 내용, 즉 비선호 음식의 통계를 보면 생각이 달라진다. 비선호 1위가 한국 술(14.1%), 2위가 김치(9.5%)였기 때문이다. 문제는 이 조사 결과를 보도할 때 비선호도를 알리지 않은 보도 매체가 적지 않았다는 점이다. 선호도 통계만 본 사람들은 김치를 좋아하는 사람들 못지않게 싫어하는 사람들도 많다는 사실을 전혀 알 수 없었을 것이다. 이처럼 정보를 충분히 얻지 못할 때 일반화의 오류가 일어난다.

이런 조사와 관련된, 또 다른 불충분한 정보의 경우가 있다. 조사의 결과가 텔레비전의 예능 프로그램이나 인터넷 영상에 나온 외국인들의 말과는 매우 다르지 않은가? 외국인들도 소주나 막걸리를 좋아하는 것으로 알고 있었는데 가장 싫어하는 품목이라니 이상하고, 김치는 좋아하는 사람 못지않게 싫어하는 사람도 많다는 점이 의아하지 않은가? 그 이유는 다음 두 가지일 것이다. 방송이나 영상에 한국 음식을 좋아하는 사람만 출연시켰거나, 아니면 그리 좋아하지 않는 사람이 방송의 흐름에 맞추어 좋아하는 척했거나. 어쨌든, 그런 방송이나 영상에서부터 제대로 된 정보를 주지 않아 일반화의 오류를 조장한 것이다.

일반화의 오류가 가장 빈번하게 일어나는 경우는 아마도 일상의 대화에서일 것이다. 일반적인 원리를 말했는데 예외적인 한두 건을 가지고 반박하거나, 많은 사람의 관찰과 연구를 통해 파악된 사실을 자신의 경험과 맞지 않는다고 받아들이지 않는 사람들이 있다. 예를 들어, 위에서 언급한 선호도와 비선호도를 함께 보도한 기사를 읽고서도 "내가 만난 외국인들은 소주를 좋아하던데"라고 말하는 사람이 있다면, 그 사람 역시 일반화의 오류에 빠진 것이다. 그가 그런 외국인을 몇 명이나 만났을까? 열 명, 아니면 스무 명? 백 명을 만났다 해도 통계에 나온 1,128명(8,000명의 14.1%)보다는 훨씬 적다. 그리고 그 14.1%는 조사 대상자의 14.1%인 1,128명으로 끝나는 것이 아니라 세계 인구 80억 명의 14.1%인 11억 2,800만 명의 가능성을 가진다. 이래도 자기 경험만 가지고 일반적인 관찰의 결과로 알려진 사실을 반박할 수 있을까?

## 공시와 통시

흥미롭게도 회상은 항상 경험의 순서, 즉 과 거로부터 현재의 방향으로 진행된다. 과거 어느 시점으로 단번에 돌아가는 것은 가능 하다. 그러나 그 시점으로부터는 항상 현재 를 향하여 진행된다. 심리학자 드라이스마 의 표현을 빌리면, 비디오 재생기처럼 '되감 기' 기능은 있지만 "역방향 재생"playback은[4] 되지 않는 것이다.

(직사각형 버튼, 왼쪽 위에서 시계 방향으로) 정지, 재생/중지, 빨리감기, 되감기

이 점에 대해 학문적인 설명을 시도한 학 자는 영국의 철학자 브래들리Francis H. Bradley다.[5] 그는 기억이 사건 경험과 같 은 방향으로 진행되는 이유를 생존에서 찾았다.[6] 인생 자체가 "노화"와 그것 에 대처하는 "복구"의 과정이며 "위험을 뚫고 헤쳐 나가는 싸움"이라는 것이 다. 말하자면, "끊임없이 노후해가는 배"가 흐르는 물에 닻을 내리고서 "스

---

4   Draaisma, 『나이 들수록 왜 시간은 빨리 흐르는가』, 89. 우리말 번역서는 playback을 "거꾸로 돌리기"로 옮겼다.

5   Francis Herbert Bradley, "Why Do We Remember Forwards and Not Backwards?" *Mind* 12 (1887): 579-82.

6   위의 글, 581.

스로 건사하기 위해" 물살에 떠내려오는 것들에서 수리 재료를 찾아야 하는 것과 같다. 따라서 그 배가 물이 흘러오는 쪽을 끊임없이 주시해야 하듯이, "우리가 살기 위해서는" 기억을 포함한 우리의 사고도 "기대의 방향으로 진행돼야" 한다. 이처럼 브래들리가 기억의 방향의 이유를 생존 본능에서 찾는 것은, 드라이스마의 설명처럼 그 글이 쓰인 당시 확산되고 있었던 다윈의 진화론의 영향 때문이었을 것이다.[7] 그렇지만 브래들리의 논지가 노화로부터의 복구와 기억 사이의 관계를 뒷받침하는 증거 없이 목적론적으로만 세워졌기 때문에 기억의 방향을 제대로 설명했다고 보기는 어렵다.

회상의 순서가 경험의 순서와 일치하는 것은 사건의 순서가 사건의 의미가 되기 때문이다. 이 점을 이해하기 위해서는 사물이나 사건의 의미가 어떻게 이루어지는지를 알아야 한다. 예를 들어, 어린아이가 '비'라는 자연 현상이 무엇인지를 알기 위해서 먼저 '비가 뭐예요?'라는 질문을 던진다. 이에 대한 대답은 '하늘에서 물이 떨어지는 거야'다. '그런데 물이 그냥 떨어지면 비가 되지만, 얼어서 떨어지면 눈이나 우박이 되고, 얼어서 떨어지다가 녹으면 진눈깨비가 돼'라는 설명을 더하면 더 구체적인 대답이 된다. 이것은 비를 눈, 우박, 진눈깨비 등과 구별함으로써 비의 의미를 알려 주는 것이다. 그러면 아이는 한 가지 질문을 더 한다. '왜 하늘에서 물이 떨어져요?'라는 질문 말이다. 이에 대한 대답은 '땅 위의 물이 수증기가 되어 하늘로 올라갔다가 찬 공기를 만나 다시 물이 되어 땅으로 떨어지게 되는 거야'다. 이것은 비의 인과관계를 설명함으로써 비의 또 다른 의미를 알려 주는 것이다.

정리하면, 비의 의미를 알기 위해서는 비와 관련된 분류 체계를 알아야한다. 비를 눈, 우박, 진눈깨비 등과 구별해야 한다는 뜻이다. 이와 함께 비라는 현상의 전후 관계, 즉 땅 위의 물이 수증기가 되어 하늘로 올라가서 구

---

**7** Draaisma, 『나이 들수록 왜 시간은 빨리 흐르는가』, 90-91.

름을 이루었다가 찬 공기를 만나 다시 물이 되어 떨어지는 과정을 알아야 한다. 이것을 공시synchronic와 통시diachronic라는 개념으로[8] 다시 설명하면 다음과 같이 된다. '비'의 공시적 의미는 같은 시간대에서 비교와 분류를 통해 얻는 의미이고, 통시적 의미는 시간상의 전후 관계를 파악해서 얻는 의미다. 사람들의 행동과 사건도 마찬가지다. '글쓰기'의 공시적 의미는 그것을 '말하기', '읽기', '그리기' 등과 구분함으로써 파악되며, 통시적 의미는 글쓰기의 이유, 목적, 결과 등을 알아냄으로서 파악된다. 바로 이 통시적 의미가 기억과 회상의 순서에 관련된다.

이상의 논지를 정리하자면 다음과 같다. 우선, 회상의 순서는 사건 또는 경험의 순서와 일치한다. 다음, 이처럼 회상의 순서와 사건의 순서가 일치하는 것은 사건의 순서를 기억할 때 사건의 통시적 의미를 함께 기억하기 때문이다. 따라서 사건의 통시적 의미를 제대로 파악하기 위해서는 그 사건의 전후 관계 즉 순서를 제대로 기억해야 한다. 만일 사건의 순서를 잘못 기억하면 그 사건의 의미를 제대로 파악하지 못한다.

예를 들어, 어떤 남자가 지하철 계단에서 넘어져 다리를 다쳐 병원에 치료하러 갔다가 우연히 옛 여자친구를 다시 만나 그녀와 사귀다가 결혼했다면, 낙상에서 부상, 치료, 재회, 연애, 결혼으로 이어지는 과정에서 각 단계는 그다음 단계의 원인이나 계기가 된다. 각 단계의 사건이 갖는 통시적 의미가 그다음 단계의 의미와 연결된다는 뜻이다. 따라서 그 모든 과정은 마지막 단계인 결혼에 대한 설명이 될 뿐 아니라, '우연을 통한 운명적 만남'이나 '전화위복'(나쁜 일 때문에 오히려 좋은 일이 생기는 것) 같은 의미도

---

8  공시적(synchronic)이란 '같은(syn) 시간에(chronic)' 놓이거나 일어난 것들을 비교하는 것을 말한다. 반면에 통시적(diachronic)이란 '시간을(chronic) 가로질러(dia)' 일어나는 일, 즉 시간이 지나가면서 일어나는 일의 전후 관계인 원인과 결과 또는 동기와 결과를 파악한다는 뜻이다.

띠게 된다.

그런데 기억의 순서가 잘못되어 회상이 실제 경험의 순서와 다르게 일어난다면 어떻게 될까? 앞에서 예로 든 사건을 잘못 기억하여 '지하철 계단에서 넘어져 우연히 옛 여자친구를 다시 만나 병원에 치료하러 갔다가 그녀와 사귀다가 다리를 다쳐 결혼하게 되었다'로 회상한다면? 이 경우, 낙상에서 결혼으로 이어지는 회상 과정에서 결혼의 원인이나 계기를 발견하기보다는 오히려 다음 같은 의문이 떠오른다. 그녀와의 재회가 왜 치료의 이유가 되었는가? 치료가 왜 연애의 계기가 되었는가? 연애가 왜 부상의 원인이 되었는가? 이런 의문이 일어나는 것은, 회상 순서가 치료와 부상의 통시적 의미와 맞지 않기 때문이다. 말하자면, 회상 과정에 재회와 치료, 치료와 연애, 연애와 부상의 관계가 제대로 보이지 않기 때문이다. 따라서 그 회상이 낙상에서 결혼으로 이어지는 과정 전체에 대해서도 의미 있는 설명을 주지 못한다.

기억은 우리에게 부딪힌 과거의 매 순간을 우리 마음 여기저기에 아무렇게나 흩어 두지 않고 원인과 결과, 동기와 결과 같은 전후 관계로 서로를 연결한다. 이런 연결을 통해 경험뿐만이 아니라 경험의 의미도 우리 마음에 저장된다. 이 때문에 회상도 아무렇게나 일어나지 않고 경험의 순서대로 일어난다. 그리고 회상의 끝은 언제나 현재에 맞닿아 있어서, 우리는 회상을 통해 우리 자신이 지금 왜 이런 모습과 방식으로 살아가는지, 그리고 우리가 아는 사람이 왜 그런 모습과 방식으로 살아가는지를 확인하게 된다.

## 정체성

정체성 또는 신분이란, 간단히 말해 '나는 누구인가'의 문제다. 신분증(영어로는 '신원확인증'identification card)이 바로 그것을 확인하기 위한 것이다. 우리나라의 신분증인 주민등록증에는 주민등록번호, 생년월일과 주소 및 얼굴 사진과 같이 그 사람이 누구인가를 확인할 수 있는 필수 정보가 담겨 있다.

정체성에는 두 가지 양상이 있다. 하나는 '나'가 세상의 모든 '너'나 '그'와 다른 존재라는 것이고, 다른 하나는 어릴 때의 '나'와 지금의 '나'가 여러 면에서 크게 다르지만 여전히 '나'라는 것이다. 우선, 이 세상의 어떤 사람도 나와 같은 사람은 없다. 아무리 일란성 쌍생아도 둘이 모든 면에서 똑같지는 않다. 이것은 쉽게 받아들일 수 있는 사실이다. 그런데 지금의 나와 아주 어릴 때의 나는 어떤가? 이 둘이 같은 사람이라는 것도 당연한 사실이다. 그런데 곰곰이 따져보면, 꼭 그렇지도 않다는 것을 깨닫게 된다.

하루가 만드는 변화는 미미하지만, 많은 날이 흐르면 그 변화가 조금씩 쌓여 마침내 폭풍을 맞은 것과 같은 결과를 만든다. 흉가가 된 집, 폭포에 패인 강바닥, 비바람에 깎인 바위가 모두 그 결과다. 이 시간의 폭풍 앞에서 우리의 겉모습도 허물어져 얼굴이 주름으로 덮이게 된다. 그런 면에서 현재의 나는 과거의 나와 다를 수밖에 없다. 오래된 자신의 사진을 보고 지금과 다른 모습에 놀라는 것도 바로 이 때문이다.

변하는 것은 모습만이 아니다. 관계에 있어 달라지는 것도 있다. 예를 들어, 어릴 때는 자녀이기만 했는데 커서는 부모라는 새로운 처지에 놓이게 된다. 한때는 학생이었는데  나중에 교사가 될 수도 있다. 사실, 성장의 중요한 의미 중 하나가 바로 이런 관계의 변화가 아닌가. 그뿐만 아니라 어떤 사람은 다른 나라로 이민을 가서 '한국계 미국인'이나 '한국계 호주인'과 같은 새로운 국민 정체성을 얻기도 한다. 그리고 나이를 먹어 가면서, 가치관이나 세계관과 같은, 현실을 보는 '관점'이 달라지기도 한다.

그럼에도 불구하고 '나'는 여전히 '나'로 남는다. 생물학적으로는 그 이유를 디옥시리보핵산(DNA)에서 찾을 수 있다. 겉모습은 변하지만, 우리 안에 내재된 유전자 본체는 항상 같다는 점에서 말이다. 그런데 그 유전자 본체라는 것이 우리가 평상시에 확인할 수 있는 것은 아니다. 그러면 우리는 무엇 때문에 이전의 나를 지금의 나와 동일시하는가? 바로 '기억' 때문이다. 이미 확인했듯이, 기억은 과거에 내가 겪은 모든 경험을 현재의 나 자신에게 연결시킨다. 이 때문에 과거의 나는 현재의 나와 연결되어 한 사람으로 인식된다. 달리 말하자면, 과거의 나와 현재의 내가 한 정체성을 이루는 것이다.

사실, 이 연결은 날마다 이루어진다. 사람들은 자기 모습을 담은 먼 과거의 사진을 보고 놀라지만, 그 사진을 찍은 날부터 그것을 다시 보고 놀란 날까지 날마다 거울을 들여다보면서 놀라지는 않는다. 그 이유는 날마다 거울 속에서 본 얼굴이 기억 속에 있는 전날의 얼굴과 별 차이가 없음을 확인하면서, 날마다 시간이 만들어낸 만큼의 차이를 그날의 기억으로 메워왔기 때문이다. 다른 사람을 대할 때도 마찬가지다. 우리는 어제 본 가족의 모습을 오늘 보고, 어제 본 그와 오늘 보는 그가 같은 사람임을 알아차린다. 한 달에 한두 번씩 만나는 사람의 경우도 이전과의 차이를 크게 느끼지 못해 같은 사람임을 쉽게 알아차린다.

그런데 아주 오랜만에 옛 친구를 만나면 그를 금방 알아보지 못한다. 세월이 흐른 만큼 그 사람이 달라져 있기 때문이다. 그렇지만 이 경우에도 몇 마디의 대화를 통해 달라진 그가 옛날의 그와 같은 사람이라는 것을 확인하면, 기억은 바로 지금의 그를 이전의 그와 연결시킨다.

요컨대 기억은 옛날과 지금 사이의 모든 '나'를 결합해 나의 총체적인 정체성이 시간의 폭풍 앞에 허물어지지 않게 한다. 그래서 오늘의 나와 어제의 나 사이에, 그리고 어제의 그와 오늘의 그 사이에 분명히 차이점이 있음에도 불구하고 기억 때문에 '나'는 여전히 '나'로 있게 되며, '그' 또한 '그'로 있게 된다.

위에서 보았듯이, 통시적인 차원에서 정체성에는 두 양상, 즉 변하는 것과 변하지 않는 것이 있다. 그중 변하는 것을 보면, 전에는 누군가의 자녀였는데 이제는 한 여인의 남편과 두 아이의 아버지로 살아간다. 그리고 한때는 학생이었지만 지금은 교수가 되어 있다. 이러한 변화의 결과로 현재의 정체성은 복수의 신분으로 구성되는데, 그중에서 가장 근본적인 것은 부모와의 관계다. 나라는 존재가 부모에 의해 생겼기 때문이다. 그래서 어릴 때의 정체성은 누구의 '자녀'라는 생명의 관계와 남자 또는 여자라는 생물학적인 구분으로 이루어진다. 그 이후 자라면서 맺는 관계에 따라 제자, 배우자, 부모, 스승 등과 같은 다른 신분을 얻게 되는 것이다.

그러면 그리스도인이 되었다는 것은 무슨 의미를 가지는가? 우선, 그리스도의 영과 생명을 받아 하나님의 자녀로 새로 태어났다는 것을 뜻한다. 부모로부터의 탄생을 통해 자연인으로서의 정체성이 세워졌듯이, 그리스도를 믿음으로써 하나님의 생명을 받아 이루어진 "거듭남"(요 3:3-7), 즉 두 번째 탄생을 통해 우리가 하나님과의 관계 속에서 영적 정체성을 얻게 된 것이다. 이것을 바울은 "새로운 피조물"(고후 5:17)이라고 불렀다.

다음, 그리스도인이 되었다는 것은 하나님 나라의 시민이 되었다는 것이다. 그런 의미에서 지상의 국적과 대조가 된다. 말하자면, 한국인이면서 그리스도인이 되었다면 이 두 신분을 가지고 어떻게 살아야 할 것인가를 잘 알아야 한다. 바울은 유대계 로마인이면서 그리스도인이었다. 이 때문에 당시 유대인과 로마인 사이의 갈등, 유대인과 그리스도인 사이의 충돌, 그리고 로마인과 그리스도인 사이의 긴장을 모두 겪었다. 그러나 그는 지혜롭게 피할 길과 극복할 길을 찾아 자신의 임무를 다 이룰 수 있었다.

그렇다면 이 문제가 성서 해석에 왜 필요한가? 그것은 성서 해석의 궁극적인 목표가 성경에서 하나님의 정체성을 파악하는 것이기 때문이다. 이 목표는 다음과 같은 함의를 가진다. 우선, 우리가 예수 그리스도를 믿을 때, 우리는 하나님의 생명을 받아 하나님의 자녀가 되었고 하나님은 우리의 아버지가 되었다. 그러니 하나님의 정체성을 알면 우리가 누구인지, 어떤 존재인지도 알게 된다. 다음, 신약의 저자들은 구약에서 서술된 하나님의 정체성을 찾아 그것을 예수 그리스도와 연결시키고 교회의 부름의 기반으로 삼았다. 이처럼 지금의 그리스도인들은 구약과 신약으로 이루어진 성경에서 하나님의 정체성을 찾아야 한다. 그리고 이 정체성에 근거해 교회에 어떤 임무가 주어졌는지, 따라서 우리가 어떤 삶을 살아야 하는지 깨달아야 한다.

# 4장. 말과 현실

성경은 하나님의 말씀이 사람의 말로 표현된 것이다. 그렇다면 하나님의 말씀이 어떻게 사람의 말과 만났을까? 다시 말해, 하나님의 말씀이 사람의 말로 표현되는 것이 어떻게 가능하며, 어떤 방식으로 실현되었을까? 우리는 서로 너무나 달라 보이는 이 둘의 만남을 어떤 식으로 이해해야 할까?

이 점에 대해 극단적인 두 입장이 있는데, 한쪽에는 언어의 특징에 몰두하여 성경을 고대 종교인의 문헌으로만 보려는 입장이 있고, 다른 쪽에는 사람의 언어가 가지는 특징을 고려하지 않고 신비주의적인 관점에서 성경을 읽으려는 입장이 있다. 그러나 성경을 하나님의 계시라는 차원에서 읽으려면 사람의 말에 대한 연구만으로는 부족하고, 신비주의적인 해석을 한다 해도 해석의 원칙은 있어야 한다. 결국, 하나님의 말씀과 사람의 말이 어떻게 연결되어 있는지를 파악할 수밖에 없는데, 그 둘의 관계는 종종 성육신에 비유된다. 예수 그리스도가 연약한 사람으로서 하나님의 영광과 능력을 드러내셨듯이, 성경도 사람의 말로 하나님의 깊은 비밀을 드러낸다는 것이다.

따라서 성서 해석을 제대로 하기 위해서는 사람의 말이 어떻게 하나님의 말씀을 드러내는지를 파악해야 하고, 이를 위해서는 먼저 말의 특징을 이해해야 한다. 바로 그 특징 중에서 가장 기본적인 것을 이 장과 다음 장에서 다룰 것이다.

# 말과 현실의 관계

언어의 중심 기능은 사람의 마음과 현실을 잇는 것이다. 말하자면, 사람은 말이나 글을 통해 자신의 현실 경험을 개념화하고 표현한다. 그런데 이 과정에 대한 큰 오해가 있다. 언어의 기초 단위인 단어의 의미를 정확하게 외우고, 단어와 단어를 연결하는 문법만 제대로 익히면 어떤 언어든 제대로 이해하고 구사할 수 있다고 여기는 것이다. 그렇지만 말이나 글을 이해하는 것에는 그 이상의 차원이 있다. 간단히 말해, 단어와 함께 단어의 맥락context을 알아야 한다. 이 장에서는 바로 그 점을 설명하려 한다.

이를 위해 지금부터 설명하는 것을 제대로 이해하려면 언어와 현실의 관계에 대한 기본 원리 몇 가지를 미리 알아야 한다. 첫째, 언어에는 자신의 체계를 세우려는 성향과 현실을 가리키려는 성향이 함께 작용한다. 그 체계를 세우는 데 작용하는 법칙이 문법이고, 현실을 가리키는 데 작용하는 법칙이 논리다. 둘째, 사람이 현실을 인식하는 데는 앞서 설명한 특수와 보편의 구분이 작용한다. 말하자면, 개체나 개별 현상의 고유한 특성을 파악하면서 여러 개체나 현상들 간에 공통적으로 보이는 특성을 보편적인 원리로 설명하는 데에는 바로 그 구분이 작용한다. 셋째, 언어는 단어와 문장과 담론discourse이라는 세 차원으로 이루어진다. 단어 차원으로 갈수록 보편성에 기초해 언어 자체의 체계를 세우려는 성향이 강해지고, 담론 차원으로 갈수록 현실의 특수성이나 구체성에 맞닿으려는 성향이 강하게 작용한다.

이러한 기본 원리를 대하자마자 해석이란 작업이 복잡하고 어려운 일로 보일지도 모른다. 그러나 성서 해석은 복잡한 작업이기보다 정교한 작업, 곧 말과 현실에 대한 치밀한 이해가 필요한 일이다. 그리고 정교하다고 해서 반드시 어려운 것은 아니다. 사실, 우리 모두는 그 원리를 일상에서 자신도 모르게 사용하고 있다. 그러니 눈과 마음을 크게 열고 책의 설명을 따라

가다 보면 각 원리에 대한 이해에 이르게 될 것이다.


## 단어, 문장, 담론

앞서 언급했듯이, 언어에는 단어, 문장, 담론이라는 세 차원이 있다. 이 셋의 관계를 간단히 말하자면, 단어와 단어가 연결되어 문장이 되고 문장과 문장이 연결되어 담론이 된다. 예를 들어, "여우도 굴이 있고 공중의 새도 집이 있으되 인자는 머리 둘 곳이 없도다"(눅 9:58)는 문장이고, 이 문장에 담긴 '여우', '도', '굴', '이', '있고' 등은 단어다. 그리고 이 문장과 다른 문장들이 어우러져 이루는 단락(눅 9:57-62)은 담론이며, 누가복음 전체도 예수의 말씀과 활동에 관한 하나의 담론이다.

담론은 세 차원 중 가장 낯선 개념이니 아무래도 설명을 더 해야 할 것 같다. 간단하게 말하자면, 문장 이상의 차원, 즉 문장과 문장이 연결되어 생기는 말이나 글의 단위가 담론이다. 일반적인 대화나 글은 모두 담론 차원에서 이루어진다.

담론의 특징은 다음과 같다. 첫째, 담론은 그 길이나 크기에 한계가 없다. 예를 들어, 두 사람이 길에서 마주쳐 나누는 간단한 인사나, 콩트와 같은 짧은 글도 하나의 담론이며, 두어 시간 동안 계속된 대화는 물론, 총 16권으로 된 대하소설 『토지』처럼 아주 긴 것도 하나의 담론이다. 둘째, 한 담론의 경계가 어디까지인가에 대해 중요한 것은 내용의 연속성 또는 통일성이다. 어떤 사람들이 함께 저녁을 먹으면서 요리에 관해 이야기하다가 화제를 축구로 바꾸었다면, 그 대화는 요리에 관한 담론에서 운동에 관한 담론으로 옮겨간 것이다.

단어와 문장과 담론을 구별하는 데는 다음 두 문제가 있다. 하나는 언어의 구성에 대한 것이다. 말하자면, 단어와 단어가 연결되어 문장이 되고, 문장과 문장이 연결되어 담론이 될 때 어떤 원리가 작용하는가이다. 다른 하나는 말과 현실의 관계에 대한 것이다. 즉, 언어가 어떤 원리에 의해 구체적인 현실을 가리키는가이다. 이 두 가지를 염두에 두고 각 차원을 살펴보겠다.

● 단어는 문장과 담론의 재료로서 언어 표현의 기초가 된다. 그런데 단어 자체로는 구체적인 현실을 가리키지 않는다. 그 이유로는 다음 두 가지가 있다.

첫째, '장미'라는 단어는 장미라고 불리는 모든 것을 가리킬 가능성을 가질 뿐, 현실의 특정한 장미를 가리키지는 않는다. 현실에 수많은 장미가 있으니 그저 장미라는 단어만 말하면 어떤 장미를 가리키는지 알 수 없기 때문이다. 간단히 말해, 단어는 개체가 아니라 종류를 가리킨다.

둘째, 한 단어의 의미가 반드시 하나인 것은 아니다. 예를 들어, '장미'는 장미꽃을 가리킬 수도 있고 장미나무를 가리킬 수도 있다. 그런가 하면 "가시 없는 장미 없다"라는 속담에 나오는 '장미'는 일차적으로 장미를 의미하지만 궁극적으로는 '훌륭한 사람'이나 '좋은 것'을 가리킨다. 그래서 이 속담은 '훌륭한 사람에게도 단점은 있다'라거나 '좋은 일은 고난과 함께 오기 마련이다'와 같은 뜻을 지니게 된다. 이와 달리, 15세기에 영국의 랭카스터가와 요크가 사이에 벌어진 전쟁을 가리키는 '장미 전쟁'에서 '장미'는 전쟁의 당사자인 두 가문, 즉 붉은 장미의 랭카스터가와 흰 장미의 요크가를 상징한다. 이처럼 단어는 어떤 맥락 속에 놓여야 구체적인 의미를 띠게 된다. 단어 앞뒤의 한쪽이나 양쪽에 다른 단어가 있어야 하는 것이다.

● 단어와 단어가 연결되면 문장이 되는데, 이 연결에는 문법이 작용한다. 말하자면, 문법은 단어들을 각각의 기능에 맞게 연결하여 소통의 기본 단위인 문장을 만드는 역할을 한다.

단어는 문장 차원에서 비로소 현실에 다가가는데, 이때 다음 두 가지 일이 일어난다. 첫째, 이 차원에서 논리가 작용하기 시작한다. 문장 안에서는 단어와 단어의 연결을 위해 문법이 작용하지만, 문장과 현실의 연결이라는 면에서는 논리가 작용한다. 논리란 기본적으로 문장의 내용이 현실과 일치하느냐를 보는 것이다. 말하자면, 논리적으로 '참'true은 문장의 내용이 현실과 일치하는 것을 말하고, '거짓'false은 그 반대를 가리킨다. 예를 들어, '세종대왕은 거북선을 만들었다'라는 문장은 문법적으로는 맞지만 논리적으로는 거짓이다. 주어(세종대왕은), 목적어(거북선을), 술어(만들었다)의 결합은 제대로 되었지만, 그 문장의 의미가 현실과 일치하지는 않기 때문이다.

둘째, 단어가 구체성을 띠기 시작한다. 예를 들어, '지금 그 집 앞에는 장미꽃이 피어 있다'와 같은 문장에 나오는 장미꽃은 이 세상의 수많은 장미꽃 중에서 어떤 집 앞에 핀 장미꽃을 가리킨다. 그렇지만 아직 완전히 구체적이지는 않다. 현실과 완전히 연결된 것은 아니라는 뜻이다. '그 집'이 어떤 집인지를 확인할 수 없으니 '장미꽃'이 구체적으로 어떤 꽃을 가리키는지도 알 수 없기 때문이다.

● 마지막으로, 문장과 문장이 연결되어 담론이 된다. 단어와 단어의 연결에는 문법이 작용하지만, 문장과 문장의 연결에는 논리가 작용한다. 말하자면, 논리는 두 방향으로 작용한다. 한쪽으로는 위에서 언급한 것처럼 문장과 현실의 관계에 작용하고, 다른 한쪽으로는 문장과 문장의 연결에 작용한

다. 다시 말해, 문장 차원에서는 언어 세계를 바로 세우기 위해 문법과 현실과의 관계를 보는 논리가 함께 작용하지만, 문장과 문장이 연결된 담론 차원에서는 언어 세계가 완성되었으니 현실과의 관계를 묻는 논리가 더욱 중요해진다. 예를 들어, '세종대왕은 한글을 창제했다'와 '지금 그 집 앞에는 하얀 장미꽃이 피어 있다'는 각각 문법적으로나 논리적으로나 흠잡을 데 없는 문장이다. 그러나 이 둘을 연결하여 '세종대왕은 한글을 창제했다. 그래서 지금 그 집 앞에는 하얀 장미꽃이 피어 있다'라고 하면 논리적으로 틀린 것이 된다. 세종대왕의 한글 창제와 하얀 장미꽃이 어떤 집 앞에 핀 것 사이에 실제적인 관련성이 없기 때문이다.

이처럼 담론 차원에서는 현실과의 관련성에 대한 논리가 작용하는데, 바로 이 차원에서 단어가 현실에 가깝게 접근한다. 아래의 세 경우를 비교하면 그 점을 잘 알 수 있다.

(1) 장미꽃

(2) 지금 그 집 앞에는 장미꽃이 피어 있다.

(3) 옆집에 누군가 새로 이사 오더니 장미를 심었다. 그래서 지금 그 집 앞에는 장미꽃이 피어 있다. 그 앞을 지나갈 때마다 장미꽃을 좋아하시던 어머니가 생각난다.

이미 언급했듯이, 예문 (1)에 나오는 '장미꽃'은 종류를 가리키는 단어로써, 현실의 장미꽃을 가리킬 수 있는 보편적인 가능성을 띠고 있다. 예문 (2)의 문장에 나오는 '장미꽃'은 현실의 어떤 장미꽃을 가리키기는 하지만, 구체적으로 어떤 것을 가리키는지 알 수 없다. 그것을 알려면 '그 집'이 구체적으로 현실의 어떤 집을 가리키는지에 대한 설명이 필요하다. 반면에 예문 (3)의 짧은 담론에 나오는 '장미꽃'은 구체성을 띤다. 이 예문에 나오는 말을

한 사람이 누구인가를 알면 '그 집'이 어떤 집인지를 알게 되고, 따라서 '그 집 앞에' 핀 '장미꽃'이 어떤 꽃인지도 알게 되기 때문이다.

## 해석의 시야

성경을 포함한 모든 글의 해석은 지금까지 설명한 세 차원에 대한 적절한 시야를 확보하는 데서 시작한다. 그런데 사람들은 성경을 해석할 때 주로 단어에 초점을 맞춘다. 앞에서 말했듯이, 모든 글은 단어로 이루어졌으니 단어의 의미만 정확히 알면 아무리 길고 복잡한 글이라도 잘 이해할 수 있다고 여기기 때문이다. 물론, 모든 글은 단어로 이루어져 있다. 그러나 단어 뜻을 정확히 안다고 문장이나 담론의 의미가 제대로 드러나지는 않는다. 그 이유는 다음과 같다.

우선, 이미 밝혔듯이 한 단어의 의미가 하나가 아닌 경우가 있다. 예를 들어, "여우도 굴이 있고 공중의 새도 집이 있으되"(눅 9:58)의 여우는 짐승 여우를 가리키지만 "너희는 가서 저 여우에게 이르되"(눅 13:32)의 여우는 여우같이 교활한 사람(본문에서는 헤롯 왕)을 가리킨다. 이처럼 단어의 뜻은 맥락에 따라 달라지기도 한다. 그렇다고 한 단어의 뜻이 아무렇게나 정해지는 것은 아니다. 여우가 사람을 의미할 때도 그 의미는 짐승 여우와의 관련성 안에서 이루어진다. 중요한 것은 단어의 구체적인 의미를 파악하려면 맥락에 주목해야 한다는 점이다.

그런데 이 점을 무시한 채 한 단어의 의미가 어떤 맥락에서든지 같다고 한다면 어떤 결과가 일어날까? 답은 둘 중 하나다. 앞의 두 구절에 나오는 여우가 모두 짐승 여우를 가리킨다고 하든지, 모두 여우 같은 사람을 가리킨다고 하든지다. 둘 다 짐승을 가리킨다고 하면, "저 여우에게 이르라"는 표현에 문제가 생긴다. 사람이 여우에게 말을 할 수 없으니 말이다. 이와 반대로 둘 다 사람을 가리킨다고 하면 어떻게 될까? 다시 말해, "여우도 굴이 있고"에서 여우가 여우 같은 사람을 가리킨다면, 그다음에 오는 "공중의 새도 집이 있으되"에서 새는 어떤 사람을 가리킬까? 만일 이 구절의 새가 사람을 가리킨다면, 성경에 등장하는 모든 새가 사람을 가리켜야 하지 않을까? 문제가 해결되기는커녕 더 꼬여만 간다.

다음, 단어에 집중하는 것이 도리어 해석을 방해할 때가 있다. 예를 들어, 요한복음 3:14("모세가 광야에서 뱀을 든 것 같이 인자도 들려야 하리니")은 예수 그리스도의 십자가 죽음을 구약의 민수기 21장에 기록된 사건, 곧 불뱀에게 물려 죽어가는 사람들을 살리기 위해 모세가 놋뱀을 만들어 장대 위에 매단 일과 연결한다. 만일 단어 차원에서 두 본문의 연결점을 찾는다면, 단연코 "뱀"과 "인자"(예수)가 서로 대응한다. 이것을 어떻게 이해해야 할까?

단어 차원에서 이 문제를 해결하려면 다음과 같은 해석의 과정을 거치게 된다. 우선, '뱀'의 의미를 '사탄'으로 규정하고 '사탄'에 '예수'를 대응한다. 다음, 이 대응이 성립하지 않으니, '뱀'의 의미를 사탄과 관련 있는 '악'이나 '죄악'으로 조정한다. 마지막으로, '뱀'이 나무에 달린 것처럼 예수도 사람들의 '죄악'을 대신해서 십자가에 달리셨다고 해석한다. 그렇지만 이런 식의 해석은 또 다른 문제를 일으킨다. 뱀의 상징적 의미는 '악의 근원'이지 그로 인해 일어난 사람의 죄악이 아니다. 만일 그렇게 해석하면 성경 전체의 상징체계가 흔들린다. 한 문제를 해결하려다가 더 큰 문제를 만드는 것이다.

## 단어의 의미

나무의 상태를 제대로 이해하기 위해서는 나무의 환경인 숲도 관찰해야 하듯이, 성서 해석도 단어를 포함해서 언어의 모든 차원을 제대로 볼 수 있어야 한다. 따라서 단어에 집중되어 있는 시선을 재조정할 필요가 있는데, 이를 위해 먼저 할 일은 단어에 대한 오해를 파악하여 제거하는 것이다.

가장 먼저 다룰 오해는, 앞에서 잠시 언급했지만, 단어의 의미가 확정되어 있다고 생각하는 것이다. 이 오해에는 다음 두 면이 있다. 하나는 한 단어의 의미가 어떤 경우든 같다는 오해이며, 다른 하나는 단어의 의미가 시간이 흘러도 변하지 않는다는 오해다.

● 단어의 의미가 둘 이상인 경우가 있다. 이런 상태를 중의성polysemy이라하는데, 사실 모든 단어는 그럴 가능성이 있으며, 실생활에서 자주 사용하는 단어일수록 더 그렇다.

한 예로, 동사 '보다'에는 여러 의미가 있는데, 눈으로 보는 것 말고도 '읽다'(책을 보다), '관람하다'(영화를 보다), '돌보다'(아이를 보다), '치르다'(시험을 보다), '간주하다'(옳다고 보다), '처리하다'(사무를 보다), '맞다'(사위를 보다), '차리다'(상을 보다), '당하다'(손해를 보다), '누다'(소변을 보다) 등을 의미한다. 다른 예를 들자면, 명사 '나무'에는 여러 의미가 있는데, '대추나무'의 나무는 식물의 일종인 나무를 의미하고, '나무 의자'의 나무는 가구나 건물을 만들기 위해 베어놓은 나무를, '땔나무'의 나무는 불을 피우기 위해 잘라놓은 나무를 가리킨다. 식물로서의 나무라는 기본 뜻에서 출발해 재료인 나무와 불을 피우기 위한 나무라는 뜻으로 발전하는데, 아예 각각을 구별해 '나무', '목재', '장작'이라는 별도의 단어로 부르기도 한다.

이처럼 단어의 의미가 여럿이라는 것은 한 단어가 동시에 여러 의미를 띤

다는 뜻이 아니라, 한 단어의 의미가 상황에 따라 달라질 가능성이 있다는 뜻이다. 그런데 단어가 특정한 상황에 사용되면 그 여러 의미 중 하나가 전면에 나서게 된다. 이 점에서 단어의 의미는 사람의 정체성과 닮은 데가 있다. 한 사람이 남편, 아버지, 기독교인, 교수, 한국인 등 여러 가지 정체성을 가질 수 있지만, 가정에서는 아내에게 남편이고 자녀에게 아버지이며, 학교에서는 교수다. 아내에게 교수로 다가가는 것은 의미 없는 행동이며, 학생에게 남편으로 행동하는 것은 큰일 날 일이다. 말하자면, 여러 정체성을 가진다고 하더라도 특정한 상황에서는 그 상황에 맞는 정체성에 근거해서 행동한다. 단어도 마찬가지다. 단어의 의미가 여러 가지여도 단어의 환경에 따라 한 의미가 전면에 나오게 되는데, 그 환경이 바로 맥락이다. 앞서 보았듯이, '보다'라는 단어의 의미는 여럿이지만, 책이라는 맥락에서는 '읽다'가 되고, 시험이라는 맥락에서는 '치르다'가 된다.

● 한 단어가 한 의미만을 띠는 경우가 있기는 하다. 그런데 이것은 주로 일상에서 자연스럽게 생겨난 자연어에서가 아니라 인위적으로 통제되어 만들어진 전문 용어에서 보이는 현상이다. 예를 들어, 한 자동차가 다른 자동차를 뒤에서 들이받았을 때는 '추돌'이라는 단어를 사용하여 '충돌'과 구분한다. 충돌의 경우는 배상 책임이라는 면에서 5 대 5에서 9 대 1까지의 여러 경우가 생기지만, 뒤차가 들이받았을 때는 그 차가 모든 책임을 지기 때

문에 이 경우의 구분을 위해 추돌이라는 단어를 만든 것이다.

다른 예를 들자면, 이 책의 2장에서 다룬, 기억과 회상의 구분이 있다. 사실, 일상생활 속에서 '기억'은 두 의미를 모두 가진다. '내 기억 속에 소중히 자리 잡았다'에서 기억은 그야말로 기억을 가리키지만, '그 일을 기억하며 호수를 바라보고 있었어'에서 기억은 회상을 가리키는 것이다. 그러나 심리학이나 해석학에서는 이 둘을 구분한다. 이 둘의 개념을 구분해야 기억의 체계를 정확하게 파악하고 설명할 수 있기 때문이다.

그런데 이런 학문적인 용어를 평범한 일상에까지 적용할 필요는 없다. 말하자면, 누군가가 '그 일을 기억하며 호수를 바라보고 있었어'라고 말하는 것을 듣고서, 그 경우에는 '기억하며'라고 하기보다는 '회상하며'라고 해야 한다고 바로잡아 주는 것은 큰 의미가 없다.


● 단어는 여러 의미만이 아니라, 여러 의미층semantic layer을 가지기도 한다. 말하자면, 일차적 의미인 문자적 의미literal meaning와 함께 거기서 파생한 비문자적 의미non-literal meaning가 있을 수 있다. 예를 들어, '나무'라는 단어는 앞에서 보았듯이 '식물로서의 나무', '목재', '장작'이라는 여러 문자적 의미를 가지면서, 동시에 '꿈나무'에서처럼 비문자적 의미도 띤다. '꿈나무'의 문자적 의미는 '꿈이 열리는 나무'인데, 실제로 나무에 꿈이 열리지는 않으므로 이런 의미는 성립하지 않는다. 그래서 그 표현을 비문자적으로 해석해서 '꿈이 실현될 가능성을 가진 어린이나 젊은이'로 이해하는데, 바로 이 비문자적 의미가 '꿈나무'의 실제 의미다.

이런 현상은 이층집에 비유할 수 있다. 말하자면, '나무'라는 이층집의 아래층에는 '식물', '목재' 등의 이름표가 붙은 문자적 의미의 방이 있고, 위층에는 '꿈'이라는 이름표가 붙은 비문자적 의미의 방이 있는 셈이다. 이처럼 단어에는 문자적 의미와 비문자적 의미라는 두 의미층이 있으며, 각 층에는 하나 이상의 의미가 있을 수 있다.

비문자적 의미에 관한 자세한 설명은 다음 장으로 미루고, 여기서는 기본적인 이해를 위해 비문자적 의미의 대표격인 은유적 의미metaphorical meaning와 상징적 의미symbolic meaning를 잠시 살펴보기로 한다. 우선, 은유적 의미는 이미 '여우', '꿈나무' 등의 예를 통해 설명했다. 다음, 상징적 의미의 예로는 '십자가'를 들 수 있다. 십자가의 문자적 의미는 '십자 모양의 나무 형틀'이다. 사람을 산 채로 못 박아서 죽기까지 내버려 두는, 고대사회의 잔혹한 형틀 말이다. 그런데 예수 그리스도가 그 형틀 위에서 사람들의 죄를 대신해 죽으신 것을 믿는 그리스도인에게, 십자가는 상징적 의미를 띤다. 예수 그리스도의 죽음을 통해 이루어진 죄의 용서를 의미하는 것이다. 기독교의 기반인 "십자가의 도"(고전 1:18)가 바로 그런 뜻을 가지고 있으며, 이 때문에 십자가는 기독교 전체를 상징하기도 한다. 은유와 상징은 이 책의 2부에서 자세히 다룰 것이다.

● 단어의 의미는 시간이 흐르면서 바뀌기도 한다. 바뀌는 양상도 매우 다양해서 의미 내용이 확대되거나 축소되기도 하고, 정반대 뜻이 되기도 한다.[1]

우선, 의미 확대의 경우로 우리말 '먹다'를 들 수 있다. 원래 이 단어는 음료수가 아닌 것을 먹는 것만 의미했지만, 지금은 일상 언어에서 종종 음료수를 마실 때도 사용된다. 영어 mouse는 원래 '쥐'를 뜻하는 단어지만, 지금은 이 의미와 함께 컴퓨터 입력기기를 뜻하기도 한다.

의미 축소의 예로는 '얼굴'을 들 수 있다. 이 단어가 15세기에는 몸 전체

---

**1** 이 점에 대해서는 다음을 참고할 것: Thomas Pyles and John Algeo, *The Origins and Development of the English Language*, 4th ed. (Fort Worth, Texas: Hartcourt Brace College Publishers, 1993), 239-46.

를 뜻했지만, 지금은 몸의 한 부분만을 뜻한다. 영어의 예를 들면, 1611년에 영국에서 출간된 흠정역성경King James Bible에 나오는 meat는 음식물을 뜻했지만, 지금은 음식물 중에서 '고기'만을 가리킨다. 다른 예로, science는 라틴어 동사 scire(알다)의 명사형 scientia(앎, 지식)에서 온 단어로서 원래는 라틴어 뜻 그대로였지만, 지금은 의미 범위가 줄어들어 체계적 지식으로서의 '학문', 특히 '과학'을 가리킨다.[2]

의미가 반대로 바뀌는 경우에는 두 가지가 있다. 우선, 부정적 의미에서 긍정적 의미로 바뀌는 경우가 있는데, 이것을 의미 양화amelioration라고 한다. 예를 들어, 15세기에 출판된 훈민정음 서문에 보이는 부사 "어엿비"의 의미는 '가엾게'나 '불쌍히'다. 이 부사의 원형인 형용사 '어엿브다'를 요즘 맞춤법으로 고치면 '어여쁘다', 곧 '예쁘다'다. 단어의 뜻이 '가엾다'에서 '예쁘다'로 바뀐 것인데, 뜻이 긍정적인 쪽으로 달라진 것을 알 수 있다. 영어 단어 nice의 어원은 라틴어 nescius로서, '아는'을 의미하는 형용사 scius 앞에 부정을 뜻하는 접두어 ne-가 붙은 것이어서, 원래 뜻은 '무지한', '무식한'이었다. 그러나 이 단어는 지금 '친절한', '사려 깊은' 등의 의미로 사용된다.[3]

이와 반대로 원래 긍정적인 의미를 띤 단어가 부정적인 의미를 띠게 되는 경우도 있는데, 이것을 의미 악화pejoration라고 한다. 예를 들어, 훈민정음 서문에 보이는 "놈"이라는 단어는 사람을 가리키는 보통의 말이었지만, 이제는 남자를 비하할 때 사용한다. "계집"도 마찬가지다. 이 단어는 원래 '여자'를 의미했지만, 지금은 '놈'처럼 비하의 의미를 띤다. 이 때문에 갈라디아서 4:22의 파이디스케paidiskē에 대한 번역이 개역한글판(1961)에서는 "계집종"

---

**2**  이와 달리, science에 접두어 ne-가 붙어서 된 nescience는 '무지'나 '무식'이라는 원뜻을 유지하고 있다.

**3**  라틴어 단어의 원래 형태에 가까운 형용사 nescious는 명사 nescience처럼 뜻이 변하지 않은 채 '무지한'이나 '무식한'이라는 원래 의미를 유지하고 있다.

이었지만 개역개정판(1998)에서는 "여종"으로 바뀌었다. 개역한글판이 나온 때는 계집종이라는 표현이 비하의 의미 없이 여종이라는 뜻으로 이해되었지만, 개역개정판이 나온 1990년대에는 그 표현에 이미 의미 악화가 일어나 비하의 의미를 띤 상태였기 때문에 그런 의미가 없는 '여종'을 택한 것이다. 영어의 예를 들면, 형용사 silly의 어원은 앵글로색슨어 gesælig으로서, 이것은 원래 '행복한'이라는 뜻을 지닌 단어였다. 그런데 지금은 '어리석은'이라는 뜻을 띤다.

어원 추적이 현재의 의미를 이해하는 데 도움을 주는 것은 사실이다. 어원적 의미가 현재 의미의 출처이기 때문이다. 그러나 앞서 보았듯이 원래의 의미와 지금의 의미가 항상 일치하지는 않기 때문에, 어원 추적에는 신중을 기해야 한다. 말하자면, 옛날의 뜻이 이러했기 때문에 지금의 뜻도 이럴 것이라는 생각을 피해야 한다. 따라서 단어의 의미를 파악하기 위해 어원 연구를 반드시 해야 하는 것은 아니다.


## 단어의 의미 정체성

이상에서 보았듯이, 단어의 의미는 다양할 뿐만 아니라 시간의 흐름에 따라 변한다. 그렇지만 단어의 의미가 아무렇게나 형성되는 것은 아니다. 말하자면, 공시적 변이(같은 시기의 다양함)와 통시적 변화(시간 경과에 따른 변화)가 아무런 규칙 없이 이루어지는 것은 아니다. 이 때문에 각 단어의 의미 정체성semantic identity이 어느 정도의 일관성을 유지하게 된다.

우선, 공시적 차원에서 한 단어가 여러 의미를 띨 때는, 그 단어의 의미 정체성이 하나의 기본 의미와 거기서 파생된 하나 이상의 의미로 이루어지는데, 이 의미들은 서로 논리적 관련성을 가진다. 예를 들어, '나무'의 의미가 여럿이어도 '식물의 한 종류인 나무'라는 뜻에 기초해 있고, '보다'의 의미가 아무리 많아도 '눈으로 보다'라는 뜻에 기반을 둔다. 다시 말해, 한 단어가 가지는 여러 의미는 핵심 의미 하나에서 비롯된다.

이처럼 한 단어가 여러 의미를 띤다는 것은, 사람들이 새로운 것을 대할 때마다 그에 맞는 새로운 단어를 무한정 만들기보다는 기존 단어의 의미를 논리적 연속성과 함께 확장하는 쪽을 택한다는 뜻이다. 그 결과 생기는 중의성, 곧 한 단어가 여러 의미를 띠는 현상의 문제는 앞에서 설명했듯이 단어의 환경인 맥락 속에서 해결한다.

다음, 통시적 변화에도 논리적 연속성이 있다. 앞서 언급했듯이 nice의 의미는 원래와 반대가 되었지만, 그 과정에는 연속성이 보인다. 라틴어 형용사 nescius가 고대 불어에서 nisce 또는 nice의 형태로 바뀌었고, 중세 영어로 유입된 뒤에는 nice, nyce, nys 등의 형태를 띠었다. 이 단어가 원래는 '무지한'이나 '무식한'이란 뜻으로 사용됐지만,[4] 14세기에는 '제멋대로 하는' 사람을, 그리고 '옷을 지나치게 화려하거나 사치스럽게 입는' 사람을 가리키기도 했다. 이 시기를 거쳐 15세기까지는 이 단어에 기본적으로 '무식하기 때문에'라는 부정적 뉘앙스가 깔려 있었다. 그러나 그 후에 그 뉘앙스가 없어지면서 소심한 사람을 의미하다가, 이 의미에서 발전하여 조심성 많은 사람, 그다음에는 조심성이 많아 정확하고 꼼꼼한 사람, 취향이 (부정적 의미로) 까다롭거나 (긍정적 의미로) 세련된 경우 등을 가리키게 되었다. '조심성이 많아 정확하다'라는 뜻은 지금도 사용하는 'nice and easy' 같은 표현에 남아 있다. 시간이 더 흐르면서 이 단어는 세세한 부분까지 정확하고 능숙하게 일을 잘 처리하는 경우를 가리키게 되었는데, 이 뜻에서

---

4  nice의 여러 의미와 용례에 대해서는 다음을 참고할 것: *The Oxford English Dictionary*, 20 vols, 2nd ed. (London: Clarendon Press, 1989).

발전해 18세기에 '마음에 드는', '유쾌한' 등의 의미를 가지더니, 결국 지금과 같은 의미를 지니게 되었다.

또 다른 영어 단어 silly는 '행복한'gesalig이란 뜻에서 출발해서 '순진한'으로 바뀌었다. 그 뒤에는 '가련한', 그다음에는 '약한'이라는 단계를 거쳐 마지막으로 사고력이 약하다는 의미에서 '어리석은'이라는 뜻을 띠게 되었다.

이상의 관찰을 통해 우리는 의미의 통시적 변화와 공시적 변이에 관해 다음과 같은 점을 알게 된다. 먼저, 시간이 흐르고 삶의 정황이 변하면서 단어의 용도가 바뀌고, 그 결과 새로운 의미가 생긴다. 다음, 새로운 의미가 옛 의미를 대체하는 경우도 있지만, 옛 의미 옆에 놓여 의미의 폭이 확장되기도 한다. 사실, 단어 의미의 공시적 변이는 대부분 통시적 변화의 결과다. 한 단어가 겪은 의미 변화의 자취가 그 단어에 다양한 의미로 남는 것이다.


## 단어와 현실

단어에 관한 두 번째 오해는 단어가 현실의 구체적인 대상을 가리킨다는 것이다. 그러나 이미 장미의 예를 통해 설명했듯이, 단어는 기본적으로 구체적인 대상을 가리키기보다는 보편적인 종류를 가리킨다. 이러한 점 외에도 단어와 현실 사이에는 다음과 같은 간격이 있다.

우선, 언어와 현실의 관계라는 측면에서 보면 언어 표현에는 두 양상이 있다. 하나는 표현 자체의 의미인 어의sense고, 다른 하나는 그 표현이 실제로 가리키는 지시 내용reference이다. 그런데 이 둘 사이에 간격이 생기는 경우가 있다.

이 둘의 구분을 맨 처음 체계적으로 다룬 사람은 독일의 수학자이며 철학가인 프레게Gottlob Frege다. 그가 든 고전적인 예를 보면, 독일어 Abendstern

의 어의는 '저녁별'이지만, 지시 내용은 '저녁에 나타나는 금성'이다.[5] 다시 말해, 저녁에 나타나는 별 모두가 아니라 저녁에 나타나는 금성만을 가리킨다. Abendstern에 대응하는 우리말은 '개밥바라기'인데, 이 단어의 어의는 '개밥을 바라는 것'이지만, 실제로 가리키는 것은 '저녁에 나타나는 금성'이다. 금성이 밝게 비치는 해질 무렵에 개에게 밥을 주던 옛 풍습을 반영한 표현으로 알려져 있다.

다음, 문법 때문에 단어가 현실과 일치하지 않을 때가 있다. 기혼 여성을 가리키는 독일어 Frau(프라우)에 뜻을 약하게 만드는 형태소인 지소사 lein(라인)을 붙이면 미혼 여성을 가리키는 Fräulein(프로일라인)이 되는데, 흥미로운 것은 Frau는 여성인데 Fraulein은 중성이라는 사실이다. 이처럼 문법적 성과 생물학적 성이 일치하지 않는 경우가 있다.

이 불일치를 설명하는 것은 어렵지 않다. 명사에 lein(라인)이나 chen(헨)과 같은 지소사를 붙이면 중성이 된다는 독일어 문법을 알려만 주면 된다. 그런데 사람들은 이런 설명에서 뭔가 부족함을 느낀다. 여성을 중성으로 표현하는 것에서 느끼는 부당함이 해소되지 않기 때문이다. 이때 '독일인은 미혼 여성을 아직 완전한 여자로 보지 않는다'라는 식의, 독일인의 심리적 비밀을 파헤치는 듯한 설명은 꽤 매력적으로 들린다. 그렇지만 이 설명은 더 심각한 문제를 일으킨다.

독일어의 성은 남성, 여성, 중성 세 가지지만 불어의 성은 남성과 여성 두 가지뿐이다. 그렇다면 프랑스 사람에게 모든 것은 남성과 여성으로만 인식되는가? 중성은 없는가? 한 걸음 더 나아가, 문법적 성 구별이 없는 우리나

---

**5** 다음을 볼 것: Gottlob Frege, "On Sense and Reference," in *Translations from the Philosophical Writings of Gottlob Frege*, eds. Peter Geach and Max Black (Oxford: Basil Blackwell, 1970).

라나 일본의 사람은 남녀 구별조차 하지 않고 살아가는가?[6] 그렇지 않다!

언어에는 서로 다른 두 성향, 자신의 체계를 세우려는 성향과 현실로 나아가려는 성향이 공존한다. 이 중 자신의 체계를 세우려는 성향이 가장 강하게 드러나는 것이 단어의 차원이다. 바로 이 차원에서 현실과 일치하지 않는 양상이 나타나고는 한다. 그런데 이것을 언어의 특성으로 받아들이지 않고 독일인의 심리와 같은 언어 외적 차원에서 해결하려 하면, 오히려 문제를 더 키우는 격이 된다. 이런 점에서 한 번 더, 언어의 특성을 제대로 파악하는 것이 해석에 중요하다는 것을 깨닫게 된다.

---

**6** 우리말에서는 대명사 '이', '저', '그'도 성의 구별이 없다. 말하는 사람과의 거리에 따라 세 가지로 구분할 뿐이다. 우리말의 '그녀'나 일본어의 '彼女'(가노조)는 서구의 3인칭 여성대명사를 번역하기 위해 고안해 낸 표현이다. 그리고 '그 여자'나 '그 남자'는 대명사가 아니라 관형사와 명사가 결합된 형태다.

# 5장.  말과 의미

앞 장에서 단어에 대한 오해 두 가지를 확인했다. 이제 한 가지가 남았는데, 바로 단어의 뜻만 알면 글 전체의 의미를 알 수 있다는 오해다. 다시 말해, 아무리 긴 글이나 말도 결국은 여러 단어로 이루어져 있으니 문법과 함께 단어의 뜻만 제대로 알면 글이나 말 전체의 의미를 제대로 알 수 있으리라 는 것이다. 이 역시 사실이 아니다.

사람들은 영어 같은 외국어를 공부할 때 사전에 든 단어를 모두 외우고 문법책을 독파하기만 하면 다 되는 줄로 생각한다. 그러나 이 두 가지를 어 느 정도 익힌 다음에야 그게 전부가 아니라는 것을 깨닫게 된다. 문법책에 나오는 표현과 실제 생활에서 들리는 표현 사이의 차이를 알게 되는 것이 다. 이때가 되면 각 상황 또는 맥락에 맞는 문장을 송두리째 암기하라는 말 이 귀에 들어온다. 말하자면, 길을 물을 때, 물건을 살 때, 음식을 주문할 때 등 '상황'에 따라 실제로 어떤 문장을 사용하는지를 알아야 영어를 제대로 구사할 수 있게 된다는 사실에 눈을 뜨기 시작하는 것이다.

## 의미의 출처

언어의 의미가 어디서 오느냐에 대해 대조적인 두 이론이 있다. 하나는 의미가 단어에 내재한다는 이론이다. 이것은 단어에 대한 오해 중 두 가지, 곧 단어의 의미가 그 자체로서 확정되어 있다는 오해(앞 장에서 확인한 것)와 단어만 알면 문장이나 담론 전체의 의미를 알 수 있다는 오해(지금 다루고 있는 것)의 전제가 되는 이론이다. 다른 하나는 정반대편에 서 있는 이론으로, 영국의 문학비평가 리처즈I. A. Richards의 주장이다. 그는 의미가 단어에 내재하기보다는 "맥락"으로부터 "위임된다"delegated고 말한다.[1] 이 이론에 따르면, 단어마다 연결되는 상황이 있어서 특정한 상황이 생길 때마다 같은 단어가 사용되는데, 바로 그 상황이 단어의 의미의 출처가 된다.

단어의 의미가 맥락으로부터 온다는 리처즈의 주장에는 다음 두 면이 있다. 우선, 그 이전까지 깨닫지 못한 맥락의 힘을 부각하면서 의미론뿐만 아니라 다음 장에서 살펴볼 은유 이론에도 큰 영향을 끼쳤다. 그렇지만 이 주장은 맥락을 지나치게 강조하는 바람에 단어의 의미 정체성을 간과했다는 심각한 문제를 안고 있다. 의미의 형성에는 단어와 맥락 모두가 작용하기 때문이다.

앞 장에서 밝혔듯이 각 단어는 어느 정도의 모호함을 수반한 의미 정체성을 가지고 있다. 이 사실은 구체적으로 다음 두 가지를 뜻한다. 우선, 단어의 의미는 종종 불명료성ambiguity 또는 중의성을 띤다. 단어의 의미가 하나의 점이 아니라 어느 정도의 폭을 지닌 스펙트럼처럼 되어 있다는 뜻이다. 알기 쉬운 예가 우리말의 '푸르다'인데, 이 단어는 녹색에서 파란색까지를

---

**1** I. A. Richards, 박우수 옮김, 『수사학의 철학』 (서울: 고려대학교출판부, 2001), 31-35. 번역본에서는 '위임'과 '맥락' 대신 각각 "대리"와 "상황"이라는 단어를 사용했다.

모두 가리킨다. 그렇지만 단어가 제멋대로 의미를 띠지는 않는다. 다른 단어와는 다른, 자신만의 의미 대역을 가지고 있다.[2] 그리고 맥락은 단어의 의미를 그 의미 대역의 한 부분에 국한함으로써

'푸르다'의 스펙트럼

명확하게 만든다. 우리말 '푸르다'의 의미 대역은 녹색에서 파란색까지인데, 이 단어의 맥락에 '수풀'이 놓여 '수풀이 푸르다'가 되면 녹색을, '하늘'이 놓여 '하늘이 푸르다'가 되면 파란색을 뜻하게 되는 것이다.

이처럼 단어의 의미 정체성이 불명료한 경우 그 불명료함은 맥락에 의해 제거된다. 이 맥락이 충분히 조성되는 차원이 담론이다. 각 언어 표현은 바로 이 차원에서 현실의 상황을 만나 그 상황에 맞는 하나의 의미를 가지게 된다.

## 맥락의 종류

담론에서 형성되는 맥락에는, 언어상에서 형성되는 문맥literary context과 현실에서 생기는 삶의 맥락life context이 있다. 그리고 이 둘은 다시 각각 좁은 것과 넓은 것으로 나뉜다. 문맥 중 좁은 것은 단어 전후의 직접적 문맥이며,

---

**2** 물론, '나이'와 '연세'와 같이 뜻이 같은 두 단어, 즉 동의어가 있을 수 있다. 그러나 이런 단어들도 사용되는 상황이 다르다는 점에서 미세하기는 해도 의미상의 차이가 있다. 앞의 예에서, '연세'는 '손윗사람의 나이'라는 함의를 띤다.

넓은 것은 제재subject matter라고 불리는, 한 담론 전체의 문맥이다. 삶의 맥락 중 좁은 것은 발화의 상황, 곧 말을 하거나 글을 쓸 당시의 상황이고, 넓은 것은 소통 당사자들의 문화적 배경이다. 이 네 가지 맥락을 구체적으로 파악하면 다음과 같다.

● 좁은 문맥인 단어 전후의 맥락에 대해. 몇 가지 예를 통해 이 문맥이 단어에 어떻게 작용하는지 보겠다. 먼저, '뜨다'처럼 단어 자체에 여러 의미가 있을 때 맥락이 그중 한 의미를 확정하는 경우가 있다.

(1) 배가 떴다.
(2) 비행기가 떴다.
(3) 벽지가 떴다.

동사 '뜨다'는 '물에 뜨다', '공중으로 솟아오르다', '(어떤 것에 붙어 있다가) 떨어지다' 등을 뜻할 수 있다. 이 동사의 전후 문맥에 '배', '비행기', '벽지'가 놓이면 그중의 한 의미를 띠게 된다.

다음, 맥락에 따라 단어 자체에 없는 의미가 생기는 경우가 있다. 그 대표적인 경우가 은유적 의미인데, 이에 대해서는 나중에 자세히 설명하도록 하고, 여기서는 간단한 예를 통해 확인하도록 하겠다.

(4) 그 여우가 내 동생을 물었다.
(5) 그 여우가 내 동생에게 말을 걸었다.

예문 (4)의 '여우'는 짐승이지만, 예문 (5)의 '여우'는 사람에게 질문을 했다고 하니 짐승이 아니라 여우를 생각나게 하는 사람을 가리킨다.

그런데 앞서 본 동사 '뜨다'도 맥락에 따라 다음과 같이 은유적인 의미를 가질 수 있다.

(6) 두 사람 사이가 떴다.
(7) 영수의 노래가 드디어 떴다.

예문 (6)의 '뜨다'는 '(관계가) 멀어지다'라는 뜻을 띤다. 이것은 예문 (3)에서처럼 '두 물체 사이의 거리가 멀어지다'라는 뜻을 가진 '뜨다'의 의미가 은유화되어 사람 사이에 생긴 추상적인 거리를 뜻하게 된 것이다. 예문 (7)의 '뜨다'는 '많은 사람에게 알려지다'라는 뜻을 가지는데, 이것은 비행기가 공중에 떠서 사람들의 시야에 분명히 보이는 경우의 '뜨다'가 은유화된 경우인 듯하다.

● 큰 문맥인 제재에 대해. 언어 표현의 의미를 파악하기 위해 직접적인 문맥을 보아야 하지만, 거기에는 한계가 있다. 더 큰 문맥인 제재를 알아야 이해할 수 있는 경우도 있기 때문이다.

제재란 어떤 담론이 무엇에 대해 말하고 있는지에 대한 것이며, 대화로 치면 화제와 같은 것이다. 제재가 담론의 이해에 어떤 영향을 끼치는지에 대한 관심을 가지고 한 시를 살펴보고자 한다.[3]

이것은 소리 없는 아우성

---

3   유치환, "깃발", 『청마시초』(경성: 청색지사, 1939), 18-19. 원문에 나온 한자를 여기서는 그에 해당하는 한글로 바꾸었으며, 지금의 철자법에 맞게 원문의 "向하야", "노스탈쟈", "물결", "標ㅅ대"를 각각 '향하여', '노스탤지어', '물결', '푯대'로 바꾸었다.

저 푸른 해원을 향하여 흔드는
영원한 노스탤지어의 손수건

순정은 물결같이 바람에 나부끼고
오로지 맑고 곧은 이념의 푯대 끝에
애수는 백로처럼 날개를 펴다

아아 누구던가
이렇게 슬프고도 애달픈 마음을
맨 처음 공중에 달 줄을 안 그는

세부적으로 보면 이 시는 난해하지 않다. 우선, 각 단어의 어의가 명확하다. 예를 들어, "소리 없는 아우성"에서 '소리'는 말 그대로 소리고, '아우성'은 사람들이 시끄럽게 내는 소리다. "애수는 백로처럼 날개를 펴다"에서 '애수'는 정서의 한 종류를, '백로'는 흰색을 띤 새의 한 종류를 가리킨다. 다음, 각 구나 문장의 뜻도 그리 어렵지 않다. "소리 없는 아우성"이라는 모순어법 oxymoron은 부산한 움직임을 시끄러운 목소리에 비유한 것이다. "애수는 백로처럼 날개를 펴다"의 뜻도 그리 어렵지 않다. 이 표현은 '애수는 날개를 펴다'라는 은유에 '백로처럼'이라는 직유simile를 끼워 넣은 것인데, 사람의 정서인 애수를 흰 새가 날개를 펴는 모습에 비유했다.

여기까지는 괜찮다. 문제는 이런 표현이 궁극적으로 무엇을 가리키는지 알기 어렵다는 것이다. 그 이유는 시 전체가 무엇에 관해 말하고 있는지를 모르기 때문이다. 그런데 이 시의 제목이 "깃발"이라는 사실을 알면 비로소 모든 문제가 풀린다. "소리 없는 아우성"은 청각적인 표현으로 깃발이 펄럭이는 모습을 묘사한 것이며, "애수는 백로처럼 날개를 펴다"는 흰 깃발이 펄

쳐진 모습에 사람의 감정을 이입한 것이다. 말하자면, 시의 제목에 드러난 제재가 시의 각 부분을 해석하는 열쇠가 되는 것이다.

● 발화의 상황에 대해. 이것은 소통 당시의 실제 상황을 뜻한다. 예를 들어, 두 사람이 대화하던 중 한 사람이 '저 여우!'라고 했다면, 실제로 지나가는 여우를 보고 한 말일까, 아니면 여우 같은 사람이 지나가는 것을 보고 한 말일까? 이것만으로는 알 길이 없다. 실제로 지나간 것이 사람인지 여우인지를 알아야 하는데, 그러려면 대화의 실제 상황을 확인해야 한다.

그런데 발화의 상황에서는 언어 표현 자체에 없는 의미가 더해지기도 한다. 학교 공부를 마친 어린아이가 집으로 돌아오면서 '엄마, 나 배고파요'라고 했다면, 그 말은 '먹을 것을 달라'고 부탁한 것이다. 그런데 직장에서 점심시간이 되어 '팀장님, 배고파요'라고 했다면, 그것은 '하던 일을 그만두고 식사하자'라고 요청한 것이다. 이처럼 누군가가 '배고파요'라는 말만 해도, 그 말을 들은 사람은 그 말에 명시적으로 드러나지 않은 의도<sup>intention</sup>를 알아차린다. 그 이유는 사람들이 언어 표현을 이해할 때, 그 표현 자체의 어의만을 파악하려고 하지 않고 그 표현을 발화의 상황과 연결해서 해석하기 때문이다. 말하자면, 어머니가 자기 아이로부터 '배고파요'라는 말을 들었을 때는 그 말에 '(배고프니) 밥을 달라'는 의도가 있는 것으로 해석하며, 직장 상사가 직원으로부터 그 말을 들었을 때는 '(배고프니) 밥을 먹으러 가자'는 의도로 해석하는 것이다.

● 문화적 배경에 대해. 이상의 경우를 통해 알 수 있는 것은, 언어 표현을 이해하는 데에 언어 외적인 요인도 중요하게 작용한다는 점이다. 이 외적 요인에는 소통 당사자들이 속한 사회나 공동체의 문화적 배경도 있다.

문화는 간단히 말해 집단적 삶의 방식을 뜻한다. 어떤 말의 문화적 배경을 안다는 것은 그 말의 배경이 되는 사회의 생활 방식과 환경을 파악하고 있다는 뜻이다. 다음 대화에 그 점이 잘 나타나 있다.[4]

A: 나 내일 런던에 가려고 해요.

B: 잔디가 엉망이에요.

A: 톰이 빈둥거리고 있는 것 같던데요.

B: 일을 하려면 제대로 해야지요.

이 대화에 담긴 각 문장의 의미를 아는 것은 어렵지 않다. "나, 내일 런던에 가려고 해요"라는 문장의 뜻은 말 그대로 내일 런던에 가려고 한다는 것이고, "잔디가 엉망이에요"라는 문장의 뜻도 잔디가 엉망이라는 것이다. 다른 뜻은 없다. 앞서 설명한 개념으로 말하자면, 각 문장의 어의와 지시 내용이 같다.

그러나 대화 전체, 즉 담론 차원에서는 문제가 달라진다. 문장과 문장의 연결이 논리적이지 않은 듯 보이니 말이다. A가 런던에 가는 것과 잔디가 엉망인 것이 무슨 관계가 있는가? 더구나 왜 톰이 빈둥거린다고 언급했으며, 일을 제대로 해야 한다는 말은 왜 나왔는가? 각 문장은 이해하기 쉬운데, 문장들이 연결되니까 대화 전체가 동문서답처럼 되어 버렸다.

이 대화를 제대로 이해하려면, 대화가 일어난 상황이 영국 중산층의 어느 가정이라는 점을 알아야 한다. '영국 중산층'에는 다음과 같은 문화적 배경이 있다. 우선, 영국 사람들은 정원을 소중히 여기는데, 정원의 큰 부분인 잔

---

**4** 이 예의 출처는 다음과 같다: John Barton, *Reading the Old Testament: Method in Biblical Study*, rev. & enl. (Louisville, Kentucky: Westminster John Knox Press, 1996), 210.

디를 제때 깎는 것이 정원 관리에 매우 중요하다. 다음, 영국 중산층 사람들은 완곡한 대화 방식을 선호한다. 그래서 A가 런던에 가려고 하자 B는 '런던에 가기 전에 먼저 잔디를 깎으라'고 말하기보다 잔디 상태를 알려줌으로써 자기 의사를 간접적으로 전달한다. 그 말을 들은 A는 '잔디 깎기는 (아들) 톰에게 시키라'고 바로 말하지 않고 역시 우회적으로 톰이 한가하다고 알려 준다. 그러자 B는 '톰에게 시켜 봐야 그 일을 제대로 못하니, 그 일을 잘하는 당신이 해야 한다'라는 뜻을 다시 완곡하게 표현한다.

## 의미의 층

여기서 잠시, 앞에서 설명한 여러 종류의 의미를 정리하겠다. 가장 기본적으로, 언어 표현 자체의 의미인 '어의'와 언어 표현이 실제 현실에 대해 가지는 의미인 '지시 내용'의 구분이 있다. '나무'의 경우, 그 어의는 지시 내용과 구별되지 않는다. 그래서 '나무'는 나무를 가리킨다. 반면에 '개밥바라기'의 경우, 그 어의는 '개밥을 바라는 것'이지만 그것이 실제로 가리키는 것은 '저녁에 뜨는 금성'이다.

다음, 문자성이라는 점에서 '문자적 의미'와 '비문자적 의미'가 있다. '여우'가 문자적 의미를 띤다는 것은 말 그대로 짐승 여우를 가리킨다는 뜻이지만, 비문자적 의미를 띤다는 것은 짐승 여우가 아니라 여우를 생각나게 하는 사람을 가리킨다는 뜻이다. 비문자적 의미의 대표적인 것으로는 은유적 의미와 상징적 의미를 들 수 있다.

세 번째로는 '화자의 의도'가 있다. 위에서 본 것처럼, '배고파요'라는 말을 한 사람의 의도가 상황에 따라 '배고프니 밥을 달라'는 뜻으로 해석될 수도 있고, '배고프니 밥 먹으러 가자'라는 뜻으로 해석될 수도 있다. 이것은 언어 외적 의미, 즉 언어 표현이 발화의 상황과 연결될 때 생기는 의미다.

마지막으로, '문화적 함의'cultural connotation가 있다. 이것 역시 의도와 마찬가지로 언어 외적인 의미다. 다만, 화자의 의도가 개인적인 상황을 배경으로 하는 반면, 문화적 함의는 공동체의 문화를 배경으로 한다는 점에서 차이가 있다.

이상에서 확인했듯이, 의미에는 어의에서 문화적 함의에 이르기까지 여러 층이 있다. 이 중에서 문화적 함의는 공동체적 차원의 의미로서 성서 해석에 중요하게 작용하기 때문에 더 자세히 설명하겠다.

## 문화적 함의

언어학에는 원어민의 직관native-speaker intuition이라는 개념이 있다. 예를 들어, 한국인이 한국어를 제대로 구사할 수 있는 것은 한국어에 관한 직관이 있기 때문이다. 이것은 어릴 때부터 가정생활과 사회생활을 통해 형성되는 후천적 능력이다. 그래서 부모가 외국인이어도 아주 어릴 때부터 한국 사회 안에서 한국인의 손에 자란 사람은 한국인과 똑같이 한국어에 대한 직관을 얻게 된다.

담론 차원에서도 그와 같은 종류의 직관이 작용하는데, 이 책에서는 그것을 해석적 직관hermeneutical intuition이라고 부르겠다. 이것은 위에서 말한 원어민의 직관에 문화적 전이해가 결합한 것으로서, 언어 표현과 문화적 배경의 연결을 직관적으로 파악하게 하는 감수성과 같은 것이다. 그런데 바로 이 연결을 통해 문화적 배경이 언어 표현에 묻어서 생긴 것이 문화적 함의다.

예를 들면, 레몬의 문자적 또는 자연적 의미는 '운향과의 상록 소교목 과수 또는 그 과수의 열매로서 원산지는 인도이며, 냄새는 상큼하나 맛은 너무 시어서 먹기 어렵다는 특성을 가지고 있다' 정도다. 이 의미는 생물학적 사실(분류), 역사적 사실(원산지), 감각적 사실(냄새와 맛의 특징)로 구성되어 있어서, 어느 문화권에서나 통용된다. 보편성을 띠는 것이다.

반면, 문화적 함의는 지역에 따라 다르게 형성된다. 서구인들은 오랫동안 레몬을 재배해 왔기 때문에 냄새는 좋아도 맛이 너무 시어서 먹을 수가 없다는 레몬의 특성을 잘 알게 되었다. 그래서 그들에게 레몬은 '(겉보기와 달리) 시시한 것, 좋지 않은 것'을 함의한다. 영어에서는 이런 문화적 함의로부터 lemon car 및 lemon market과 같은 표현이 생겼다. lemon car는 겉으로는 좋아 보여도 실제로는 여러 결함을 안고 있는 중고 자동차를, lemon market은 겉보기와 달리 결함 많은 상품이 자주 유통되는 시장을 가리킨다.

그러나 우리나라에서 형성된 레몬의 문
화적 함의는 서구와 전혀 다르다. 레몬을
재배하지 않는 우리나라는 잡내를 잡는 레
몬즙, 마시기 위한 레모네이드 등의 용도
를 고려해서 레몬을 수입하기 때문에 그 과
일을 '향기롭고 상큼한 것'으로 여기게 되
었다. 레몬이 긍정적인 함의를 띠게 된 것
이다. 이런 이유로 우리나라에서는 lemon
market을 '레몬 시장'이 아니라 '개살구 시장'이라고 한다. 개살구가 살구
보다 더 예쁜 빛을 띠지만 떫고 시어서 먹을 수 없기 때문에, 우리나라에서
서구의 레몬과 같은 문화적 함의를 띠는 것이다.

이상에서 보았듯이 문화적 함의는 문화권에 따라 다르게 형성된다. 이 때
문에 이 의미가 아무렇게나 형성된다고 생각하기가 쉽다. 그러나 그렇지 않
다. 문화적 함의는 자연적 의미에 기초해 있다. 다만 문화권에 따라 자연적
의미의 어떤 요소에 근거하는지가 다를 뿐이다. 다시 레몬의 경우를 보면,
서구에서는 '향기는 좋으나 먹을 수 없다'는 점에 기초해서 레몬의 문화적
함의가 부정적으로 형성된 반면, 한국에서는 '향기가 좋다'는 점에 근거해
서 긍정적으로 형성되었다.


## 투명한 말과 불투명한 말

영국 중산층에 속한 사람에게 앞서 살펴본 대화가 자연스러운 이유는 그들
에게 그런 식의 대화에 맞는 해석적 직관이 형성되어 있기 때문이다. 말하

자면, 영국 중산층 가정에서 나고 자라 그 계층의 문화적 배경 안에서 생활 방식과 언어 습관을 익혔기 때문에, 그런 식의 대화가 어렵지 않다. 불가리아 출신의 프랑스 철학자이자 구조주의 이론가인 토도로프Tzvetan Todorov는 이것을 "투명"transparent이라는 개념으로 파악했다.[5]

글이 투명하다는 것은 읽을 때 바로 이해가 된다는 뜻이다. 맑은 유리창으로 바깥이 그대로 보이듯, 어떤 글을 읽을 때 그 글의 의미가 바로 보인다는 뜻이다. 앞에서 설명한 개념들을 고려해 다시 말하면, 단어와 맥락의 상관관계로 결정되는 담론 차원의 어의가 그 지시 내용과 다르지 않다는 것이다. 반대의 경우는 "불투명"opaque한 글이 된다. 은유, 알레고리, 상징 등이 여기에 해당한다. 이런 관점에서 볼 때, 앞의 대화가 영국 중산층에게는 투명하지만 우리나라 사람에게는 불투명하다.

어떤 사람에게 쉬운 표현이 다른 사람에게 어렵게 보인다는 사실에서, 언어 표현이 그 자체로는 투명하지 않다는 사실을 깨닫는다. 그렇다면 투명성을 위한 조건은 무엇일까? 사실, 이 장에서 지금까지 설명한 것도 바로 그 조건이 무엇인지를 파악하기 위해서였다. 정리하면 다음과 같다.

우선, 단어의 의미 정체성을 제대로 파악해야 한다. 단어의 의미가 하나는 아니지만, 그렇다고 그 의미가 아무렇게나 형성되는 것도 아니다. 이미 언급했지만, '나무'는 '땅에서 자라는 식물로서의 나무'라는 기본 뜻에 근거해 '장작', '목재' 등의 뜻으로 확장된다. 달리 말하면, '나무'라는 단어의 의미는 여럿이지만, 그 여러 의미는 '땅에서 자라는 식물인 나무'라는 확고한 의미 정체성을 기반으로 형성되는 것이다.

다음, 단어를 둘러싼 문맥 속에서 그 단어가 구체적으로 어떤 의미를 띠는지 파악해야 한다. 예를 들어, '마당에 자라는 나무'의 '나무'는 땅에 심은

---

**5** Tzvetan Todorov, *Littérature et signification* (Paris: Larousse, 1967), 102.

나무를 가리키고, '마당에 쌓아 둔 나무'의 '나무'는 건축 재료나 장작을 가리킨다.

그뿐만 아니라, 단어와 관련된 삶의 맥락도 파악해야 한다. 둘이 대화하던 중 한 사람이 '그런데 그 나무 잘 자라고 있어?'라고 말했다면, 평소에 그 둘 사이에 '어떤' 나무에 관한 대화가 오갔는지 확인해야 한다.

마지막으로, 단어와 관련된 문화적 배경을 알아야 한다. '쌀나무'라는 말은 한때 농사를 모르는 도시 아이들이 쌀이 나무에 열리는 줄 잘못 알고서 사용한 표현이었다. 이처럼 문화적 배경에 대한 전이해가 없으면, 제대로 된 언어 표현을 사용하지 못하게 되거나 다른 사람이 사용하는 표현을 제대로 이해하지 못하게 된다.

정리하면, 어떤 표현을 투명하게 보기 위해서는 그 표현에 나오는 단어의 의미, 단어의 맥락, 그리고 그 표현과 관계있는 현실의 상황을 이해하고 있어야 한다. 그런데 단어나 문장에서는 이 모든 조건이 충분히 형성되지 않는다. 우리의 시야가 담론의 차원에 닿아야 하는 이유가 바로 이 때문이다.

2부　　　　해석의

　　　　　　원리

# 6장.  단어 (1)

글의 기초 단위는 단어이기 때문에, 글의 의미를 찾기 위해서는 단어의 의미를 먼저 파악해야 한다. 그런데 단어의 의미를 파악할 때 자주 범하는 두 가지 오류가 있다. 첫째, 현재 사용되지 않는 과거의 의미를 가지고 그 단어의 의미를 파악하려 한다. 이것을 어원론적 오류etymological fallacy라고 하는데, 이것은 실제 해석에서 가장 자주 일어나는 오류 중 하나다. 둘째, 일부 용례만을 근거로 해서 설명하다 보니 전체적인 용례와 맞지 않는 잘못된 설명이 생긴다. 이것은 일반화의 오류에 해당한다.

이런 오류는 사전적 의미만을 가지고 단어의 의미를 찾으려 할 때 일어난다. 그러나 사전적 의미는 의미의 가능성이며, 그중에서도 어원적 의미는 의미의 기원, 즉 지나간 의미다. 그래서 어떤 단어가 특정 본문에서 어떤 의미로 사용되고 있는지를 파악하기 위해서는 "의미를 묻지 말고 용도를 물으라"는 비트겐쉬타인Wittgenstein의 충고에[1] 귀를 기울이는 것이 좋다. 그 단어가 실제로 어떤 맥락에서 어떤 의미로 사용되는지를 살피라는 뜻이다.

---

**1** 이 표현 자체는 비트겐쉬타인의 글에 보이지는 않는데, 그가 직접 말한 것인지 아니면 다른 사람이 그의 논지를 요약해서 말한 것인지에 대해서는 논란이 있다. 그의 논지 자체에 대해서는 다음을 참고할 것: Ludwig Wittgenstein, *Philosophical Investigation*, 3rd ed., trans. G. E. M. Anscombe (Malden, Massachusetts: Blackwell, 2001). I.30, 43, 120.

# 어원론적 오류

본문 해석은 종종 단어의 의미를 찾는 데서 시작하고, 단어의 의미를 찾는 것은 어원 추적에서 출발한다. 그러나 이 방법에는 위험이 도사리고 있다. 우선, 이미 밝혔듯이 현재의 의미가 어원과 전혀 다른 경우가 많다. 다음, 단어의 어원을 밝히는 과정에서 성경 원어의 어원은 제쳐놓고 번역어의 어원만을 밝히는 것도 문제가 될 수 있다. 따라서 어원 연구에 집착하지 않는 것이 좋다. 그 한 예로, 예배를 가리키는 성경 원어를 보겠다.

● '예배하다'를 뜻하는 히브리어 히시타하와*hishtachāwah*는[2] 기본적으로 몸을 굽혀 절하는 동작을 가리키는 동사로서, '몸을 굽히다' 또는 '절하다'라고 번역된다. 예를 들어, 아브라함은 헷 사람들의 땅에서 자기 아내의 매장지를 사는 과정에 그들을 향해 "몸을 굽[혔다]"(창 23:12). 절했다는 뜻이다. 이 동사는 종종 '땅에', '엎드려' 등의 표현을 동반하여 땅에 엎드려 절하는 것을 의미하기도 한다. 예를 들어, 야곱은 하란으로부터 돌아와 형 에서를 다시 만났을 때 몸을 "땅에"(창 33:3) 굽혀 절했고, 요나단의 아들 므비보셋은 새로 왕이 된 다윗에게 "엎드려"(삼하 9:6) 절했다. 이처럼 몸을 굽혀 절하는 동작은 존경이나 복종의 의미를 담은 인사의 의미를 띤다.

히시타하와는 하나님께 경의와 복종을 표한다는 뜻에서 예배를 가리키기도 한다. 이 경우에도 사람에게 절할 때처럼 종종 "엎드려"(대하 20:18), "땅에 엎드려"(출 34:8; 욥 1:20), "얼굴을 땅에 대고"(느 8:6) 등과 같은 동작이 따른다. 그런데 출애굽기에는 "서서 예배하며"(출 33:10)라는 흥미로운 표현이 보인다. 엎드리지 않고 서서 예배하기도 했다는 것이다. 이 용례

---

**2**  기본형은 하와(*chawah*)다. 한때는 이 동사의 기본형을 샤하(*shachah*)로 보기도 했다.

를 보면 이 단어가 예배를 의미할 때 몸의 동작보다는 내면의 태도에 초점을 맞춘다는 점을 알 수 있다. 그렇기 때문에 예배를 설명할 때 이 단어의 어원을 밝히면서 몸의 동작만을 부각한다면 예배의 본질을 놓치게 될 수 있다.

구약의 히시타하와에 대응하는 신약의 그리스어 동사는 프로스퀴네오 *proskyneō*다. 이것은 '~을 향해'라는 뜻을 가진 접두사 프로스*pros*가 '입맞추다'를 의미하는 동사 퀴네오*kyneō* 앞에 붙은 형태로서, 그 어의는 '~을 향해 (몸을 구푸려) 입맞추다'이지만, 그 지시 내용은 구약의 히시타하와 마찬가지로 그 동작이 표현하는 내면의 태도, 즉 존경과 복종에 초점을 맞추고 있다. 그리고 이 단어도 히시타하와의 용례와 같이 "엎드려"(마 2:11; 계 5:14), "얼굴을 땅에 대고"(계 11:16) 등과 함께 나타나기도 한다.

위에서 보았듯이, 어원적인 의미에 있어서 히시타하와와 프로스퀴네오는 서로 다르다. 간단히 말해, 히시타하와에는 '입맞추다'는 뜻이 없고 프로스퀴네오에는 '엎드리다'는 뜻이 명확히 보이지 않는다. 따라서 어원적 의미로는 이 둘이 연결되기가 쉽지 않다. 그럼에도 불구하고 70인역과 신약에서 프로스퀴네오가 히브리어 히시타하와에 대응하는 단어로 사용된 것은 이 둘의 공통점, 즉 '존경' 또는 '복종'이라는 내적 태도를 의미한다는 점과 이 의미를 기반으로 하나님께 존경과 복종을 표현하는 예배를 가리킨다는 점 때문이다.

이상의 설명을 정리하면 다음과 같다. 어떤 단어의 의미를 찾을 때에 그 어원을 밝히는 것은 참고 사항이지 결정적 조건은 아니다. 달리 말해, 어원을 참고해서 실제 의미를 찾는 출발점으로 삼을 수는 있지만, 그것을 논지의 핵심으로 삼으면 문제가 일어날 수 있다.

● 성경 원어의 어원을 밝히는 것에 결정적인 의미를 두지 말아야 한다면, 한국어나 영어 같은 번역어의 어원을 밝히는 것에 대해서는 말할 것도 없

다. 한 예로서, 영어 단어 worship의 어원을 가지고 예배라는 개념을 설명하면 어떤 문제가 생길까?

먼저 worship의 어원을 추적하면 다음과 같은 사실을 알게 된다. 이 단어의 원래 형태는 고대 영어의 weorðscipe다. 이것은 '가치 있는'을 뜻하는 형용사 weorð(지금의 worth)에 접미사 scipe(지금의 ship)가 붙은 명사로서, 그 어의는 '가치 있음' 또는 '가치 있게 여김'이지만 그것의 실제 의미는 '영예'나 '존경'이었다. 이 단어는 원래 명사였는데 1200년대가 되자 '존경하다'라는 뜻의 동사로도 사용되었다. 시간이 더 흘러 1300년대에는 하나님께 사용되어 '예배' 또는 '예배하다'라는 의미를 띠기 시작하더니, 지금은 이것이 주요 의미가 되었다. 그렇지만 이 단어의 형용사 worshipful(존경할 만한)에는 옛 의미가 남아 있다.

그런데 예배를 영어 단어의 어원적 의미에 근거하여 '가치'의 문제로 설명하면, 적어도 다음 두 가지 문제를 일으킨다. 우선, 이 의미는 히브리어 히시타하와의 어원적 의미와 다르고 그리스어 프로스퀴네오의 어원적 의미와도 다르다. 다음, worship의 원래 형태인 weorðscipe의 실제적 의미는 앞서 설명했듯이 '가치'가 아니고 '존경'이다.

그런데 히브리어 히시타하와와 그리스어 프로스퀴네오에도 '존경'이라는 의미가 있다. 그러니 영어 단어 worship의 의미를 고려해서 예배의 의미를 파악하려면 어원적 의미인 '가치'보다는 그다음 단계의 의미인 '존경'에 주목하는 것이 더 낫다. 사실, 어원적 의미로 말하자면 우리가 사용하는 한자어 예배禮拜가 히시타하와의 의미에 훨씬 더 가깝다. 예배라는 단어의 핵심은 배拜, 즉 '절하기'다. 그리고 그 앞에 있는 예禮는 절하기의 성격을 규정하는데, 이 단어가 원래는 '신에 대한 바른 태도'를 의미했다. 따라서 예배의 어원적 의미는 '하나님께 대한 바른 태도로서의 절하기'나 '하나님께 바른 태도를 갖추어 절하기' 정도가 된다. 그렇지만 이 경우도 히시타하와와 마찬가지로 그 동작에 의해 표현되는 내적 태도인 '존경'이나 '복종'을 고려해야만 그 실제적 의미를 제대로 파악할 수 있다.

위에서 본 각 단어는, 그 단어를 사용하는 사람들의 고유한 문화적 배경 속에서 예배를 가리키는 것으로 발전되었다. 따라서 한 언어에서 예배를 가리키는 단어의 어원을 연구하는 것만으로는 예배에 대한 보편적인 이해를 얻기가 어렵다. 특히 예배의 '성서적' 의미를 찾으려 한다면, 번역어의 어원을 파악하기보다 성경 원어의 어원적 의미를 참고하면서, 성경 내의 실제 용례를 자세히 살펴보는 것이 바람직하다.


## 일반화의 오류

성경 원어를 연구하다 보면 동의어처럼 보이지만 실제로는 그렇지 않은 단어들이 있다는 것을 알게 된다. 물론, 동의어라고 모든 면에서 같은 의미를 가지는 것은 아니다. 예를 들어, '밥'과 '진지'는 같은 것을 가리키기는 하지만, 진지라는 말에는 '손윗사람이 먹는 밥'이라는 함의가 담겨 있다. 말하자면, 누가 누구에게 말하는가에 따라 "밥 먹어"라고 하기도 하고, "진지 드세요"라고 하기도 한다. 그러나 이런 차이점에도 불구하고 '밥'과 '진지'는 동의어로 분류된다. 맥락에 따라 이 단어 또는 저 단어가 사용될 뿐이지, 둘 다 같은 대상을 가리키는 단어이기 때문이다.

그런데 이 점을 간과하고 차이점 자체에만 주목하다 보면 동의어를 다른 단어로 잘못 보게 되는데, 이 과정에서 자주 일어나는 것이 일반화의 오류다. 이것은 종종 '성급한 일반화의 오류'hasty generalization fallacy라고 불리는데, 불충분한 증거를 가지고 성급하게 결론을 내린다는 뜻에서 그런 이름이 붙었다. 여기서는 그런 경우 중에 대중적인 주목을 받는 것 세 가지를 살펴보고자 한다. 그것은 '시간'을 의미하는 크로노스*chronos*와[3] 카이로스*kairos*, '말'을 가리키는 로고스*logos*와 레마*rhēma*, '사랑하다'라는 뜻을 가진 아가파오*agapaō*와 필레오*phileō*다.

● 크로노스와 카이로스에 대해. 이 둘의 차이를 강조하는 사람들은 종종 크로노스를 측정 가능한 시간으로, 카이로스를 어떤 목적을 위해 정해진 시간으로 본다. 달리 말해, 크로노스를 '시각'이나 '시간'으로, 카이로스를 '기회'나 '때'로 간주한다. 또는 이 둘을 각각 시간의 양적 차원과 질적 차원으로 구분하기도 한다.

그러면 두 단어를 그렇게 구분하는 것이 타당한지를 확인해야 하는데, 이것을 위한 과정으로 다음 두 단계를 거칠 것이다. 먼저, 두 단어의 용례를 비교하기 위한 범위를 설정하기 위해 시점, 기간, 정해진 시간 등과 같은 시간의 여러 양상을 파악할 것이다. 다음, 그렇게 해서 파악된 양상에 따라 카이로스와 크로노스의 차이를 강조하는 주장에 내재한 문제점을 생각해볼 것이다.

우선, 시간에 어떤 양상이 있는지를 알아보겠다. 시간을 선적인 흐름으로 본다면 그것은 다음의 다섯 가지 양상을 띠게 된다. 첫째, 시제가 있다. 이것은 현재를 기준으로 해서 그 흐름의 한쪽을 과거로, 다른 한쪽을 미래로 구분하는 것이다. 둘째, 시각 또는 시점이 있다. 이것은 '6시 35분'이나 '그들이 도착했을 때'에서 보이듯이 시간 선상의 한 점을 가리킨다. 셋째, 기간이 있는데, 이것은 '한 달'이나 '그가 거기 있는 동안'이라는 표현에 나타나듯이

---

**3** 그리스어 글자 χ를 로마자로 옮기면 ch가 되는데, 그 발음은 독일어의 ch와 비슷하다. 말하자면, 'ㅎ'와 'ㅋ'의 중간에서 'ㅎ'에 좀 더 가깝다고 할 수 있다. 따라서 chronos의 발음은 '흐로노스' 정도가 되는데, 이 책에서는 관례를 따라 '크로노스'라고 표기했다.

시간의 길이를 의미한다. 넷째, 빈도도 있다. 일정 기간 어떤 사건이나 현상이 얼마나 자주 일어나는가에 대한 것 말이다. 다섯째, '추수기'나 '모든 일에는 때가 있다'와 같은 표현에 나타나듯이

어떤 목적을 위해 정해진 시간이 있다. 이런 시간을 놓치면 그 시간과 관련된 것을 잃게 되기 때문에 그것은 '기회'라는 속뜻을 가진다.

이제 성경에 나타나는 크로노스와 카이로스의 용례를 살펴볼 것이다. 결론부터 말하면, 이 두 단어가 부분적인 차이를 보이나 전체적으로는 동의어다. 이 문제는 이미 영국의 성서학자 제임스 바James Barr가 자세히 연구해 놓았지만,[4] 여기서는 위에서 언급한 시간의 다섯 양상에 따라 두 단어의 용례를 새롭게 살펴봄으로써 두 단어가 동의어라는 점을 확인하고자 한다.

첫째, 시제를 나타내는 경우. 이 경우의 용례는 많지 않다. 크로노스는 "지나간 때"(벧전 4:3 ho parelēlythōs chronos)에서처럼 과거를 가리키는 표현에 보인다. 반면에 카이로스는 현재를 가리키는 표현에 나타나는데, 이 경우로는 '현존하는 시간'을 뜻하는 표현 ton kairon ton enestēkota(히 9:9 "현재")와 '지금의 시간'을 뜻하는 표현 tō nyn kairō(롬 3:26 "이 때", 롬 11:5 "지금", 고후 8:14 "이제")가 있다. 이 용례들만 보면 두 단어 사이에는 시제의 차이가 있는 듯하다.

둘째, 시점과 관련된 경우. 크로노스의 용례로는 "별이 나타난 때"(마 2:7)처럼 특정한 시점을 명시하는 표현과 "그 때"(마 2:16)처럼 앞의 문맥에 나오는 어떤 시점을 지시하는 표현이 있다. 카이로스의 용례도 비슷해 보인다. "명년 이맘 때"(롬 9:9)와 같은 표현도 있고 "그 때"(마 11:25; 12:1;

---

4  James Barr, *Biblical Words for Time*, rev. ed. (London: SCM, 1969).

14:1; 행 19:23; 엡 2:12)와 같은 표현도 있는 것이다. 그런데 이 용례들을 시제라는 관점에서 다시 살펴보면 어떻게 될까? 크로노스의 용례("별이 나타난 때", "그 때")는 모두 서술의 시점으로부터 과거를 가리킨다. 반면에 카이로스는 미래(롬 9:9 "명년 이맘 때"), 현재(마 11:25; 12:1; 14:1; 행 19:23 "그 때"), 과거(엡 2:12 "그 때") 모두에 나타난다.

지금까지의 용례만으로 보면, 카이로스는 시제를 가리키지 않는 반면, 크로노스는 과거의 맥락에서만 나타나는 것 같다. 여전히 시제상의 차이가 있는 것이다. 그러니 크로노스와 카이로스의 차이는 '정해진 시간'이냐 아니냐의 차이라기보다 시제상의 차이라고 말할 수 있지 않을까? 그러나 아직 검토하지 않은 양상이 셋이나 남았으니 성급하게 결론을 내리지 않는 것이 좋겠다.

셋째, 기간과 관련된 경우. 크로노스의 용례를 보면 긴 기간을 가리키는 표현으로 "오랜 후에"(마 25:19)가 있고, 짧은 기간을 가리키는 것으로 "잠시 동안"(요 12:35 *mikron chronon*, 계 6:11 *chronon mikron*)과 "얼마 동안"(눅 18:4 *epi chronon*), 아주 짧은 시간을 가리키는 것으로 "순식간에"(눅 4:5 *en stigmē chronou*)가 있다. 카이로스의 용례를 보면, 짧은 시간을 가리키는 표현인 "잠시"(살전 2:17 *pros kairon hōras*)와 "얼마 동안"(행 13:11 *archi kairou*; 고전 7:5 *pros kairon*)이 있다. 긴 시간에 대한 것으로는 "한 때와 두 때와 반 때"(계 12:14)라는 독특한 표현이 있는데, 이것은 다니엘서에 나오는 같은 표현(단 7:25; 12:7)을 생각나게 한다.

일단 시제 문제는 여기서 완전히 해결된다. 크로노스가 포함된 "잠시 동안"이 과거가 아니라 현재나 미래에 해당하기 때문이다. 간단히 말해, 크로노스와 카이로스는 둘 다 특정 시제와 관계없이 사용된다. 다만 과거의 경우는 크로노스가, 현재와 미래의 경우는 카이로스가 더 자주 나타난다고 할 수 있다.

넷째, 빈도를 가리키는 경우. 크로노스의 용례를 보면 "가끔"(눅 8:29

*pollois chronois*, 여러 번)과 "항상"(행 1:21 *en panti chronō*, 개정개역 판에는 22절)이 있고, 카이로스의 용례에는 "항상"(눅 21:36; 엡 6:18 *en panti kairō*)이 있다. "항상"의 경우, 크로노스의 "항상"은 제자들이 예수님을 따라 함께 다니던 과거의 시절에 대한 것인 반면, 카이로스의 "항상"은 현재에 대한 것, 즉 지금 "항상 기도하[라]"는 것이다. 다시 한번 시제상의 대조가 보이지만, 이 문제에 대해서는 이미 결론을 내렸다.

마지막으로, 어떤 목적을 가진 때나 정해진 기회를 의미하는 경우. 만일 크로노스가 양적인 시간을 가리키고 카이로스가 어떤 목적을 위해 정해진 때나 기회를 가리킨다면 바로 여기서 그 점이 입증되어야 한다. 우선 카이로스의 용례를 보면, "열매 거둘 때"(마 21:34), "때가 찼고"(막 1:15), "때가 이르리니"(딤후 4:3), "기회 있는 대로"(갈 6:10; 히 11:15), "새롭게 되는 날"(행 3:19), "은혜 베풀 때"(고후 6:2), "고통하는 때"(딤후 3:1), "심판을 시작할 때"(벧전 4:17), "개혁할 때"(히 9:10), "내 때"(마 26:18; 요 7:6), "자기 때"(계 12:12), "이 시대"(눅 12:56), "이 시기"(롬 13:11)가 있다. 사실, 카이로스의 용례로는 이 양상에 속한 것이 가장 자주 나타난다. 이 때문에 카이로스가 어떤 목적을 위해 정해진 때를 가리킨다는 주장이 나왔을 것이다.

그러면 크로노스의 경우는 어떤가? 놀랍게도, 크로노스에도 비슷한 용례들이 있다. "해산할 기한"(눅 1:57), "때가 차매"(갈 4:4), "회개할 기회"(계 2:21), "약속하신 때"(행 7:17), "만물을 회복하실 때"(행 3:21), "알지 못하던 때"(행 17:30 '무지의 때'), "이 때"(행 1:6)와 같이, 어떤 목적을 위해 정해진 때라는 의미를 가지는 용례들이 있는 것이다.

그런데 이 두 단어의 차이를 단번에 무너뜨리는 용례들이 있는데, 그것은 종말에 대한 표현이다. 이런 표현에는 카이로스가 포함된 "말세에"(벧전 1:5 *en kairō eschatō*)도 있고, 크로노스가 포함된 "말세에"(벧전 1:20 *ep' eschatōn tōn chronōn*)와 "마지막 때에"(유 1:18 *ep' eschatou chronou*)

도 있다. 둘 다 '마지막 때'라는 미래의 정해진 시간을 가리키기 위해 사용되었다. 이뿐만 아니라, 바로 이 '마지막 때'의 맥락에 두 단어가 동시에 등장하는 구절도 있다. 이런 구절이 둘 있는데, 하나는 예수께서 승천 직전에 제자들로부터 "이스라엘의 회복"이 언제 일어날지에 대해 질문을 받았을 때 "때chronos와 시기kairos는 아버지께서 자기 권한에 두셨[다]"(행 1:7)라고 대답하신 것이고, 다른 하나는 바울이 데살로니가 교회에 보낸 편지에서 "주의 재림"이 언제인지에 대해 "때chronos와 시기kairos에 관하여는 너희에게 쓸 것이 없[다]"(살전 5:1-2)라고 말한 것이다.

여기서 주목할 것은 두 단어가 정해진 시간의 맥락 속에 함께 등장했다는 점이다. 말하자면 카이로스는 정해진 시간을 뜻하고 크로노스는 그렇지 않다는 식의 차이가 성립되지 않는 것이다. 그렇다면 이 둘은 완전한 동의어일까? "때와 시기"라고 번역된 표현은 동의어를 반복해서 그 의미를 강조하는 것일까? 아니면, 둘 다 정해진 시간을 가리킨다는 점에서는 동의어이지만, 상호보완적으로 사용되어 '종말이 언제 일어나서 언제까지 계속되는지'라는 뜻을 나타내려는 것일까? 이 질문에 대한 명쾌한 답을 찾기는 어렵겠지만, 어느 경우든 그 표현에 강조의 효과, 즉 마지막 때의 중요성과 심각성을 일깨우는 효과는 있는 것 같다.

지금까지의 관찰과 분석을 통해 분명히 알게 된 것은 카이로스나 크로노스나 시간의 모든 양상에 두루 사용된다는 점이다. 차이가 있다면, 용례의 분포에 있어서 크로노스는 시점이나 기간을 가리키는 경우에 더 많이 보이고, 카이로스는 정해진 때를 가리키는 경우에 더 많이 보인다는 것이다. 그런데 이런 차이 때문에 크로노스가 양적인 시간을 가리키고 카이로스가 어떤 목적을 위해 정해진 시간을 가리킨다고 결론을 내린다면, 부분적인 현상을 전체의 현상으로 보는 일반화의 오류를 범하게 된다.

이 오류는 또 다른 오류로 이어지는데, 한 범주에 적용할 것을 다른 범주에 적용하는 범주 오류다. 말하자면, 카이로스의 의미를 '정해진 때'라고 성급하게 단정하는 오류를 범한 다음에, 카이로스가 '정해진 때'라는 의미를 가지지 않는 다른 경우도 그런 의미를 가지는 것으로 해석하는 오류를 범하게 되는 것이다. 크로노스와 카이로스를 구분하는 주장에서 가장 큰 문제가 되는 것이 바로 이 오류다.

정리하자면, 전체적인 의미 영역에 있어서 크로노스와 카이로스는 동의어이며, 둘 다 때로는 '시각' 또는 '기간'이라는 의미를, 때로는 어떤 목적을 위해 '정해진 때'라는 의미를 가진다. 그러나 구체적인 맥락 속에서는 그중 한 의미가 확정되는데, 이때 각 단어가 이것을 가리킬 수도 있고 저것을 가리킬 수도 있다.

그런데 이상의 연구 결과 때문에 생길 수 있는 오해 한 가지가 있다. 그것은 두 단어가 동의어라는 사실 때문에 더 이상 자연적인 시간과 어떤 목적을 위해 정해진 시간의 구분을 성경에서 찾아볼 수 없다고 생각하는 것이다. 그렇지는 않다. 위의 연구 결과가 말해주는 것은 성경에 두 개념에 대한 구분 자체가 없다는 것이 아니다. 크로노스와 카이로스로는 그런 구분이 이루어지지 않는다는 것이다.


● 로고스와 레마에 대해. 이 두 단어의 용례를 보면, 그 의미 영역에 있어서 서로 겹치는 부분이 많다. 적어도 구약을 그리스어로 번역한 70인역에서는 두 단어가 동의어임이 분명하다.[5] 그렇기 때문에 학계에서는 둘 사이의 차이에 큰 관심을 보이지 않는다.[6] 그럼에도 불구하고 둘 사이의 차이를

---

5 Moisés Silva ed., *New International Dictionary of New Testament Theology and Exegesis*, 2nd ed., vol. 4 (Grand Rapids, Michigan: Zondervan, 2014), 207.

6 사전을 예로 들면 다음과 같다: Gerhard Kittel ed., *Theological Dictionary of the New Testament*, vol. 4 (Grand Rapids, Michigan: Eerdmans, 1967), 73-76, 105, 112, 119; Horst

과장하는 주장이 대중적으로 퍼져 있다. 한 예로, 로고스를 "말의 개념화 단계"the conceptualization stage of speech에 속한 것으로, 레마를 "발음 단계"the articulation stage에 속한 것으로 구분하는 견해가 있다.[7] 이것은 구조주의 언어학의 기초 개념 중의 하나인 랑그langue와 파롤parole의 대조, 즉 '언어'와 '발화'의 대조를 생각나게 한다.[8] 그런가 하면 로고스와 레마를 각각 "기록된 말"the written word과 "구어"the spoken word로 대조하기도 한다.[9] 정리하자면, 어떤 식으로 구분하든 레마는 구어(입으로 한 말)로, 로고스는 그 반대편에 있는 것으로 간주된다.

다음, 두 단어를 하나님의 말씀이라는 맥락 속에서 비교할 때는 다음과 같은 구분이 등장한다. 로고스를 그리스도와 연결하고 레마를 성령과 연결한 다음, 로고스를 기록된 말씀으로, 레마를 성령의 인도에 의해 삶의 정황 속에서 때마다 주어지는 말씀으로 보는 것이다. 이 경우 로고스를 객관적인 말씀으로, 레마를 주관적인 말씀으로 구분하기도 한다.

---

Balz and Gerhard Schneider eds., *Exegetical Dictionary of the New Testament*, vol. 2 (Grand Rapids, Michigan: Eerdmans, 1991), 210–11; Johannes P. Louw and Eugene A. Nida eds., *Greek-English Lexicon of the New Testament: Based on Semantic Domains*, vol.1 (New York: United Bible Societies, 1988), 400.

**7** Roger Good, "God as the Word: Logos and Rhema," *Affirmation and Critique* 18.2 (Fall, 2013): 71–77.

**8** 이 구분은 구조주의 언어학의 창시자인 소쉬르에 의해 제안된 것으로서, 랑그는 여러 사람에 의해 공유되는 언어의 체계를 가리키며 파롤은 개인이 실제로 하는 말을 가리킨다. 이 둘을 각각 '보편적인 원칙'과 그 원칙에 따라 실행된 '개별 경우'로 볼 수 있다. 그는 이 둘의 관계를 체스에 비유했다. 우리나라 실정을 감안해서 그것을 축구에 비유한다면, 랑그는 축구 경기 운영에 대한 규칙의 체계에 해당하고, 파롤은 그것을 바탕으로 해서 실제로 치러진 경기, 예를 들어 2002년 6월 22일 토요일에 한국의 대표팀과 스페인의 대표팀이 벌인 한일 월드컵 8강 경기나 2017년 6월 24일 토요일에 한강변에서 열린 어느 조기축구회 시합에 해당한다. 이런 의미에서 랑그는 체계system이며 가능성이고, 파롤은 그것이 실현된 사건event이라고 할 수 있다. 다음을 참고할 것: Ferdinand de Saussure, 김현권 옮김, 『일반언어학 강의』 (서울: 지식을만드는지식, 2012), 29–33, 38–42, 157–60.

**9** Good, "God as the Word," 71-72.

그런데 이런 주장에는 두 가지 종류의 오류가 작용한다. 하나는 일반 그리스어의 의미를 가지고 성경에 나오는 단어의 의미를 잘못 추론하는 것이고, 다른 하나는 로고스와 레마의 의미를 성급하게 일반화하는 것이다.

첫 오류의 내용은 다음과 같다. 로고스를 생각이나 개념의 단계와 연결하는 주장에서는 그리스 철학자들이 로고스를 이성reason과 동일시했다는 사실과 함께 논리를 의미하는 영어 단어 logic의 어원이 로고스라는 사실을 언급한다. 그러나 이 주장에서 간과한 사실이 있다.

우선, 신약의 로고스는 구약의 히브리어 다바르*dabar*에 대응되는 단어로서 다바르의 의미 내용을 이어받고 있다. 따라서 그리스 철학자들이 주목한 로고스의 의미를 신약에 나타나는 로고스의 전체 의미로 간주하는 것은 적절하지 않다.

또한 헤라클리투스, 플라톤, 아리스토텔레스와 같은 그리스 철학자들이 로고스에 주목한 것은 레마와의 대조를 위해서가 아니었다.[10] 그들에게 로고스는 언어의 모든 차원을 가리키는 대표적인 단어였다. 말하자면, 그들은 언어를 구어의 차원(레마)과 생각의 차원(로고스)으로 나누기보다 오히려 로고스를 그 두 차원을 포괄하는 단어로 보고, 철학자로서 생각의 차원, 즉 이성과 논리의 차원에 주목한 것이다.

그다음, 일반화의 오류를 염두에 두고서 로고스와 레마의 용례를 보면, 이 두 단어가 크로노스와 카이로스처럼 분포상의 차이가 있는 동의어라는 점을 알게 된다. 이 두 단어의 용례에는 다음과 같은 것이 보인다.

첫째, 사람의 말에 해당하는 경우. 레마의 용례는 모두 구어의 단계에 해당하는 것(마 5:11; 12:36; 눅 1:65; 24:11)이며, 생각의 단계에 해당하

---

**10**  다음을 참고할 것: W. K. C. Guthrie, *A History of Philosophy Vol.1: The Earlier Presocratic and the Pythagoreans* (Cambridge: The Cambridge University Press, 1962), 219 이하.

는 것은 보이지 않는다. 로고스의 용례도 대부분 구어의 단계를 가리키며, "말"(마 12:32; 22:46; 막 5:36; 7:29; 행 6:5; 고후 10:10; 골 4:6)이나 "소문"(눅 5:15; 7:17; 행 11:22; 살전 1:8)으로 번역된다. 다만, 사도행전 1:1에는 로고스가 '글'을 가리키는 경우("내가 먼저 쓴 글")가 있다. 이상 관찰한 것을 정리하자면, 사람의 말을 가리키는 경우, 레마는 언제나, 로고스는 대부분의 경우 구어를 가리킨다.

둘째, 하나님의 말씀을 가리키는 경우. 이 경우 레마는 대부분 구어 또는 선포의 단계를 의미한다(눅 2:29; 3:2; 요 3:34; 8:47; 17:8; 행 5:20; 11:14; 롬 10:8; 히 6:5). 예수의 말씀을 가리키는 경우도 마찬가지다(마 26:75; 막 9:32; 14:72; 눅 5:5; 7:1; 9:45; 14:10; 18:34; 20:26; 24:8; 요 5:47; 6:63; 8:20; 12:47, 48; 롬 10:17). 그렇지만 "주의 말씀은 세세토록 있도다"(벧전 1:25)와 "영생의 말씀이 주께 있사오니"(요 6:68)처럼 구어 이전의 단계에 해당하는 용례도 있다. 드물기는 해도 레마가 구어의 단계만을 의미하지는 않는다는 사실의 증거가 된다.

로고스의 용례는 어떨까? 우선, 선포 이전 단계를 가리키는 경우(마 24:35; 요 1:1, 14; 8:37; 17:17)와 기록된 말씀을 가리키는 경우(요 15:25 "율법에 기록된⋯말씀"; 고전 15:54 "기록된 말씀")가 있다. 그런데 구어 또는 선포의 단계에 해당하는 용례가 더 자주 보인다. 하나님의 말씀을 가리키는 경우(마 13:19; 눅 5:1; 8:21; 11:28; 요 10:35; 행 13:49; 17:13; 롬 9:9; 살전 1:8)도 그렇고, 예수의 말씀을 가리키는 경우(마 8:8; 15:23; 19:22; 막 8:32; 12:13; 눅 7:7; 20:20; 요 6:60; 21:23; 22:61)도 마찬가지다.

이상에서 살펴본 것을 토대로 로고스와 레마에 대해 다음과 같은 결론을 내릴 수 있다. 우선, 레마뿐만 아니라 로고스도 구어를 가리키는 많은 용례를 가지고 있다. 다음, 구어 이전의 단계에서 로고스도 보이고 레마도 보인다. 빈도수로는 로고스가 레마보다 더 많지만, 로고스의 전체 빈도수가 레마보다 4.5배 이상 된다는 점을 감안하면 그 차이가 의미 있어 보이지는 않는다.

로고스와 레마가 동의어임을 보여주는 또 다른 용례가 있다. 언어 자체보다는 '말로 설명된 일(사건)'을 가리키는 경우가 그것이다. 레마의 용례로는 "이 일"(행 5:32), "이 이루어진 일"(눅 2:15)이 있고, 로고스의 용례로는 "이 일"(막 1:45), "이 모든 된 일"(눅 24:14)이 있다. 로고스의 경우는 "이유"(마 5:32; 벧전 3:15)나 "까닭"(행 19:40), "결산"(마 18:23; 25:19)이나 "셈"(눅 16:2)으로 번역되기도 한다.

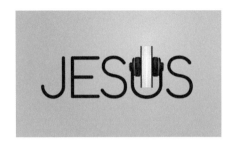

● 필레오와 아가파오에 대해. 이 둘 사이의 차이를 논의할 때 자주 언급되는 본문이 요한복음 21:15-17이다.[11] 이 본문에는 부활하신 예수와 베드로 사이의 특이한 대화가 보인다. 예수께서 베드로에게 세 번이나 "나를 사랑하느냐"라고 물으시고 베드로는 그때마다 "내가 주님을 사랑하는 줄을 주께서 아시나이다"라고 대답하는 것 말이다. 왜 이런 질문과 대답이 세 번이나 오갈까?

그런데 원어를 보면 또 다른 의문이 생긴다. 우선 첫 질문과 대답을 보면, 질문은 "*agapas me*"인데 대답은 "*philō se*"다. 우리말이나 영어로는 똑같은 동사로 묻고 대답한 것 같지만 원어로는 다른 동사로 되어 있다. 바로 이 점 때문에 아가파오<sup>*agapaō*</sup>를 하나님의 사랑으로, 필레오<sup>*phileō*</sup>를 친구의 사랑으로

**11**  이 구절들에 보이는 두 단어의 차이에 대해서는 다음을 참고할 것: George R. Beasley-Murray, *John*, 2nd ed., Word Biblical Commentary 36 (Nashville, Tennessee: Thomas Nelson, 2000), 394.

파악하고서, 예수께서 "나를 (하나님의 사랑으로) 사랑하느냐"고 물었는데 베드로는 "(친구의 사랑 정도로) 주님을 사랑합니다"로 대답했다는 식의 해석이 생겼다. 필레오라는 동사가 친구를 뜻하는 명사 필로스*philos*와 동족어이기 때문에 이런 해석은 설득력 있게 보인다. 그러나 문제가 있다. 필레오가 친구의 사랑에만 사용되는 것도 아니고 아가파오가 하나님의 사랑에만 사용되는 것도 아니기 때문이다.

성경에서 두 단어가 나오는 빈도수를 보면, 필레오는 25번, 아가파오는 140번 조금 넘게 나온다. 먼저 빈도수가 적은 필레오의 용례를 살펴보면 다음과 같다.

첫째, 필레오의 목적어가 사람이나 하나님과 같은 인격체가 아닌 경우. 이 경우에 해당하는 용례는 모두 부정적인 의미를 띤 맥락에 나타나며 개역개정판에서 '좋아하다'로 번역된다. 이 중에 셋은 바리새인들의 위선, 즉 사람들에게 인정받기 위해 공공장소에서 기도하기를 "좋아하는"(마 6:5) 것과 사람들에게 인사받기와 높은 자리에 앉기를 "좋아하는"(마 23:6; 눅 20:46) 것에서 보인다. 그리고 마지막 하나는 새 예루살렘에 들어가지 못하는 사람 중 "거짓말을 좋아하는 자들"(계 22:15)에 보인다.

둘째, 사람 사이의 사랑을 의미하는 경우. 이 경우에 해당하는 용례도 모두 부정적인 의미를 띤 맥락에 나타나는데, 번역은 '사랑하다'로 된다. 그 용례를 보면, "아버지나 어머니를 나보다 더 사랑하는 자는 내게 합당하지 아니하고 아들이나 딸을 나보다 더 사랑하는 자도 내게 합당하지 아니하며"(마 10:37), "너희가 세상에 속하였으면 세상이 자기 것을 사랑할 것이나"(요 15:19), "자기의 생명을 사랑하는 자는 잃어버릴 것이요"(요 12:25)가 있다.

셋째, 하나님과 관련된 경우. 우선, 하나님 아버지가 주어인 경우(요 16:27)와 예수 그리스도가 주어인 경우(요 11:3; 20:2; 계 3:19)가 있다. 다음, 주어와 목적어가 하나님인 경우, 즉 성부가 성자를 사랑하는 경우(요 5:20)가 있다. 그다음, 그리스도가 목적어인 경우, 즉 사람이 그리스도를 사랑하는 경우(요 16:27; 21:15, 16, 17; 고전 16:22)가 있다.

넷째, 용례가 극히 적기는 하지만 성도들 간의 사랑(딛 3:15)이 있다.

마지막으로, 그리스어 필레오에는 원래 '입맞추다'라는 뜻도 있었다. 고대사회에서 입맞춤은 친한 사람이나 존경하는 사람에 대한 사랑의 표현이기도 했다.[12] 신약에서 이 뜻으로 사용되는 곳은 세 곳(마 26:48; 막 14:44; 눅 22:47-48)이며, 모두 유다가 입맞춤으로 예수를 배반하는 장면이다.

이상의 용례를 보면 필레오의 의미 영역은 친구의 사랑에 제한되지 않는다. "높은 자리", "거짓말" 등 추상적인 것을 좋아하는 것에서부터 사람 사이의 사랑을 거쳐 하나님의 사랑이나 하나님을 향한 사랑에 이른다. 그런데 흥미롭게도, 하나님과 관련된 경우를 제외하면 모두 부정적인 문맥에 나타난다.

그러면 아가파오는 어떨까? 입맞춤의 의미가 없다는 점만 빼면 필레오의 용례와 그리 다를 바가 없다.

첫째, 아가파오의 목적어가 비인격적인 대상인 경우. 필레오처럼 부정적인 의미를 띤 맥락에서 사용되는 용례가 있다. "사람의 영광을 하나님의 영광보다 더 사랑하였더라"(요 12:43), "이 세상을 사랑하여"(딤후 4:10), "이 세상이나 세상에 있는 것들을 사랑하지 말라"(요일 2:15), "빛보다 어둠을 더 사랑한 것"(요 3:19), "불의의 삯을 사랑하다가"(벧후 2:15). 이 경우 주목할 만한 것으로는, 마태복음 23장과 누가복음 11장에 바리새인들이 사람들로부터 인사받기와 높은 자리에 앉기를 좋아한다는 구절이 보이는데, 마태복음 23:6-7에서는 필레오("좋아하느니라")가 사용되지만, 누가복음 11:43

---

12  필레오(*phileō*)에 접두어 카타(*kata*)를 붙인 카타필레오(*kataphileō*)는 '입맞추다'를 기본 의미로 한다.

에서는 아가파오("기뻐하는도다")가 사용되었다는 점이다. 필레오와 아가파오가 서로 대체될 수 있는 동의어임을 암시한다.

둘째, 사람 사이의 사랑을 의미하는 경우. 이 경우에 해당하는 용례로는 "너희가 너희를 사랑하는 자를 사랑하면"(마 5:46)이나 "죄인들도 사랑하는 자는 사랑하느니라"(눅 6:32)가 있다. 특히 '죄인'도 아가파오의 주어가 되는 것을 보면 이 단어가 하나님의 사랑과 정반대되는 경우에도 사용된다는 것을 알 수 있다.

셋째, 하나님의 사랑의 맥락에 나타나는 경우. 주어가 하나님인 것(요 3:16; 롬 8:37; 고후 9:7; 히 12:6; 계 1:5)과 예수 그리스도인 것(막 10:21; 요 13:1, 14; 갈 2:20)이 있다. 그리고 주어와 목적어가 하나님인 경우, 즉 성부와 성자 사이의 사랑을 보여주는 용례(요 3:35; 17:23, 24, 26)도 있다. 주어가 사람이고 목적어가 하나님이나 그리스도인 경우, 즉 하나님을 사랑하는 경우(마 22:37; 막 12:33; 요 14:15; 21:15-16; 롬 8:28; 고전 8:3; 갈 2:20; 살후 2:16; 벧전 1:8; 요일 5:1)도 있다. 이런 용례에 해당하는 것 중 사도 요한이 "예수께서 사랑하시는 제자"라는 식으로 지칭될 때가 있는데, 이 경우 대부분 아가파오(요 13:23; 19:26; 21:7, 20)가 사용되지만 필레오(요 20:2)가 사용될 때도 있다. 이 역시 두 단어가 동의어임을 암시한다.

넷째, 하나님의 사랑에 기반을 둔, 사람 사이의 사랑을 의미하는 경우. 이 경우에 해당하는 것으로는 이웃 사랑(마 19:19; 22:39; 막 12:31; 눅 10:27; 롬 13:9; 갈 5:14; 약 2:8), 서로 사랑하는 것(요 13:34; 15:12; 롬 13:8; 벧전 1:22; 요일 4:11), 아내에 대한 사랑(엡 5:25; 골 3:19), 형제에 대한 사랑(살전 4:9; 벧전 2:17; 요일 4:20-21), 원수를 사랑하는 것(마 5:44; 눅 6:27, 35)이 있다. 위에서 필레오가 하나님과 관련된 사랑의 용례를 제외하면 모두 부정적인 맥락에서 나타난다는 사실을 언급했는데, 아가파오도 마찬가지다.

이상의 관찰을 정리하면 다음과 같은 결론을 내릴 수 있다. 필레오에 '입맞추다'라는 뜻이 있다는 점을 빼면 이 두 단어의 의미 영역은 같다. 동의어에 가깝다는 뜻이다. 그러니 필레오가 친구의 사랑을 가리키고 아가파오가 하나님의 사랑을 가리킨다는 식의 구분은 옳지 않다. 사실, 일반 그리스어에서 필레오는 친구, 가족, 가까운 친척, 연인 사이의 사랑을 의미했으

며, 이 단어와 아가파오의 차이는 사랑의 주체나 대상의 차이라기보다는 정도의 차이였다. 말하자면, 아가파오가 강한 사랑을 의미했고, 필레오는 그보다는 약한 사랑이나 좋아함 정도를 뜻했다. 그런데 신약에서는 사랑의 주체와 대상의 폭이 확대되어 가까운 사람 사이의 사랑과 함께 하나님의 사랑까지를 포함하게 되었다.

그럼에도 불구하고 필레오를 친구 사이의 사랑으로만 규정하는 데에는 두 가지 오류가 작용한다. 하나는 필로스가 '친구'를 의미한다는 사전적 사실로부터 시작된 어원론적 오류 때문이고, 다른 하나는 성경에서 아가파오가 하나님의 사랑을 가리키는 데에 자주 나온다는 사실에서 발생한 성급한 일반화의 오류 때문이다. 이 때문에 필레오가 하나님의 사랑을 가리키는 용례들과 아가파오가 하나님의 사랑을 가리키지 않는 용례들이 무시되었고, 그 결과 사랑에 관해서 비슷한 의미 영역을 가지는 두 단어가 오히려 서로 대조적인 것으로 되어 버렸다.

이상의 관찰을 토대로, 기본적으로 동의어지만 대조적인 의미를 가지는 것으로 보이는 두 단어를 대할 때 주의해야 할 점을 정리하면 다음과 같다. 첫째, 각 단어의 전체 의미 영역이 어디서 어디까지 뻗어 있는지를 파악해

야 한다. 만일 두 단어의 의미 영역이 같다면 동의어가 된다. 둘째, 두 단어
가 동의어라도 어떤 구체적인 맥락에서 띠는 의미가 늘 같은 것은 아니다.
같은 맥락에서 한 단어는 이것을, 다른 단어는 저것을 의미할 수 있다. 셋째,
구체적인 맥락 속에서 한 단어는 이 의미를 더 자주 띠고, 다른 단어는 저
의미를 더 자주 띠는 식의 차이가 일어날 수 있다. 이때 이 사실만을 가지고
이 단어의 의미는 이렇고, 저 단어의 의미는 저렇다는 식으로 구분하면 성
급한 일반화의 오류에 빠지게 된다. 그리고 이 오류에 빠지면 거기에는 또
다른 오류, 즉 범주 오류가 기다리고 있다.

# 7장. 단어(2)

앞 장에서는 원문의 단어와 관련된 문제를 살펴보았다. 이번 장에서는 성경 원문을 교회가 잘 이해할 수 있는 언어로 옮기는 과정에서 일어나는 문제를 살펴볼 것이다. 이 문제에는 성서적 개념에 근거하여 교회가 만든 용어를 성경의 단어와 혼동하여 그 의미를 잘못 파악하는 경우와, 성경을 번역할 때 성경의 원어와 번역어 사이에 의미상으로 완전한 대응이 이루어지지 않는 경우가 있다.

## 일차어와 이차어의 혼동

성경 전체를 통해 어떤 개념이 드러나기는 하지만 바로 성경 내에 그것을 표현하는 어휘가 없어서 교회가 새로운 표현을 고안해 내는 경우가 있다. 그 좋은 예가 '삼위일체'다. 이 용어는 성경 전체에 나타난 하나님과 예수 그리스도와 성령의 관계를 교회가 하나의 어휘로 표현하기 위해 만든 것이다. 이 경우 성경의 표현을 일차어first-order language라고 한다면, 교회가 고안해 낸 것은 이차어second-order language가 된다. 예를 들어, 위에서 언급한 '삼위일체'는 이차어이며, 이에 대응하는 일차어로는 "하나님의 아들 예수 그리스도"(막 1:1), "아버지와 아들과 성령의 이름으로"(마 28:19) 등을 들 수 있다. 그런데 일차어와 이차어 사이에 혼동이 일어날 때가 있다. 그 둘이 같은 표현으로 되어 있지만 각각의 지시 내용이 다를 때에 그렇게 되는데, 이 경우에 해당하는 것이 '다윗의 장막'이다.

다윗이 왕이 된 뒤에 우선순위를 두고서 한 일 중의 하나가 엘리 제사장 시절에 잃어버린 법궤를 되찾는 것이었다. 그런데 그는 법궤를 되찾은 다음, 그것을

원래 자리인 성막으로 되돌리지 않았다. 대신 예루살렘에 장막을 친 다음 법궤를 거기에 두고서 레위인과 제사장들로 하여금 그 앞에서 노래와 연주로 하나님을 찬양하게 했다(대상 16:1-6).

오늘날 사람들은 종종 이것을 '다윗의 장막'Davidic Tent이라고 부른다. 모세가 세운 성막을 '모세의 성막'Mosaic Tabernacle이라고 하고, 솔로몬이 세운 성전을 '솔로몬 성전'Solomonic Temple이라고 하듯이 말이다. 그러나 성경에 이런 표현들이 나오는 것은 아니다. 말하자면 예배처의 명칭인 '모세의 성막', '다윗의 장막', '솔로몬 성전'은 성경에 나오는 일차어가 아니라 성경을 근거로 해서 만들어진 이차어다.

그런데 이 중 '다윗의 장막'이라는 표현은 일차어로 나타나기도 한다. 구약에서 두 번(이사야 16장과 아모스 9장에 각각 한 번씩), 신약에서 한 번(사도행전 15장에서 아모스 9장을 인용할 때) 보이는 것이다. 그런데 이 경우는 모두 다윗이 예배를 위해 세운 장막이 아니라 다윗의 거처를 가리키며, 환유적으로는 다윗 가문을, 그리고 상징적으로는 메시야 왕국을 가리킨다. 그런데 바로 이 점 때문에 혼란이 일어난다. 다윗의 장막이 이차어로서는 예배처를 가리키지만 일차어로서는 메시야 왕국을 가리킨다는 사실을

모르면, 일차어로서 성경 본문에 등장하는 "다윗의 장막"을 이차어와 혼동하여 예배처로 여기게 되기 때문이다.

성경에서 장막'ohel'은 기본적으로 천막, 즉 이동식 집을 가리킨다. 그리고 이 단어 앞에 '(어떤 사람)의'라는 표현이 붙으면 그 사람의 집이라는 뜻이 된다. 이 때문에 성경은 다윗이 법궤를 두기 위해 세운 장막을 '다윗의 장막'으로 부르지 않았다. 이것은 하나님을 예배하기 위한 곳이지 다윗이 살기 위한 곳이 아니었기 때문이다. 모세가 세운 성막과 솔로몬이 세운 성전도 마찬가지로 '모세의 성막'이나 '솔로몬의 성전'으로 부르지 않았다. 따라서 다윗이 세운 장막을 '~의 장막'이라는 식의 표현으로 부른다면, 하나님이 계시는 곳이라는 뜻에서 '하나님의 장막'이나 '하나님의 집'이라고 했을 것이다.

그런데 그렇게 하지 않은 이유가 있다. "여호와의 집"(삿 19:18; 삼상 1:7) 또는 "하나님의 집"(삿 18:31)은 이미 모세가 세운 성막을 가리키는 표현이었고, "[하나님]의 장막"(시 15:1)은 성막 안에 있는 회막(출 27:21; 30:18)을 가리키는 표현이었기 때문이다. 솔로몬이 성전을 세운 다음에는 성막이 없어졌기 때문에, "여호와의 집"(시 92:132; 슥 9:9)이나 "하나님의 집"(대상 6:48; 시 52:8)은 성전을 가리키는 표현이 되었다.

이상에서 보았듯이, 이사야 16장에 보이는 "다윗의 장막"은 예배처가 아니라 다윗의 집 또는 다윗 가문을 의미한다. 그리고 문맥을 보면 그 표현이 궁극적으로 메시야 왕국을 가리킨다는 것도 알게 된다. 다시 설명하자면, 성경에 보이는 "다윗의 장막"은 '다윗의 집'이라는 뜻에서 출발해서, '다윗 가문'이라는 환유적 의미를 거쳐, '메시야 왕국'이라는 상징적 의미에 도달하는 것이다. 아모스 9장에 나오는 "장막"도 마찬가지다. 사실, 아모스 9장에서 '장막'으로 번역된 히브리어는 숙카sukkah인데, 이것은 다른 곳에서 "우릿간"(창 33:17), "초막"(느 8:15) 등으로 번역된다. 구약의 절기인 초막절의

'초막'sukkot도 이 단어의 복수형이다. 이 장막이 원어상으로도 예배처를 가리키는 역대상 16장의 "장막"과 다르다는 뜻이다.

그런데 아모스서의 "장막"을 예배처로 오해한 사람들은 또 다른 오해에 빠졌다. 마지막 때에 다윗이 예배를 위해 세운 장막과 같은 것이 회복될 것이라고 믿게 된 것이다. 그렇지만 구약의 선지자들은 마지막 때에 회복될 예배처로 '성전'을 지목한다. 예를 들어, 에스겔은 마지막 때에 성전이 다시 세워지고 그 성전을 중심으로 비유대인을 포함한 하나님의 백성의 거주지가 정해질 것을 보았다(겔 40-47장). 그리고 미가는 "많은 이방 사람들"이 "하나님의 전"(미 4:2)으로 몰려가는 것을 보았다.

다윗이 세운 장막은 예배에 찬양의 음악을 처음으로 품었다는 점에서 중요성을 띤다. 그러나 그것은 성전이 완공될 때까지 법궤를 임시로 두는 곳이었다. 말하자면, 제사의 자리인 성막으로부터 제사와 찬양의 음악이 만나 예배가 완성되는 성전으로 넘어가는 과정, 즉 성막으로 대표되는 사사 시대로부터 성전으로 대표되는 다윗 왕조로 넘어가는 과도기에 필요한 것이었다. 그렇기 때문에 성경은 그 장막에 영구적이거나 궁극적인 의미를 부여하지 않는다.


## 번역의 문제

이상에서 성경의 '개념'을 '언어'로 옮기는 과정에서 일어난 문제를 보았다. 이제는 '원문'의 언어를 '자국'의 언어로 번역하는 과정에서 생기는 문제를 살펴보려고 한다. 많은 사람이 번역을 일대일 대응의 문제로 여긴다. 예를 들어, 우리말 '쌀'에 대한 영어는 rice이고 영어의 chair에 대응하는 우리말 단어는 '의자'라고 생각한다. 그러나 앞에서 설명했듯이, 언어는 현실과 직결되어 있으며 현실에서의 삶에는 문화적인 변이가 있다. 그래서 번역이 늘 단순하게 되는 것은 아니다.

'쌀'의 경우를 생각해 보면, 우리나라에는 쌀을 가리키는 여러 단어가 있다. 우선, 쌀의 씨는 '볍씨'라 불리는데, 볍씨에서 싹이 나오면 '모'가 된다. 그리고 모가 자라면 '벼'가 되며, 벼를 추수하면 비로소 '쌀'이 된다. 그런데 이것이 끝이 아니다. 이 쌀로 지은 것이 '밥'이다. 이 모든 경우를 영어로 옮기면, rice seed, rice sprout, rice grass, rice grain, cooked rice가 된다. 영어는 기본적으로 한 단어 rice에 각각의 경우에 맞는 단어를 결합하지만, 우리나라는 경우마다 다른 단어를 사용한다. 이 차이는 쌀을 주식으로 하는 우리나라의 음식 문화와 그렇지 않은 서구의 음식 문화의 차이에 기인한다.

'의자'는 그 반대의 경우다. 서구에서는 의자를 사용해 왔지만, 우리나라는 그렇지 않았기 때문에 의자를 가리키는 우리말 단어가 많지 않다. 그래서 의자를 가리키는 영어를 이해하고 표현하는 데에 어려움이 생긴다. 첫째, 영어 단어에 대응하는 우리말이 없는 경우가 있다. 의자는 대개 사람이 앉는 판과 등받이로 이루어진다. 그런데 의자 중에는 등받이가 없는 것이 있다. 이것을 영어로는 stool이라고 하지만, 이것을 가리키는 우리말은 없다. 둘째, 영어 단어에 대응하는 우리말이 낯설게 들리는 경우가 있다. 예를 들어, armchair는 등받이에 팔걸이까지 있는 의자를 가리키는데, 이것에 대응하는 '팔걸이의자'라는 표현이 있기는 하지만 일상에서 자주 사용되지 않기 때문에 낯선 감이 있다. 셋째, 영어 단어의 의미를 제대로 파악하지 못해 개념상의 혼동이 일어나는 경우가 있다. sofa는 우리나라에서 영어 그대로 '소파'라고 불리는데, 그 개념에 대한 정확한 이해 없이 사용된다. 사실, sofa는 위에서 언급한 armchair와 마찬가지로 등받이에 팔걸이가 있는 의자를 가리킨다. 둘 사이에 차이가 있다면, armchair는 일인용이고, sofa는 이인용 이상이다. 우리나라에서는 이 둘이 같이 놓일 때 모두 '소파'라고 하는 데, armchair와 sofa로 구성 된 의자 세트를 도입하는 과정 에서 그 둘을 모두 소파라고

부르게 된 것이다. 한때 소파 대신 안락의자라는 표현을 사용하기도 했다. 소파는 대개 푹신한 재료로 되어 있어 편안한 느낌을 주는 반면에, 벤치bench 는 나무와 같은 딱딱한 재료로 만들어지며 등받이나 팔걸이가 없어도 된다.

이처럼 번역에는 문화의 차이 때문에 일어나는 여러 요인이 개입되어 있 다. 성경의 번역도 마찬가지다. 고대 이스라엘 사회의 문화와 지금 우리나 라의 문화 사이의 간격이 매우 크기 때문이다. 이제 그 다양한 양상과 문제 를 하나씩 살펴볼 것이다.

● 원어와 번역어가 비대칭적으로 대응하는 경우가 있다. 원어가 번역어 에 일대일로 대응하지 않는 경우가 있다는 뜻이다. 비대칭 대응은 다음 세 가지로 나뉜다.

첫째, 한 원어가 여러 단어로 번역되는 경우가 있다. 이것은 원어의 의미 영역이 넓은 경우에 일어난다. 그 좋은 예가 히브리어 명사 바이트*bayit*다. 이 단어의 기본 의미는 "집"(창 24:32; 삼상 1:19; 렘 35:7)이지만, 경우에 따라 이 단어만으로 왕의 집인 "궁"(삼하 7:1; 암 3:15), 하나님의 집인 "성전"(대 상 6:32; 시 134:1) 등으로 번역된다. 또한 이 단어는 거미의 집이라는 뜻에 서 "줄"(욥 8:14)로, 향수를 담는 용기라는 뜻에서 "합"(사 3:20)으로 번역되 기도 한다.

둘째, 복수의 원어가 한 단어로 번역되는 경우가 있다. 한 예로, 성전을

예루살렘 이스라엘 박물관에 있는 제2성전 모형

가리키는 그리스어는 히에론*hieron*과 나오스*naos*인데, 히에론은 성전 전체를 가리키는 반면 나오스는 그 중심 건물을 가리킨다. 구체적인 용례를 들자면, 예수가 "성전보다 더 큰 이"(마 12:6)라고 한 경우에는 성전 전체를 가리키는 '히에론'이 사용되지만, 예수의 몸이 성전에 비유된 경우(마 26:61; 막 14:58; 요 2:19-21)에는 성전의 중심 건물인 '나오스'가 사용된다. 다른 용례를 든다면, 마태복음 23:35에 나오는 "성전과 제단 사이"에서 '성전'은 나오스의 번역이다. 성전의 전체 구역인 히에론 안에 나오스와 제단이 있기 때문에 이 경우에는 나오스가 사용됐다.[1]

셋째, 여러 원어에 여러 번역어가 복잡하게 대응되는 경우가 있다. 개역한글판에서는 하나님을 찬양하는 경우 '찬양하다', '찬송하다', '찬미하다'가 사용되는데, 이에 대응되는 원어가 매우 다양하다. 신약만을 예로 들면,

---

**1** 마태복음 23:35에 대응하는 누가복음 11:51에서 "성전"으로 번역된 원어는 '집'을 의미하는 오이코스(*oikos*), 즉 성전 중심에 있는 건물을 가리키는 단어다. 이것은 구약에서 성전을 가리킬 때 사용한 바이트(*bayit*, 집)에 해당하는 표현이다.

동사 아이네오*aineō*, 에파이네오*epaineō*, 율로게오*eulogeō*, 독사조*doxazō*, 메갈뤼노*megalynō*, 프살로*psallō*, 휨네오*hymneō*, 아도*adō*가 있다. 우선, 신약에서 '찬양하다'를 의미하는 동사 중 대표적인 것이라고 할 수 있는 아이네오는 '찬양하다'(눅 19:37), '찬송하다'(눅 2:13), '찬미하다'(행 2:47)로 번역되며, 비슷한 의미를 가진 에파이네오는 '찬송하다'로 번역된다. '복'과 관계있는 율로게오는 보통 '축복하다'(눅 6:28)나 '복을 주다'(히 6:14)로 번역되지만, '찬송하다'(고전 14:16)로 번역되기도 한다. 노래로 찬양하는 것을 의미하는 프살로는 '찬송하다'(엡 5:19)로, 비슷한 의미를 가진 휨네오는 '찬송하다'(히 2:12)나 '찬미하다'(마 26:30)로 번역된다. '영광을 돌리다'(눅 5:25)라는 의미를 기반으로 하는 독사조는 '찬양하다'(눅 18:43)나 '찬송하다'(행 13:48)로 번역되기도 한다. '크게 하다'는 의미를 가진 메갈뤼노는 '높이다'(행 10:46)로 번역되고 '노래하다'는 의미를 가진 아도는 그 의미대로 '노래하다'(엡 5:19)로 번역되는데, 이 두 단어 모두 '찬양하다'로 번역된 경우(눅 1:46; 골 3:16)가 하나씩 있다. 이상의 대응 관계를 도표로 정리하면 다음과 같다.

| | aineō | epaineō | eulogeō | doxazō | megalynō | psallō | hymneō | adō |
|---|---|---|---|---|---|---|---|---|
| 찬양하다 | V | | | V | V | | | V |
| 찬송하다 | V | V | V | V | | V | V | |
| 찬미하다 | V | | | | | | V | |
| 다른 번역 | | 칭찬하다 | 축복하다 | 영광을 돌리다 | 높이다 | | | 노래하다 |

사실, 이 원어 중에는 우리말 '찬양'의 의미 영역과는 잘 맞지 않아서 '찬양'으로 번역하기에는 무리가 있는 것도 있다. 이 점에 대해서는 뒤에서 다시 다루기로 하겠다. 어쨌든 개역한글판에서 '찬양', '찬송', '찬미'와 같은 단

어가 보이면, 그 번역에 대한 원어가 모두 같지는 않다는 점을 염두에 두고 본문을 읽는 것이 좋다.

● 번역에는 직역과 의역이 있다. 직역은 언어상의 대응을 말하고 의역은 개념상의 대응을 말한다. 달리 말하자면, 직역은 원어의 단어나 구의 문자적 의미에 대응되는 번역어의 단어나 구를 찾는 것이고, 의역은 원어가 가리키는 의미에 해당하는 다른 방식의 표현을 번역어에서 찾는 것이다. 이런 취지에서 미국의 언어학자요 번역이론가인 유진 나이다Eugene Nida는 직역을 "형식적 등가"formal equivalence로, 의역을 "역동적 등가"dynamic equivalence 또는 "기능적 등가"functional equivalence로 불렀다.[2]

성경을 의역해야 하는 경우는 주로 성경 원어에 대응되는 표현이 번역어에 없을 때와 직역을 하면 오히려 혼동이 일어날 때다. 특히 성경 원어가 비문자적인 의미를 띨 경우에 그런 혼동이 자주 일어난다. 물론 헤롯 왕을 "여우"(눅 13:32)로 부르는 경우처럼 원문의 비문자적 의미와 번역어의 비문자적 의미가 일치할 때에는 직역이 가능하다. 그러나 항상 그런 것은 아니다.

예를 들어, 위에서 다룬 바이트bayit는 환유적 의미를 띨 때가 있는데, 이 경우에는 '한 집에 사는 사람'이나 '한 집에서 난 사람'이라는 의미에서 그 규모에 따라 "가문"(민 1:2; 수 22:14; 렘 35:18), "족속"(민 20:29; 삿 10:9; 사 2:5), "왕조"(대상 17:10, 24) 등으로 번역된다. 다른 예를 들면, 손가락을 뜻하는 히브리어 에츠바'etsba'는 은유적으로 '권능'을 뜻한다. 이 경우 우리말의 '손가락'이나 영어의 finger에는 그런 의미가 없기 때문에, 그 단어는

---

2  Eugene A. Nida and Charles R. Taber, *The Theory and Practice of Translation: With Special Reference to Bible Translating* (Leiden: Brill, 1969); Eugene A. Nida, *Language, Culture and Translating* (Shanghai: Shanghai Foreign Language Education Press, 1993).

출애굽기 8:19에서 "권능"power으로 번역된다. 다만, 시편 8:3에서는 "주의 손가락으로 만드신"이라는 번역이 보인다. 이 경우 "손가락"이라는 번역이 어색하게 보이지 않는 것은 "~으로 만드신"이라는 문맥 때문이다. 그렇지만 한국이나 영어권의 독자가 이 경우 "손가락"을 권능power으로 이해하기가 쉽지 않다는 문제는 남는다.

● 성경의 한 단어가 번역어의 여러 단어와 대응될 때, 어법이나 문화적인 차이 때문에 위에서 말한 공통점이나 일관성을 찾기가 쉽지 않은 경우가 있다. 구약의 베렉berek이 이에 해당한다. 이 단어는 하나님이 사람을 향해 할 경우에 '복을 주시다'나 '복을 내리시다'(강복하다)로 번역되고, 사람이 사람에게 할 경우에 '복을 빌다'(축복하다)로 번역되며, 사람이 하나님께 할 경우에 '송축하다'로 번역된다.

성경에서는 하나님이 사람을 축복한다고 하지 않는다. 축복하는 것, 즉 복을 비는 것은 사람이 하는 것이기 때문이다. 말하자면 하나님은 복을 주시고, 사람은 하나님께 복을 주시기를 빈다. 이 두 경우는 '복'이라는 공통점으로 연결된다. 문제는 '송축'이다. 강복과 축복과 송축이 하나의 동사를 번역한 표현이니, 이 셋 사이에 의미상의 공통점이 있는 것이 분명한데, 우리말로는 그 공통점을 한 단어로 집어내기가 어렵다.

그렇지만 베렉의 용도를 제대로 파악하기만 하면 의외의 좋은 답이 나올 수도 있다. 구약에서 한 사람이 다른 사람을 축복하는 것은 그 사람에게서 도움이나 혜택을 입을 때다. 이때 우리나라 사람들은 '감사합니다'라고 말하는데, 구약에서는 '하나님이 당신에게 복 주시기를 바랍니다'라고 말한다. 이것을 의역하면, '나에게 좋은 일을 해 주셨으니 감사합니다. 하나님이 갚아주시기를 바랍니다' 정도가 된다. 사람들이 하나님을 송축하는 것도 같은 경우, 즉 하나님의 도움과 혜택을 입은 경우다. 그렇기 때문에 하나님을 송축하는 것은 "하나님께서 좋은 것을 베푸셨으니 감사합니다. 하나님께 영광을 돌립니다"라고 말하는 셈이 된다. 흥미롭게도 축복을 감사로 번역한 것이 우리말 성경에 있다. 사람에 대한 축복에 있어서 베렉과 비슷한 의미를 가지는 동사가 잇셰르*issher*인데, 이 동사가 잠언 31:28에서는 "감사하며"로 번역되어 있다.

그런데 성경에는 감사라는 단어가 꽤 자주 나오지 않은가? 사실, '감사'로 번역되는 히브리어 단어는 대부분 동사 호다*hodah*와 그 명사형 토다*todah*로서 우리말의 감사와는 다른 의미를 가진다. 우선, 이 단어의 원뜻은 '고백'이나 '인정'이다. 그렇기 때문에 이 단어는 "죄를 자복"하는(스 10:11; 시 32:5; 잠 28:13) 경우 또는 "주의 이름을 인정"하거나(왕상 8:33; 대하 6:24) 어떤 사실을 "인정"하는(욥 40:14) 경우에 사용된다.

그리고 이 단어가 '감사하다'로 번역되지만 그 맥락을 보면 감사의 상황이 아닌 경우가 많다. 예를 들어, 시편 50편 중 "감사*todah*로 하나님께 제사를 드리며 지존하신 이에게 네 서원을 갚으며 환난 날에 나를 부르라 내가 너를 건지리니…"(14-15절)를 보면 환난 속에서 하나님의 도움을 청하는 상황이다. 역대기하 20장의 상황도 마찬가지다. 모압과 암몬의 연합군이 유다를 침공한 상황에서 여호사밧 왕은 백성과 함께 전쟁터로 가면서 군대 앞에 성가대를 세워 "여호와께 감사하세*hodah*. 그의 인자하심이 영원하도다"(대하 20:21)라고 노래하게 했는데, 이 경우의 '감사'는 어떤 도움이나 혜택에 대한 반응으로서의 감사와 다르다.

방금 인용한 구절에서 호다의 원뜻을 기억하고서 다시 번역하면 '여호와를 인정하라. 그의 사랑이 영원하니' 정도가 될 것이다. 하나님을 인정하는 *hodah* 것과 하나님의 변함없는 사랑*chesed*이 연결되는 표현은 구약에 자주 보인다(대상 16:34; 시 106:1; 107:1; 118:1, 29; 136:1; 렘 33:11). 특히 시편 136편은 온통 이 표현으로 메아리친다. 이것은 과거에 하나님이 하신 일을 기억하면서 현재 어떤 상황에 처했든지 과거의 사건을 통해 드러난 하나님의 변함없는 사랑을 고백하여 이 상황을 뚫고 지나간다는 의미를 가지고 있다.

구약의 호다hodah에 대응되는 신약의 그리스어 동사는 엑소몰로게오 exomologeō인데, 이 동사의 번역도 호다와 비슷하다. 구약의 호다를 인용할 경우에는(마 11:25; 눅 10:21; 롬 15:9) 원문과 같이 '감사하다'로 번역되지만, 죄를 고백한다는 의미로 "자복"(마 3:6; 막 1:5)이나 "고백"(약 5:16)으로 번역되기도 하고, 하나님을 인정한다는 의미로 "자백"(롬 4:11)이나 "시인"(빌 2:11)으로 번역되기도 한다.

● 번역어의 의미에 대한 혼동이나 오해 때문에 거꾸로 성경 원어의 의미에 대한 오해가 일어나는 경우가 있다. '찬양'이 바로 그런 경우다.

찬양은 말로 누군가의 훌륭함을 기린다는 뜻을 가지고 있다. 이것은 칭찬과 같은 의미를 가진 표현으로서, 칭찬이 일반적인 표현이라면 찬양이나 찬사는 특별한 위치에 있는 사람이나 신적인 존재에게 사용된다는 정도의 차이가 있을 뿐이다. 영어의 praise는 이 두 경우에 모두 사용되며, 구약의 동사 힐렐hillel과 그 명사형 테힐라tĕhillah도 마찬가지다. 힐렐과 테힐라의 용례를 확인해 보면, 하나님께 대해서는 "찬양하나이다"(대상 16:36)와 "찬양"(시 66:8)으로 번역되지만 사람에 대해서는 "칭찬하므로"(창 12:15)와 "칭찬"(렘 51:41)으로 번역된다.

그런데 우리나라 교회에서는 종종 찬양이 노래의 의미로 사용된다. 물론 찬양의 한 방법으로 노래가 사용될 수 있다. 그러나 그것은 어디까지나 한 방법일 뿐이다. 말하자면 노래 없이 말로 찬양할 수 있으며, 이것이 가장 보편적인 방법이다. 우리가 누군가를 칭찬할 때 그

저 말로 칭찬하듯이 말이다. 다시 말해, 찬양에는 노래라는 의미가 포함되어 있지 않다. 그럼에도 불구하고 사람들은 종종 노래라는 단어를 사용해야 할 상황에서 '찬양'을 사용한다. 여기에는 두 가지 범주 오류가 작용한다.

우선, 찬양이라는 내용과 노래라는 방법을 혼동한 것이다. 다시 말해, '노래한다'라고 말해야 할 경우에 '찬양한다'라고 말하는 것이다. 그러다 보니 그 내용이 무엇이든, 즉 찬양이든 경배든 전도든 헌신이든, 모든 교회의 노래를 찬양으로 일컫게 되었다. 또한 성경에서 찬양이라는 단어를 대할 때도 그것을 노래로 간주하게 되었다. 한마디로 말해 하나님을 높인다는, 찬양의 본래 의미를 잊어버렸다. 잊어버린 것이 아니라면 문제가 더 심각해진다. 하나님을 높여 '찬양'한다고 생각하면서 실제로는 '노래'를 부른다면, 생각과 말 또는 생각과 행동이 분리되는 문제가 생기는 것이다.

그런데 이 오류의 저변에는 또 다른 오류가 있다. 그것은 '찬양'은 영적인 것 또는 거룩한 것이고, '노래'는 세상적인 것이라는 생각이다. 내용과 형식의 구분이 성과 속의 잘못된 구분으로 바뀐 것이다. 거듭 말하지만, 찬양은 영적인 노래가 아니라, 말로든 노래로든 누군가를 높이는 행위다. 그 대상이 신격화된 독재자일 수도 있고 거룩하신 하나님일 수도 있다. 노래는 세속적인 내용을 담을 수도 있고 거룩한 내용을 담을 수도 있다. 다시 말해 찬양과 노래의 차이는 거룩과 세속의 차이가 아니다. 찬양은 찬양대로, 노래는 노래대로 그 의미에 맞게 사용하는 것이 중요하다. 그렇기 때문에 성경은 '노래'나 '노래하다'라는 표현을 사용하기를 주저하지 않는다. 개역개정판에는 이 단어가 시편에만 50번 이상, 성경 전체로는 200번 이상 나온다.

그런데 우리말 번역에도 문제가 있다. 앞에서 도표로 살펴본 여덟 단어는 서로 크고 작은 차이가 있다. 구체적으로 말하자면, 아이네오와 에파이네오는 둘 다 하나님을 찬양하는 데에 사용되지만, 에파이네오는 사람을 칭찬하는 데에도 사용된다는 점에 있어서 아이네오와 다르다. 율로게오는 히브리어 베렉의 대응어로서 하나님께 대해 '송축하다'라는 의미를 띠며 '찬양하다'로도 번역할 수 있다. 독사조와 메갈뤼노는 각각 '영광을 돌리다'와 '높이다'로 번역하면 된다. 그리고 프살로와 휨네오는 '노래로 찬양하다'라는 뜻을 가지고 있는 반면, 아도는 찬양의 의미가 없기 때문에 항상 '노래하다'로 번역해야 한다. 참고로, 영어 성경은 아이네오와 에파이네오를 praise로, 율로게오를 bless 또는 praise로, 독사조를 glorify로, 메갈뤼노를 magnify나 exalt로, 프살로를 sing praises 또는 sing psalms로, 휨네오를 sing a hymn으로, 아도를 sing으로 구분해서 번역한다.

## 음역의 문제

음역transliteration 때문에 문제가 생기기도 한다. 음역은 뜻이 아니라 음을 옮기는 것을 말하는데, 그 대표적인 예가 할렐루야hallelu-yah와 아멘'amen이다.

그런데 구약의 단어와 신약의 단어를 따로 음역하다 보니 이 둘의 형태가 달라 동의어라는 사실을 모르게 되는 경우가 있다. 예를 들어, 구약의 메시아mashiăch와 신약의 그리스도christos는 둘 다 '기름부음 받은 자'라는 뜻을 가진 동의어다. 물론, 신약에 이 두 단어가 동의어라는 것을 표시해 놓은 곳이 있다. "메시야는 번역하면 그리스도라"(요 1:41)와 "메시야 곧 그리스도"(요 4:25)가 그것이다. 그럼에도 불구하고, 성경을 자세히 읽거나 공부하지 않은 사람들 중에는 그리스도를 예수의 성으로 여기는 사람도 있다. 이것이 음역의 부산물과도 같은 현상이기는 하지만, 어쨌든 주의를 기울여야 한다.

사람의 이름도 마찬가지다. 이 경우 구약의 히브리어 이름을 신약에서 그리스어로 음역하는 과정에서 히브리어의 발음과 달라지는 경우가 많다. 그렇기 때문에 원래 같은 두 이름이 다른 이름처럼 보이고는 한다. 예를 들어,

구약의 여호수아*Yĕhoshuaʿ*와 신약의 예수*Iēsous*, 구약의 미리암*Miryam*과 신약의 마리아*Maria*,[3] 구약의 여호하난*Yĕhochanan*과 신약의 요한*Iōannēs*,[4] 구약의 스가랴*Zĕkaryah*와 신약의 사가랴*Zacharias*가 그렇다. 그런데 각 이름이 다른 사람을 가리킬 때, 예를 들어 히브리어 여호슈아*Yĕhoshuaʿ*가 구약의 인물 여호수아를 가리키고 그리스어 예수스*Iēsous*가 하나님의 아들 예수를 가리킬 때는 아무런 문제가 되지 않는다.

그러나 신약에서 구약의 인물을 언급하거나 구약의 뒷 시대에서 앞 시대의 인물을 언급할 때는 그 이름이 구체적으로 누구를 가리키는지를 잘 살펴야 한다. 우선, 여러 형태가 한 인물을 가리킬 때는 한 가지로 번역된다. 예를 들어, 히브리어 여호슈아*Yĕhoshuaʿ*의 축약형은 예슈아*Yeshuaʿ*이고 이 축약형의 그리스어 형태는 예수스*Iēsous*인데, 이 축약형들이 눈의 아들 여호수아를 가리키는 경우는 모두 "여호수아"로 표기된다(느 8:17; 행 7:45; 히 4:8).

이와 반대로, 원어상으로 한 이름이 여호수아를 가리킬 수도 있고 다른 사람을 가리킬 수도 있는 경우에는 각 경우에 맞게 음역된다. 예슈아*Yeshuaʿ*의 경우, "눈의 아들" 여호수아를 가리킬 때는 "여호수아"로 표기되지만(느 8:17), 그 외에는 "예수아"로 표기된다(대상 24:11; 대하 31:15; 스 4:3; 느 7:7). 말하자면, 예슈아가 문맥에 따라 여호수아와 예수아 중 하나로 확정된다. 예수스*Iēsous*도 마찬가지여서, 주로 예수 그리스도를 가리키지만 구약의 여호수아를 가리킬 때도 있다. 예를 들어, 히브리서 4장에는 예수스가 두 번 출현하는데, 구약을 배경으로 할 때는 "여호수아"로(8절), "하나님의 아들"을 가리킬 때는 "예수"로(14절) 표기된다. 이 모든 경우를 간단히

---

**3**  *Maria* 외에 *Mariam*이라는 형태도 있는데, 이것이 구약의 *Miryam*과 더 비슷하다.

**4**  참고 삼아, 이 이름이 영어로는 John(존), 아일랜드에서는 Sean(숀), 스코틀랜드에서는 Ian(이안), 독어로는 Johann(요한), 불어로는 Jean(장), 스페인어로는 Juan(후안), 이탈리아어로는 Giovanni(조반니)다.

정리하면 다음과 같다.

| Yĕhoshua' | Yeshua' | Iēsous |
|---|---|---|
| 여호수아 | 여호수아(느 8:17) | 여호수아(행 7:45; 히 4:8) |
| | 예수아(대상 24:11; 대하 31:15; 스 4:3; 느 7:7) | 예수 |

## 개념의 혼동

마지막으로, 어떤 단어가 가리키는 개념을 제대로 이해하지 못하기 때문에, 성경에서 그 단어를 보고서 의미상의 혼동을 겪을 때가 있다. '지식'이 그 한 예다.

이성이냐 신앙이냐는 식의 말을 들을 때가 있다. 이성이 신앙에 방해가 되기 때문에 그 둘이 함께할 수 없다는 것이다. 이와 비슷하게, 지식을 신앙과 대치시키기도 한다. 구원받으려면 하나님을 알기보다 믿어야 한다는 결론과 함께 말이다. 그런데 이런 이해를 가지고 성경을 읽으면 당혹감을 느끼게 된다. 예를 들어, 요한복음 17:3에서 영생은 "예수 그리스도를 아는 것"이라는데, 어떻게 된 일인가.

사실, 성경은 지식의 중요성을 끊임없이 강조한다. 우선, 지식의 출처는 하나님이다(시 119:65; 롬 11:33). 그것은 하나님 경외와 성령 충만을 통해 주어기 때문에(잠 1:7; 출 31:3; 35:31), 하나님의 사람의 자질이 된다(신 1:13; 대하 1:10-12; 렘 3:15). 이 지식의 중심에는 "하나님을 아는 지식"이 있는데, 바로 이것을 버리는 사람은 하나님의 "제사장이 되지 못[한다]"(호 4:1, 6). 하나님은 "번제보다 하나님을 아는 것을 원하[시기]" 때문이다(호 6:6).

성경이 이처럼 지식을 중요하게 여기고 있는데도, 왜 지식을 믿음에 반대

또는 방해되는 것으로 보는 견해가 생겼을까? 이 문제의 본질을 파악하려면, 먼저 지식 또는 앎(아는 것)에 두 양상이 있다는 것을 알아야 한다.

앎에는 '누구에 대하여 아는 것'과 '누구를 아는 것'이 있다. 우선, '누구에 대하여 아는 것'은 일종의 간접적인 경험으로서, 다른 사람의 말이나 글을 통해 누군가에 대한 정보를 얻는 것을 뜻한다. 그러나 '누구를 아는 것'은 그 사람을 직접 만나 겪어보고서 아는 것을 의미하는데, 성경에서 말하는 지식이나 앎은 기본적으로 이 경우에 해당한다. 말하자면, '하나님을 아는 것'은 하나님에 대한 설명을 듣거나 읽음으로써 하나님에 대한 정보를 가지게 되는 것이 아니라, 하나님과의 언약 관계 속에서 그 언약의 내용인 말씀에 순종하여 살아감으로써 하나님을 알게 되는 것을 뜻한다. 이 때문에 "하나님과 그가 보내신 자 예수 그리스도를 아는 것"은 "영생"과 직결된다(요 17:3).

이상에서 보았듯이, 지식과 믿음은 서로 대립하는 개념이 아니다. 그런데 성경에는 오히려 열심이나 사랑이 지식과 대립하는 경우가 보인다. 먼저, 로마서 10:2-3(필자의 번역)에는 지식이 열심과 대치된다.

> 나는 그들에 대해, 그들이 하나님의 열심을 가졌지만 지식을[5] 따르지 않았다는 것을 증언합니다. 그들은 하나님의 의를 모르고 자기의 의를 세우고자 하여, 하나님의 의에 복종하지 않았습니다.

이 구절에 의하면, 열심보다 중요한 것은 '지식'이다. 달리 말해, 하나님을 제대로 알지 못한 채 열심을 낸다면, 그 열심은 하나님의 뜻을 따르기 위한 것이 아니라 자기 의를 세우기 위한 것이 된다.

---

**5** 우리말 성경은 의미의 흐름을 감안해서 "지식" 앞에 "올바른"을 덧붙였다.

다음, 아래 본문(고전 13:2, 필자의 번역)에서는 지식이 사랑과 대립 관계에 놓인다.

내가 예언을[6] 가지고 있고 모든 신비와 모든 지식을 알지라도, 그리고 내가 모든 믿음을 가지고 있어서 산들을 움직일지라도, 사랑을 가지고 있지 않으면 나는 아무것도 아닙니다.

흥미로운 점은, 이 본문에서 지식이 사랑의 반대편에 있지만 믿음과는 같은 쪽에 놓인다는 것이다(고후 8:7; 딛 1:1 참고). 그러면 본문이 말하는 것이 무엇인가? 믿음이나 지식은 필요 없고 사랑만 있으면 된다는 것인가? 그렇지 않다. 그리스도인에게 믿음과 지식은 중요한 덕목이다. 다만 본문은 그리스도인이 그런 덕목을 가지고 있다고 해도 그와 함께 사랑을 가지고 있지 않으면 아무것도 아닌 존재가 된다는 것을 말하고 있다. 즉, 사랑이 모든 것을 완전하게 만든다는 것이다. 그래서 베드로후서에는 "믿음에 덕을, 덕에 지식을", 그리고 그 모든 것에 "사랑을 더하라"라는 권면(1:5-7)이 보인다. 그런데 이 본문을 잘 살펴보면, 지식과 믿음이 그리스도인들에게 필요한 덕목으로 제시되면서, 지식이 오히려 믿음 위에 놓였다는 것을 알 수 있다.

이상의 관찰과 분석을 통해 지식의 의미에 대한 혼동의 이유 두 가지를 확인할 수 있었다. 첫째, 지식 또는 앎의 두 양상을 제대로 알지 못하고서, 그 의미를 정보 습득과 같은 것으로 이해했기 때문에 지식과 믿음의 관계에 대한 혼동이 일어나기 시작했다. 둘째, 성경의 용례를 충분히 파악하지 않았기 때문에 그 혼동이 굳어졌다. 말하자면, 성경에서 지식이 믿음과 나란히 놓일 뿐만 아니라 때로 믿음 위에 있는 것으로 제시되기도 하는데, 그런

---

6  우리말 성경은 문맥을 감안해서 이것을 "예언의 능력"으로 번역했다.

용례를 살피지 않았기 때문에 지식을 믿음과 반대되는 것으로 여기는 오해가 풀어지지 않았다.

이상의 단어 연구를 통해 또다시 확인할 수 있는 것이 있다. 그것은 단어의 의미를 찾는 과정에 성경에서의 용례를 충분히 파악하지 않으면 그 단어가 가리키는 개념에 대한 혼동은 언제나 일어날 수 있다는 점이다. 그러니 의미를 제대로 알고 싶다면, 용례 찾기를 잊지 말라!

# 8장. 은유

앞서 보았듯이, 언어는 여러 차원의 단위(단어, 문장, 담론)와 여러 겹의 의미(문자적 의미, 비문자적 의미, 화자의 의도, 문화적 함의)를 가진 입체적인 구조로 되어 있다. 그리고 이런 구조 속에서 단어의 의미가 맥락과의 상호작용을 통해 확정된다는 것을 보았다.

그런데 이 점 때문에 혼란스러워하는 사람들이 있다. 하나님의 말씀이 정확하고 영원하다면 그 말씀을 담은 성경 역시 단어의 차원에서 어떤 경우에서나 변함없고 정확한 하나의 의미를 가져야 한다고 생각하기 때문이다.

그렇지만 이미 밝혔듯이, 성경은 사람의 언어로 되어 있기 때문에 일반 언어의 특성을 공유한다. 따라서 성경을 대할 때는 언어의 특성을 염두에 두면서, 단어에만 눈길을 두지 말고 담론 차원의 시야를 확보하여 단어와 맥락을 함께 봐야 한다. 이런 점에서 주목해야 할 것이 은유 현상이다.

## 넘쳐나는 의미

우선, 앞서 본 다음 두 구절(필자의 번역)을 다시 비교해 보겠다.

(1) 예수께서 그에게 "여우도 굴이 있고 공중의 새도 둥지가 있지만, 사람의 아들은 머리를 둘 곳이 없다"고 말씀하셨다. (눅 9:58)

(2) 그들에게 "가서 그 여우에게 '보라. 오늘과 내일은 내가 귀신을 쫓아내며 치유를 하고, 셋째 날에는 완전해질 것이다'라고 말하라"고 말씀하셨다. (눅 13:32)

예문 (1)에서 여우는 말 그대로 짐승 여우를 가리킨다. 그러나 예문 (2)의 여우는 다르다. 짐승과는 말을 할 수 없으니, 이 문장의 '저 여우'는 짐승 여우일 수가 없다. 이것은 여우의 어떤 특징(영리함이나 교활함)을 보이는 사람을 가리키는 은유metaphor다. 맥락을 보면 그 사람이 헤롯 왕인 것을 알 수 있다.

이상의 두 경우는 언어가 현실을 가리키는 방식이 한 가지가 아니라는 것을 보여준다. 때로는 말 그대로, 즉 문자적인 차원에서 현실을 가리키고, 때로는 문자적 의미에서 파생된 이차적 또는 비문자적 의미를 통해 현실을 가리키는 것이다. 특히 본문으로부터 오늘날의 삶의 자리를 향한 이차적 의미를 찾아야 하는 성서 해석에서 이 사실은 아주 중요한 의미를 지닌다.

비문자적 의미의 속성을 이해하기 위해 먼저 알아두어야 할 것이 있다. 문장의 의미는 문장 안에 포함된 단어의 의미의 합보다 더 많을 수 있다는 사실이다. 이 현상에 결정적으로 작용하는 요인이 '맥락'이다.

앞 장에서는 맥락의 중요한 기능, 즉 단어의 여러 의미 중 하나를 확정시키는 것을 살펴보았다. 맥락에는 또 다른 기능이 있는데, 바로 리쾨르가 "의미 잉여"surplus of significance라고 부른 현상을 일으키는 것이다.[1] 의미 잉여란 의미가 넘친다는 뜻인데, 어떤 표현이 실제로 의미하는 것이 그 표현의 문자적

---

**1** Paul Ricoeur, 김윤석·조현범 옮김, 『해석 이론』(서울: 서광사, 1998), 101-2. 번역서에서는 "의미 작용의 과잉"이라고 옮겼다.

의미인 어의를 넘어 어의의 내용보다 더 많아지는 경우를 일컫는 말이다.

이 책의 5장에서 우리는 '배고프다'라는 표현의 두 경우, 즉 어린아이가 집에 들어오면서 "엄마, 배고파요"라고 말하는 경우와 직장에서 점심시간이 되어 "팀장님, 배고파요"라고 말하는 경우를 보았다. 그런데 같은 표현이 또 다른 상황에서 사용된다면 어떤 뜻을 띠게 될까? 말하자면, 어떤 축구 감독이 "나는 아직도 배고프다"라고 말했다면?

앞의 두 경우에는 그 표현의 어의를 넘어가는 의도가 담겨 있다. 말하자면 '배가 고프니, 먹을 것을 달라'거나 '배가 고프니, 식사하자'라는 것이다. 그런데 마지막 경우는 배고픔이 실제 배고픔보다는 '승리에의 굶주림'이라는 다른 차원의 배고픔을 의미한다. 배고픔이 비문자적인 의미를 띠게 된 것이다.

이상에서 관찰한 것을 검토해 보면 의미 잉여에 두 양상이 있다는 것을 알게 된다. 하나는 어떤 표현에 원래 의미의 '범위'를 넘어가는 의도가 담기는 경우이고, 다른 하나는 어떤 표현의 의미가 원래 의미의 '차원'을 넘어 은유화하는 경우다. 이 중 해석학에서 큰 관심을 기울여 온 것은 둘째 양상이다.


## 어떤 것을 다른 것으로

은유란 간단히 말해, 어떤 것을 다른 것으로 표현하는 것이다. 예를 들어, 영리하거나 교활한 사람을 짐승인 '여우'로, 탁자를 떠받치는 기둥을 신체의 한 부분인 '다리'로 표현하는 것이다. 이것은 어의와 지시 내용이 다른 또 하나의 경우다. 그런데 은유에는 앞에서 본 샛별이나 개밥바라기의 경우와 다른 점이 있다. 샛별의 지시 내용은 문자적인 것인 반면, 은유적 표현의 지시 내용은 비문자적이다.

그런데 이런 은유의 특성 때문에 오해가 생겼다. 은유를 단지 어떤 단어를 다른 것으로 대체하는 현상으로 보게 된 것이다. 대체설substitution theory이라 불리는 이 이론은 은유를 기본적으로 단어 차원의 문제로 여기면서, 대체하는 단어와 대체되는 단어가 같은 의미를 지녔다고 본다. 예를 들어, '그 사람은 교활하다'라는 문자적 표현에서 '교활하다'라는 형용사 대신에 같은 뜻을 가진 '여우'를 넣어 '그 사람은 여우다'라는 표현을 만들었다고 보는 것이다. 그러나 은유의 특징을 자세히 들여다보면 이러한 견해가 잘못되었다는 것을 알게 된다.

첫째, 은유는 단어 차원의 현상이 아니다. 여우라는 단어는 원래 짐승의 한 종류를 가리킨다. 그런데 그 단어가 '그 사람은 여우다'와 같은 맥락에 들어가면 짐승이 아니라 사람을 의미하게 된다. 이 의미는 단어 자체에 내재되어 있는 것이라기보다 단어가 어떤 맥락에 놓일 때 생기는 것이다.[2]

은유적 의미가 특정한 맥락에서 생기는 과정을 이해하는 데에 도움이 되는 것이 영국 출신의 미국 철학자 맥스 블랙Max Black이 제시한 "초점"focus과 "틀"frame이라는 개념이다.[3] 예를 들어, '그 아이는 여우다'라는 은유적 표현의 초점은 '여우'이며, 그 나머지 부분인 '그 아이는…다'는 틀이다. 이것을 액자를 씌운 그림에 비유한다면 다음과 같다. 우선, 초점은 그림에 해당하고, 틀은 말 그대로 그림의 틀, 즉 액자에 해당한다. 그렇다면 '그 아이는 여우다'라는 문장은 여우 그림에 '그 아이'라는 제목이 붙은 액자를 씌운 것과

---

**2** 이 견해에 대해서는 다음을 참고할 것: Monroe C. Beardsley, *Aesthetics: Problems in the Philosophy of Criticism* (New York: Harcourt, Brace & World, 1958); Max Black, *Models and Metaphors: Studies in Language and Philosophy* (Ithaca: Cornell University Press, 1962); Paul Ricoeur, *The Rule of Metaphor: Multi-disciplinary Studies of the Creation of Meaning in Language*, trans. Robert Czerny (Toronto: University of Toronto Press, 1977).

**3** Black, *Models and Metaphors*, 28.

같다. 이 경우 여우 그림은 어떤 아이의
여우 같은 면을 폭로하는 의미를 띤다.

둘째, 은유적 의미에는 문자적 표현으
로 대체할 수 없는 무엇인가가 있다. 이
점을 이해하기 위해서는 다음 두 문장의
차이에 주목할 필요가 있다.

그 아이

(3) 그 아이는 천재다.

(4) 그 아이는 여우다.

두 문장이 문법 구조로는 같지만, 의미로는 아주 다르다. 예문 (3)에서는 '그
아이'와 '천재'가 같은 범주(사람)에 속한 것이어서 의미상으로 아무 문제가
생기지 않는다. 그러나 예문 (4)에서는 '그 아이'의 범주(사람)와 '여우'의 범
주(짐승)가 서로 다르다. 그래서 이 둘 사이에 리쾨르가 "범주 위반"categorical
transgression이라고 부른 의미 충돌이 일어난다.[4] 흥미로운 점은 이 위반 또는
충돌이 무지나 부주의에서 온 것이 아니라 의도적인 것이며, 바로 이 의도
적인 위반 때문에 '여우'라는 단어에 여우의 특징(교활함)과 관련된 새로운
의미가 생긴다는 사실이다.

은유를 통해 새로운 의미가 생기는 과정은 다음과 같다.

첫째, '그 아이는 여우다'라는 은유에서는 여우와 사람이 동일시되어 초
점의 범주(여우)와 틀의 범주(사람) 사이에 충돌이 일어난다. 이 때문에 은

---

4 Ricoeur, *The Rule of Metaphor*, 21-22. 호주의 철학자 터베인(Colin M. Turbayne)은 그것
을 "범주 혼동"(category confusion)과 "범주 융합"(category fusion)이라는 대조적인 개념을
사용하여 설명했다. 이에 대해서는 다음을 참고할 것: Colin Murray Turbayne, *The Myth of
Metaphor* (New Haven: Yale University Press, 1962), 22 이하.

유 전체가 의미적 긴장semantic tension에 휩싸인다.

둘째, 이 긴장을 해소하기 위해 먼저 초점의 범주가 재조정된다. 초점이 틀 안에 있어서 초점의 범주(여우)가 틀의 범주(사람) 안으로 들어가게 되는 것이다. 그 결과 '여우'는 사람의 한 종류를 가리키는 표현이 된다.

셋째, 초점의 범주가 재조정되면 초점(사람의 한 종류인 여우)은 언어로서의 한계에 도달하게 된다. 미국 철학자 헤스터Marcus B. Hester의 용어를 빌리자면, 이때 초점은 "언어적 아이콘"verbal icon이 된다.[5] '여우'가 여우를 가리키는 단어에서 여우의 상image과 같은 것, 즉 여우의 특성을 띠는 어떤 사람을 가리키는 아이콘과 같은 것으로 바뀌는 것이다. 컴퓨터로 말하자면, 화면에 여우 모양의 아이콘을 만들어 놓고 그것을 클릭할 때 어떤 사람의 폴더로 들어가도록 해 놓은 셈이다.

넷째, 초점인 단어가 아이콘과 같은 것으로 바뀌면 그 단어에 의미의 공백이 생긴다. '여우'라는 말이 그림 같은 것으로 바뀌면서 그 말에 담긴, '개과의 한 종류인 동물'이라는 의미가 사라지기 때문이다. 그런데 이 공백은 은유를 사용하는 공동체의 문화적 전이해를 통해 메워진다. 달리 말하자면, '여우'의 문자적 의미(짐승 여우) 대신에 문화적 함의(여우의 교활함)가 그 공백을 채우게 되는 것이다.[6] 이 과정을 미국의 언어학자 레이코프George Lakoff와 철학자 존슨Mark Johnson의 용어로 간단히 설명하자면, 여우라는 단어에서 짐승이라는 문자적 의미를 "은폐"hiding하고 교활함이라는 문화적 함의를 "부각"highlighting함으로써[7] 새로운 의미가 생겨난다.

---

5  Marcus B. Hester, *The Meaning of Poetic Metaphor* (The Hague: Mouton & Co., 1967), 114–92.

6  블랙은 문화적 함의가 의미의 공백을 메우는 과정을 "일상적인 것들의 상호 관련 체계"(the system of associated commonplaces)라는 관점에서 설명했다. 다음을 참고할 것: Black, *Models and Metaphors*, 40.

7  George Lakoff and Mark Johnson, 노양진·나익주 옮김, 『삶으로서의 은유』, 수정판 (서울:

다섯째, 이상과 같은 긴장 해소의 결과로 여우는 마침내 '여우같이 교활한 사람' 정도의 의미를 가진다. 한 단어에 '여우같이'와 '교활한'과 '사람'이라는 세 의미 요소가 들어가 있는 셈인데, 이 중 '사람'은 범주 조정의 결과이고, '여우같이'는 아이콘화의 결과이며, '교활한'은 공동체의 전이해에 근거해서 새롭게 부여된 문화적 의미다.

바로 위에서 여우같이 교활한 사람 '정도'의 의미를 가진다고 말한 것은, 은유적 의미에 문자적 표현으로 정확히 옮길 수 없는 무엇인가가 있기 때문이다. 문자적 표현은 언어 자체로 그 의미를 드러내지만, 은유는 언어와 관련된 상과 문화적 전이해를 통해 그 의미를 간접적으로 전달한다. 따라서 은유적 의미를 문자적 표현으로 정확하게 번역하는 것은 불가능하다. 바로 이 점 때문에 문자적 표현과 은유적 표현은 서로 대체 또는 대신할 수 없다.

## 우리 주위에 널려 있는 은유

은유를 어떤 표현 '대신에' 다른 표현을 사용하는 것으로 여기는 오해는 또다른 오해를 낳았다. 은유를 일반적인 표현 대신에 사용하는 '특별한' 표현으로 보게 된 것이다. 말하자면, 수사학적 기교나 문학적 장식이 주는 특별한 효과를 위해 '교활하다'라는 일반적인 표현 대신 '여우'라는 단어를 사용하는 것으로 간주하게 된 것이다. 그러나 실제 언어 사용을 살펴보면 은유가 일상의 언어에서부터 전문 용어에 이르기까지 우리의 언어에 자주 나타나는, 매우 일반적이고 보편적인 현상임을 알 수 있다.

일상 표현을 예로 들면, 사람들은 강이 바다를 만나는 지점을 '하구'(河

박이정, 2006), 31-36.

口, river mouth)라고 한다. 마치 강河에도 입口이 있는 것처럼 말이다. 눈으로 볼 수 없고 손으로 만질 수 없는 기회나 시간을 가리켜 '기회를 붙잡았다'라고 하고, 자원을 쓰듯이 '시간을 허

비했다'라고 하는 것도 은유다. 그뿐만 아니라, 소리를 시각적으로 표현하여 '화려한 화음'이라고 하는 것도 은유며, 잠에도 맛이 있는 것처럼 '잠을 달게 잤다'라고 하거나 평가의 정도에도 높낮이가 있는 것처럼 '높이 평가한다'라고 하거나 기억에도 색깔이 있는 것처럼 '까맣게 잊었다'라고 하는 것도 은유다.

최근의 예를 들면, 속거나 사기당한 것을 가리켜 '낚였다'라고 하고, 그 사기를 위해 사용되는 것을 '떡밥'이라고 한다. 사기를 낚시에 빗댄 말인데 이 역시 은유다. 이와 비슷한 말로 요즘 자주 사람들 입에 오르내리는 보이스 피싱voice phishing을 들 수 있다.[8] 이 표현의 문자적 의미는 '음성 낚시'지만, 그 것이 실제로 가리키는 것은 전화 사기다. 우리 일상 언어에는 이런 은유적 표현이 가득하다.

그뿐만 아니라 은유는 전문 용어로서도 자주 사용된다. 특히 컴퓨터 용어는 은유로 넘처난다. 컴퓨터 용어 중 가장 기본적이라고 할 수 있는 '파일'file과 '폴더'folder는 사무 용어에서 온 것으로서, 원래 파일은 한 건의 서류를, 그리고 폴더는 두꺼운 종이를 접어 그 사이에 여러 파일을 보관하도록 한 것을 가리키는 말이다. 그리고 파일과 폴더는 모니터 화면에 '아이콘'icon으로 표시한다. 아이콘은 원래 인물의 초상이나 조각상을 가리키는 말이다. 이 초상이나 조각상이 어떤 사람을 가리키듯이 컴퓨터의 아이콘도 컴퓨터

---

**8** phishing은 fishing의 변형이다. phone과 fishing이 합성된 형태로 볼 수 있다.

의 가상공간에 있는 어떤 파일이나 폴더를 가리키도록 한 것이다. 이 외에
도 '망상조직'을 가리키는 영어 단어 network 앞에 '가운데'나 '서로'를 뜻
하는 접두사 inter를 붙여 만든 '인터넷'internet, 이 전자통신망을 통해 배달
되는 우편인 '전자우편'electronic mail 또는 '이메일'email, 이런 배달에 사용되는
주소인 '인터넷 규약주소'internet protocol address 등도 모두 은유다.

경제학 용어인 '검은 백조 사
건'black swan event은 전혀 예상하지
못한 가운데 일어난 일이 경제에
큰 영향을 끼치는 것을 뜻하는 표
현이다.[9] 이것은 17세기에 네덜
란드의 한 탐험가가 호주에서 검

은 백조를 발견하는 바람에, 검은 백조가 존재하지 않는다는 오래된 생각이
뒤집힌 것을 그 배경으로 한다. 천체물리학 용어인 '사건의 지평'event horizon
은 강한 중력장 때문에 빛조차도 빠져나가지 못해 그 속이 전혀 보이지 않
는 블랙홀의 경계를 가리키는 용어다. 지평선horizon 너머에 무엇이 있는지
를 볼 수 없듯이 블랙홀의 경계 안쪽에서 무슨 일이 일어나는지 볼 수 없기
때문에, 그 경계를 '사건의 지평'이라고 부른 것이다. 가다머가 말한 "지평의
융합"fusion of horizons도 같은 개념에 기초한 것이다.[10] 이 용어에서 지평horizon
은 인식이나 이해의 범위를 말하며 지평의 융합은 저자와 독자 사이에 인식
이나 이해가 공유된다는 것을 의미한다. 이상의 모든 정교한 표현도 은유의
원리를 통해 만들어졌다.

---

**9**    이 용어는 레바논 출신의 경영학자 탈레브가 고안했다. 다음을 볼 것: Nassim Nicholas
         Taleb, 차익종 옮김, 『블랙스완』 (파주: 동녘사이언스, 2007).
**10**   Hans George Gadamer, 임홍배 옮김, 『진리와 방법』 (서울: 문학동네, 2000), 187, 193.

성경에서도 은유는 자주 보인다. 예를 들어, 크게 낙심했다는 뜻으로 "마음이 녹아"(수 7:5)라고 한 것이나, 시간이 빨리 간다는 뜻으로 "우리가 날아가나이다"(시 90:10)라고 한 것, 그리고 이미 언급했지만 교활한 사람이라는 뜻에서 헤롯 왕을 "저 여우"(눅 13:32)라고 말한 것도 은유다.

특히 하나님의 정체성, 교회의 정체성, 하나님과 교회의 관계 등과 같은 성경의 핵심 개념을 제시하는 데도 은유는 중심적인 표현 수단이 된다. 구약에서 이스라엘 백성이 자신과 하나님의 관계를 "진흙"과 "토기장이"(사 64:8)로 표현한 것도 그렇고, 신약에서 예수께서 자신을 "생명의 떡"(요 6:35)으로, 하나님을 "농부"(요 15:1)로, 성령을 "생수의 강"(요 7:38)으로, 제자를 "세상의 소금"(마 5:13)으로 표현한 것도 그렇다.


## 은유, 새로운 현실의 표현

앞서 살펴본 은유에 대한 오해들은 가장 심각한 또 다른 오해를 일으켰다. 말하자면, 여우가 아닌 것을 '여우'라 부르는 데다 그런 표현을 장식적인 표현 정도로 생각하니, 은유를 현실과 동떨어진 표현으로 보는 것이다. 다시 말하면, 문자적 표현을 현실성 있는 것으로, 은유적 표현을 비현실적인 것으로 간주하게 된 것이다.

그러나 은유는 정규적인 것을 대신하는 일시적인 표현도 아니고, 현실과 동떨어진 표현도 아니다. 문자적 표현과는 다른 방법으로 현실을 가리키는 표현일 뿐이다. 은유는 아래에 제시되어 있듯이, 구체적인 대상을 가리키는 문자적 표현이 없는 경우와 직접적인 인식이 불가능한 추상적 개념처럼 문자적 표현이 불가능한 경우에 자주 사용된다.

우선, 눈에 보이고 손으로 만질 수 있는 대상을 은유로 표현하는 경우가 있다. 그 예로 이미 언급한 탁자의 '다리'와 '하구'(강의 입)를 들 수 있다. 이 경우 '다리'와 '입'에 해당하는 문자적 표현은 없다.

다음, 사람의 내적 활동이나 상태를 표현할 때는 기본적으로 '사랑하다', '기쁘다', '슬프다'와 같은 문자적인 표현을 사용한다. 그러나 그런 활동이나 상태의 특정한 양상을 표현할 때는 주로 은유적인 표현을 사용한다. 예를 들어, 사랑에도 농도가 있는 것처럼 '진한 사랑'이라고 하며, 기쁨이나 슬픔에도 크기나 깊이가 있는 것처럼 '큰 기쁨' 또는 '깊은 슬픔'이라고 하는 것이다. 또한 감각에 대한 표현에서도 은유가 자주 사용된다. 소리를 색이나 촉감으로 표현하여 '화려한 화음'이나 '부드러운 목소리'라고 하고, 냄새를 맛이나 촉감으로 표현하여 '달콤한 향'이나 '부드러운 향'이라고 하는 것이다. 이런 은유적 표현에 대응하는 문자적 표현을 찾기는 어렵다.

마지막으로, 시간과 같이 직접적인 인식이 불가능한 것은 문자적으로 표현할 수 없다. 공간과 달리, 볼 수도, 들을 수도, 만질 수도 없기 때문이다. 그래서 시간의 경과를 가리킬 때는 공간 언어에 근거한 은유적 표현을 사용하게 된다. 예를 들어, '크리스마스가 다가온다', '어두운 시절은 지나갔다'와 같은 표현에서는 원래 물체의 이동을 가리키는 동사인 '다가오다'나 '지나가다'가 은유적으로 사용되어 시간의 경과를 가리키고 있다. 영적인 차원을 가리키는 경우도 마찬가지다. 하나님을 '아버지', '목자', '토기장이' 등과 같은 사람으로 표현하는 것과 하나님의 존재 차원을 '하늘'로 표현하는 것은 모두 은유다. 이처럼 직접적인 인식이 불가능한 경우는 은유로 표현하는 것 외에 다른 방법이 없다.

정리하자면, 우리가 현실을 인식하고 표현할 때 문자적 표현이 주된 방법인 경우도 있고, 은유적 표현이 주된 방법인 경우도 있다. 그런데 직접적인 인식이 불가능한 차원을 인식하고 표현할 때는 은유가 유일하면서도 효과적인 방법이 된다.

## 은유, 직유, 알레고리

은유의 사촌과도 같은 것 두 가지가 있다. 하나는 직유simile고 다른 하나는 알레고리allegory다. 이 둘의 특성을 파악하기 위해 다음 몇 문장을 비교해 보겠다.

(5) 그 아이가 민수에게 말을 걸었다.

(6) 그 여우가 민수에게 말을 걸었다.

(7) 그 여우 같은 아이가 민수에게 말을 걸었다.

(8) 그 여우가 까마귀에게 말을 걸었다.

이미 알고 있듯이, 예문 (5)는 문자적 표현이고 예문 (6)은 은유다. 예문 (7)은 은유와 비슷하게 보이는 직유인데, 은유에서 일어나는 범주 충돌이 없다는 점에서 다르다. 이 문장에 있는 '같은'이라는 말 자체가 '아니다'라는 뜻을 내포하고 있어서 '여우'와 '사람' 사이의 범주 위반을 막는다. 이 때문에 직유는 문자적인 표현으로 간주된다. 마지막 문장은 알레고리다. 알레고리와 은유의 차이는 분명해 보인다. 은유에서는 초점이라고 불리는 주요소term 하나('여우')만 은유적 의미를 띠는데, 알레고리에서는 주요소 모두('여우'와 '까마귀')가 은유적 의미를 띤다. 그래서 알레고리는 종종 '확장된 은유'extended metaphor라고 불린다. 은유성의 정도나 범위가 더 커졌다는 뜻이다.

이상의 설명을 정리하면 직유, 은유, 알레고리의 근본적인 차이는 은유성의 정도에 있다. 은유를 가운데 두고 은유성이 약화되는 쪽에 직유가, 그 반대쪽에 알레고리가 놓이게 되는 것이다. 이 점을 염두에 두고 은유, 직유, 알레고리를 다시 살펴보면 다음과 같은 결과를 얻게 된다. 은유성의 정도를 기준으로 하면 직유가 문자적인 쪽에, 은유와 알레고리가 비문자적 또는 은유적인 쪽에 놓인다.

그런데 현실성이라는 점에서는, 직유와 은유가 현실적인 쪽에, 알레고리가 비현실적인 쪽에 놓인다. 이 점을 설명하자면 다음과 같다. 직유는 문자적 표현이기 때문에 그 내용이 투명하게 보인다. 예를 들어, '그 여우 같은 아이가 내 동생에게 말을 걸었다'에서는 '그…아이'와 '내 동생에게 말을 걸었다'라는 문자적 표현을 통해 이 문장의 구체적인 정황이 드러난다. '여우'가 어떤 사람을 가리킨다는 것, 그리고 그 사람이 '내 동생에게 말을 걸었다'라는 것을 알 수 있다. 이런 점에서는 은유적 표현인 '그 여우가 내 동생에게 말을 걸었다'도 마찬가지다. 그러나 '그 여우가 까마귀에게 말을 걸었다'라는 표현에서는 누군가가 누군가에게 '말을 걸었다'라는 것은 알 수 있지만, '여우'와 '까마귀'가 구체적으로 누구인지를 알 수 없다. 간단히 말해, 주요소가 모두 비문자적인 알레고리는 그 내용을 바로 들여다볼 수 없다.

따라서 알레고리에는 해석의 문제가 잠재되어 있다. 주요소가 분명하지 않기 때문에 그 해석이 귀에 걸면 귀걸이, 코에 걸면 코걸이 식으로 되기 쉬운 것이다. 그래서 알레고리를 제대로 이해하려면 그 해석의 실마리라도 얻어야 한다. 이 점은 나중에 다시 다룰 것이다.


## 은유와 현실 보기

은유성의 확장은 허구성의 확장이기도 하다. 알레고리를 확장된 은유로 부르는 것은 위에서 언급한 대로 알레고리의 모든 주요소가 은유적인 의미를 띠기 때문이다. 이 때문에 알레고리에는 허구의 세계가 펼쳐진다. 여우가 까마귀와 대화를 하고 두루미와 식사를 하는 세계 말이다.

그런데 허구fiction에 대해 알아두어야 할 중요한 사실 한 가지가 있다. 허구는 위조fabrication와 다르다. 위조는 일어났는데도 일어나지 않았다고 하거나, 일어나지 않았는데도 일어났다고 하는 것이다. 그러나 허구는 일어나지 않았다는 것을 전제로 할 뿐이다.

은유는 부분적인 허구를 이용하여 현실을 표현하는 비유법이다. '그 여우가 민수에게 말을 걸었다'를 다시 보면, 초점(그 여우)은 허구이지만 문자적 의미를 지니는 틀(내 친구에게 말을 걸었다) 안에 있다. 그래서 실제로 여우가 아니라 사람을 가리킨다는 점이 분명해진다. 따라서 은유 전체는 '여우를 생각나게 하는 누군가가 민수에게 말을 걸었다'라는 의미가 유지되어 사실적인 차원에 머무른다. 부분적인 허구가 있지만 현실성을 가진 전체 문장 속에서 그 허구성이 해소되는 것이다. 담론의 투명성이라는 관점에서 말하자면, 불투명한 부분이 한 군데 있지만 투명한 전체의 맥락 속에서 그 불투명함이 큰 문제를 일으키지 않는다.

그러나 알레고리에서는 모든 주요소가 비문자적인 의미를 지니기 때문에 문장 전체가 불투명하게 된다. 그 결과 알레고리에서는 현실과는 다른 허구의 세계가 펼쳐진다. 여우와 까마귀와 두루미가 등장하는 이솝우화에서처럼 판타지의 세계가 열리는 것이다.

논리학의 관점에서 본다면, 은유와 알레고리의 차이는 명제인가 아닌가의 차이이다. 논리학에서는 어떤 문장이 현실에 부합하는가에 따라 참true이나 거짓false과 같은 진리값truth value을 매긴다. 이렇게 진리값을 매길 수 있는 문장을 명제proposition라고 한다. 이 점에 대한 이해를 위해 다음 세 문장을 살펴보겠다.

(9) 그 아이가 민수에게 말을 걸었다.

(10) 그 여우가 민수에게 말을 걸었다.

(11) 그 여우가 까마귀에게 말을 걸었다.

이 중 문자적 표현인 예문 (9)의 경우, 실제로 '그 아이'가 민수에게 말을 걸었다면 그 문장은 참이고 그렇지 않으면 거짓이다. 알레고리인 예문 (11)은 항상 거짓이다. 여우와 까마귀가 대화하는 일은 현실에서 절대로 일어나지 않기 때문이다. 문제가 되는 것은 은유인 예문 (10)이다. 누군가가 민수에게 말을 걸었다는 것은 사실일 수 있다. 그러나 여우가 말을 걸었다는 것은 거짓이다. 그래서 문장 전체로는 참인지 거짓인지 가리기가 힘든 경우가 된다. 이 때문에 논리학에서 은유는 가명제pseudo-proposition로 분류된다. 명제와 비슷해 보이지만 명제처럼 참과 거짓을 가릴 수 없는 문장이라는 뜻이다.

이상의 설명을 정리하면 다음과 같다. 논리학은 어떤 문장이 문자적 차원에서 현실과 일치하는지를 본다. 그런데 은유와 알레고리는 비문자적인 의미를 포함하고 있다. 이 중 비문자적인 의미로만 이루어지는 알레고리는 거짓 명제로 판단하고, 문자적 의미와 비문자적 의미가 섞인 은유는 진리값을 매길 수 없는 가명제로 분류한다.

논리학이 이처럼 은유를 가명제로 봄으로써 정상에서 벗어난 것으로 간주한 것은 언어와 현실의 관계를 문장 차원에서만 보았기 때문이다. 그러나 위에서 설명했듯이, 담론 차원에서 언어는 여러 가지 방법으로 현실을 가리킨다. 문자적 표현을 통해서 가리킬 수도 있고, 은유를 통해서 가리킬 수도 있다. 말하자면 은유에 내재한 현실성의 문제는 현실을 '제대로' 가리키는가의 문제가 아니라 현실을 '어떻게' 가리키는가의 문제다.

그렇기 때문에 은유적인 표현에도 진리값을 매길 수 있다. '그 여우가 민수에게 말을 걸었다'에서 누군가 민수에게 말을 걸었고 그 누군가가 여우 같은 사람이라면 이 문장은 참이 되고, 민수에게 말을 건 사람이 여우 같은 사람이 아니거나 누군가가 민수에게 말을 건 일이 없었다면 거짓이 된다. 이처럼 참(진실)에는 논리학에서 말하는 문자적 차원의 참도 있지만, 해석학에서 말하는 "은유적 참(진실)"metaphorical truth 도 있다.[11]

그런데 알레고리는 은유와 같지 않다. 이론적으로야 '그 여우가 까마귀에게 말을 걸었다'에 해당하는 어떤 현실이 있다면 참이고 그렇지 않으면 거짓이다. 그러나 알레고리가 가리키는 현실이 무엇인지를 그 자체로는 알 수 없다는 것이 문제다. 원래 알레고리라는 것은 문자적 차원에서 형성되는 비현실적 세계를 통해 현실 세계를 그려내는 방법이라서 스테인드글라스로 된 불투명한 창과 같다. 그래서 창 너머의 현실을 볼 수 없게 만든다. 다시 말해, 스테인드글라스 창의 그림이 그 너머의 현실과 닮았는지 아닌지를 알 수 없다. 이 때문에 알레고리의 해석에는 제한이 따른다.


## 옛것과 새것

은유는 이 책의 2장에서 본 상상과 닮은 데가 있다. 상상이 기억을 새롭게 조합함으로써 일어나는 것처럼, 은유적 의미도 기존의 언어 체계에 새로운 질서를 부여함으로써 생기기 때문이다. 간단히 말해, 은유는 관습convention을 이용하여 창안invention을 하는 과정이다. 앞에서 은유를 통해 새로운 의미가 생기는 과정을 파악했는데, 그 과정에 관습이 어떻게 작용하는지를 보면 다음과 같다.

우선, 은유는 기존의 언어 관습에 새로운 질서를 부여하는 것으로부터 출

---

**11** Ricoeur, *The Rule of Metaphor*, 224, 232, 255.

발한다. 예를 들어, '그 사람은 여우다'라는 은유는 기존의 두 범주('사람'과 '여우')를 새롭게 연결하는 것으로 이루어진다. 다음, 이 연결 때문에 두 범주가 충돌해서 의미상의 긴장이 일어나고, 이 긴장 때문에 여우라는 단어가 그림 같은 것으로 바뀐다. 이때 그 단어에 의미의 공백이 생긴다. 그런데 이 공백은 그 단어가 가리키는 짐승에 대해 공동체가 가지고 있는 문화적 전이해, 즉 여우를 교활한 짐승으로 이해하는 것을 통해 메워진다. 마지막으로, 여우라는 단어를 사람에 대해 사용하는 새로운 어법을 공동체가 받아들이면, 이 어법은 공동체의 또 다른 언어 관습이 된다. 이 과정 전체를 요약하면, 은유는 기존의 언어 관습에 새로운 질서를 부여함으로써 시작되며 문화적 전이해를 통해 완성되는데, 이때 공동체가 이 새로운 어법을 받아들이면 또 다른 관습이 된다.

이상의 과정에서 가장 중요한 것은 범주 위반을 통해 일어나는 의미의 긴장이며, 이 긴장은 은유의 생명과도 같은 것이다. 그런데 이것은 문자적 의미가 살아 있을 때 일어난다. 예를 들어, "가서 그 여우에게…말하라"(눅 13:32)에서 "여우"와 "말하라"의 의미가 각각 문자 그대로 '짐승 여우'와 '(사람이) 말하는 것'을 가리킬 때, 짐승과 사람 사이의 범주 위반이 일어나면서 의미의 긴장이 생기는 것이다. 그렇지만 이런 과정을 거쳐 만들어진 은유가 공동체에 받아들여지면 은유 특유의 의미적 긴장이 사라지기 시작한다. '여우'의 은유적 용법이 일종의 관용어구idiom가 되어 여우의 은유적 의미가 마치 문자적 의미처럼 인식되는 것이다. 그 결과 '여우'의 은유적 의미가 문자적 의미에 준하는 것이 되어 사전에도 실리게 된다. 이런 은유를 사은유dead metaphor, 즉 '죽은 은유'라고 부른다. 은유의 생명인 의미의 긴장이 죽었다는 뜻이다.

그러나 사은유도 여전히 은유다. 사은유의 의미가 사전에 실릴 정도로 일반화되었어도, 그 의미가 근본적으로 특정한 맥락에서 생기는 이차적 의미라는 사실은 변함없다. 그렇기 때문에 사은유에서 은유성이 다시 살아나는 경우도 있다. 죽은 것처럼 보여도 어떤 조건이 되면 다시 활동하게 되는 휴화산처럼 말이다. 그 좋은 예로, "책상과 의자 외에 다리 네 개 달린 것은 다 먹을 수 있다"라는 중국 속담이 있다. 이 속담에서 '다리'는 한쪽으로 책상과 의자에, 다른 쪽으로 먹을 것에 연결된다. 책상과 연결된 다리, 즉 책상다리의 '다리'는 사은유다. 그러나 이 다리가 먹을 것인 동물과 연결되면서 다리의 문자성이 되살아난다. 이때 책상(물건)과 다리(동물) 사이에 범주 충돌이 일어나면서 죽은 은유가 되살아난다. 기억의 관점에서 말하자면, 다리의 문자적 의미에 대한 기억 때문에 은유적 상상이 다시 일어나는 것이다.

이상에서 보았듯이 은유를 통해 관습이 창안으로 이어진다는 점을 이해하면, 사람들이 어떤 방식으로 새로운 현실에 대처하는지를 알게 된다. 사람들은 새로운 것을 대하게 될 때, 그것을 표현하기 위해 새로운 단어를 만들기보다는 기존의 단어를 재활용하는 쪽을 선택한다. 예를 들어, 컴퓨터에 관한 용어를 만들 때 기존의 사무 용어('파일'과 '폴더'), 우편 용어('메일'과 '주소') 등을 사용하는 것이다. 다시 말하자면, 사람들은 새로운 현실을 표현하기 위해 새 단어를 만들어 단어의 '수를 늘리기'보다는 옛 단어를 사용하면서 단어의 '의미를 확장'하는 쪽을 주로 선택한다. 파일이 사무용품을 가리킬 수도 있고, 컴퓨터의 기능을 가리킬 수도 있도록 말이다. 이 경우 한 단어가 여러 의미를 가지게 된다는 문제가 생기지만, 이 문제는 4장에서 밝힌 것처럼 맥락 속에서 해결된다.

사람들이 새로운 현실 앞에서 단어의 의미를 확장하는 쪽을 택하는 것은 단순히 어휘의 수를 기억하기 좋은 정도로 제한하려는 실용적인 이유 때문이 아니다. 여기에는 은유가 사람의 현실 인식에 대해서, 그리고 역사의 변화와 연속에 대해서도, 어떻게 관여하는지에 관한 원리가 숨어 있다.

은유는 옛것과 새것 사이의 연속성을 포착한다. 사실, 아무리 강산이 변하고 세상이 급격히 달라져도 과거와의 유사성은 남는다. 이 때문에 '역사적 교훈'이란 것이 가능하다. 과거의 일이 과거의 일로만 끝나지 않고, 현재나 미래를 이해하는 데 빛을 던져 준다는 말이다. 그래서 사람들은 역사책을 읽는다. 은유는 과거와 현재 사이의 이런 연속성

을 포착하는 방법이다. 사람의 현실 인식 방법이 은유적이라는 말의[12] 의미가 바로 이것이다. 예를 들어, 컴퓨터가 나타났을 때 컴퓨터 용어를 따로 만들기보다는 이미 있는 사무 용어('파일'과 '폴더')를 재활용한 것은 옛것(사무 체계)의 빛 속에서 새것(전산 체계)을 보았다는 뜻이 된다. 보관 또는 저장 매체라는 관점에서 사무용품과 컴퓨터를 연결한 것이다.

그래서 은유에는 범주의 개편이 수반된다. 새로운 것이 나타나면 그것을 분류하는 새로운 범주 체계가 필요한데, 위에서 설명했듯이 은유는 기존의 범주의 범위를 넘어 서로 다른 두 가지를 연결한다. 다시 파일과 폴더를 예로 들면, 이 둘은 원래 사무 체계의 범주에 속한 단어였는데, 컴퓨터가 만들어진 이후에는 사무 체계와 전산 체계라는 두 범주에 동시에 속하게 되었다. 저장 매체라는 점에서 서로 다른 둘이 한 범주에 속하게 되면서, 그 둘을 연결하는 새로운 범주 관계, 즉 기존 범주의 경계를 넘어 옛것과 새것을 연결하는 새로운 관점이 생긴 것이다.

---

**12** 다음을 참고할 것: Lakoff and Johnson, 『삶으로서의 은유』, 21-22.

## 은유와 하나님 나라

은유는 한편으로 과거와 현재를 연결하여 우리가 살아가는 현실의 전체적인 모습을 보게 하지만, 또 한편으로 이 땅의 현실과 초자연적인 차원의 현실 사이의 관계를 보게도 한다. 그래서 하나님 나라를 제시하는 성경에서도 은유가 자주 등장한다.

성경의 은유는 일상에서 흔히 보이는 것에 근거한다. 보이는 것이나 이미 알고 있는 것으로 우리 눈에 보이지 않는 미지의 세계를 표현하는 것이다. 하나님을 가리키는 은유도 주로 사람들의 관계나 사람과 그 주변 것과의 관계를 근거로 한다. 앞서 예로 들었듯이, 하나님과 그 백성을 각각 아버지와 자녀, 목자와 양, 토기장이와 그릇 등으로 표현하는 것이다.

성경에서 은유가 가장 두드러지게 사용되는 것은 하나님의 정체성과 그 백성의 관계를 묘사할 때다. "아버지"(신 32:6; 시 68:5; 눅 11:2)와 "자녀"(신 14:1; 요 1:12) 또는 "양자"(롬 8:15), "신랑"과 "신부"(사 62:5), "남편"과 "아내"(사 54:5; 렘 31:32; 호 2:16), "목자"(창 49:24; 시 23:1; 80:1)와 "양"(시 95:7), "포도나무"와 "가지"(요 15:4-5), "토기장이"와 "그릇"(사 45:9; 롬 9:21) 등이 그 대표적인 예가 된다. 이 중 그리스도인들에게 있어 가장 기초적이며 소중한 것은, 마태복음 6장과 누가복음 11장의 주기도문에도 나오듯이, 하나님을 "아버지"로 부르는 것이다.

하나님을 적대시하거나 그 뜻을 거역하는 사람들을 묘사할 때도 종종 은유가 사용된다. 비천하고 잔인하다는 의미에서 "개들"(시 22:16; 빌 3:2; 계 22:15), 영적인 간음이라는 의미에서 "음녀"(겔 16:35) 등의 표현이 그것이다. 특히 겉으로는 율법을 지키는 것 같지만 속으로는 하나님을 모르는 위선자들을 묘사할 때 "독사의 자식들"(마 3:7; 12:34; 눅 3:7)과 같은 신랄한 은유적 표현이 사용되며, 같은 취지로 "회칠한 무덤 같으니"(마 23:27), "평

토장한 무덤 같아서"(눅 11:44)와 같은 직유도 사용된다.

그런데 성경의 은유를 대할 때 빠지기 쉬운 함정이 몇 가지 있다. 첫째, 자신의 경험을 바탕으로 그 의미를 해석하는 것이다. '하나님 아버지'라는 표현을 예로 들면, 이 표현을 대할 때 자녀들과의 대화가 없고 엄하기만 한 아버지의 모습을 생각하는 것이다. 그러나 은유의 의미는 개인의 경험이 아니라 공동체 차원의 이해에 기초한다.

둘째, 은유의 의미를 그저 고대사회의 문화적 유산이라는 차원으로만 한정시키려 하는 것이다. '하나님 아버지'를 다시 예로 들면, 이 표현을 고대 근동사회의 가부장 제도의 흔적으로 여기는 것이다. 그러나 성경이 제시하는 아버지는 어느 문화권에서나 찾아볼 수 있는 보편적인 특성을 가지고 있다. 자녀에 대해 가지는 본성적인 사랑과 돌봄(시 103:13; 눅 11:13)이 바로 그것이다. 하나님을 목자라고 표현하는 것도, 한편으로 고대 근동사회의 유목 문화에 기반을 둔 것이기는 하지만, 다른 한편으로는 그 사회의 경계를 넘어가는 보편성을 지닌다. 목자의 역할이 그 시대나 그 지역에만 국한되지는 않기 때문이다.

마지막으로, 은유에 대한 두 극단적인 해석이 있다. 한쪽에서는 은유를 문학적인 장식으로 간주하여 '하나님 아버지'를 육신의 아버지의 특징과 전혀 무관한 것으로 본다. 그러나 이미 설명했듯이, 은유는 단지 문학적인 장식이 아니라 실제적인 의미를 가지고 있는 표현이다.

다른 쪽에서는 은유를 문자적으로 해석하여 '하나님 아버지'를 육신의 아버지의 모든 점에 대응시키려 한다. 그러나 은유는 그 표현의 문자적 의미 전체를 취하지 않고 일부만을 "부각"시킨다.[13] 예를 들어, '그 아이는 여우다'

---

**13** 은유 현상에 작용하는 "은폐"와 "부각"에 대해서는 다음을 참고할 것: Lakoff and Johnson, 『삶으로서의 은유』, 31-36.

라는 표현에서 여우의 의미는 실제 여우의 의미 전체가 아니라 '여우'의 문화적 의미(교활함)에 근거한다. 이 점에서 '그 아이는 여우다'라는 표현은 '그 아이는 여우다'라는 뜻과 '그 아이는 여우가 아니다'라는 뜻을 동시에 가지고 있다고 할 수 있다.[14] 다시 말해, 교활함이라는 점에서는 여우인 것이 맞지만, 그 외의 다른 점에서는 여우가 아니다. 마찬가지로 하나님 '아버지'의 의미는 육신의 아버지의 의미와 모두 일치하는 것이 아니다. 예를 들어, 육신의 아버지에게는 아내가 있지만, 하나님 아버지는 그렇지 않다.

## 하나님 나라와 일상을 잇는 은유

은유는 은유로 끝나지 않는다. 은유가 서사 차원으로 확대되면 비유parable가 되기 때문이다. 값진 진주의 비유, 달란트의 비유, 자라는 씨의 비유, 포도원 농부의 비유, 선한 사마리아인의 비유, 탕자의 비유 등 성경의 비유는 일상의 소재로 하나님 나라를 표현하는 확대된 은유다.

그리고 은유는 성경과 현실의 연결이라는 차원에서도 빛을 발한다. 이 연결에는 두 경우가 있다. 하나는 신약성서의 저자들이 당시에 일어난 일을 구약성서의 맥락에서 해석할 경우이고, 다른 하나는 성경의 사건을 통해 오늘날 우리가 살아가는 현실에 대한 해석의 지혜를 얻을 경우다. 이 두 가지 연결을 위해 사용된 방법이 은유의 원리에 기반을 둔 유형론적 해석과 알레고리적 해석법이다. 성서 해석의 핵심 장치라고 할 수 있는 이 두 해석법은 이 책의 11장과 12장에서 자세히 다룰 것이다.

---

14  이 점에 대해서는 다음을 참고할 것: Ricoeur, *The Rule of Metaphor*, 7.

# 9장. 여러 수사법

앞 장에서 은유에 대한 기본적인 이해와 함께 성경에서 은유가 어떻게 사용되며, 어떤 은유가 있는지를 확인했다. 이 장에서는 은유의 연장선상에 놓여 있는 신인동형법과 함께 은유 외의 다른 수사법도 다루겠다.

## 신인동형법

'하나님의 형상'이라는 개념은 성경이 보여주는 하나님과 사람의 관계에 기초가 된다. 이 개념을 간단히 말하면, 하나님과 사람 사이에 닮은 점이 있다는 것이다. 그런 닮음을 전제하는 어법이 성경에 있는데, '신인동형법'이 바로 그것이다. 물론 이 둘 사이에는 차이점도 있다. '하나님의 형상'은 사람이 하나님을 닮은 존재로 창조되었다는 것이고, 신인동형법은 하나님이 사람을 닮은 존재로 묘사된다는 것이다.

　신인동형법이라는 표현의 어의는 '신神과 사람人이 같은同 형태形를 지닌 것으로 표현하는 법'이다. 그리고 이 용어의 영어 표현 anthropomorphism은 그리스어에서 온 것으로서 그 어의는 '사람anthrōpos의 형태morphē로 (신을 표현한다)'가 된다.

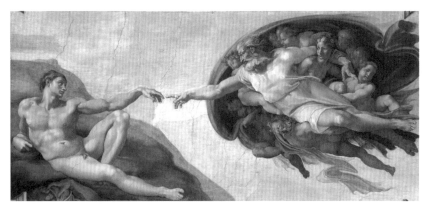

미켈란젤로의 <아담의 창조>(1512)는 하나님을 신인동형법으로 그렸다.

신인동형법의 기반은 은유다. 사람이 아닌 하나님을 사람의 모습으로 표현하는 것이니 말이다. 그런데 하나님을 사람의 모습으로 표현하는 것 때문에 다음 두 가지 오해가 생긴다.

우선, 이것을 의인화personification와 혼동하는 사람들이 있다. 의인화는 인격이 없는 것에 인격을 부여하는 표현법이다. 예를 들어, 셰익스피어의 희곡 『로미오와 줄리엣』에는 시간을 사람처럼 묘사한 표현이 다음과 같이 나온다.[1]

잘 차려입은 4월이
절뚝거리는 겨울 바로 뒤에서 걸을 때

그러나 의인화와 달리 신인동형법은 하나님의 인격성을 부각하기 위해 사람의 모습으로 묘사하는 방법이다. 달리 말하면, 이 어법을 의인화와 동일시하는 이론은 하나님의 인격성을 부인하는 것이어서 받아들일 수 없다.

---

**1**  William Shakespeare, 『로미오와 줄리엣』, 1막 2장. 줄리엣의 아버지 카풀렛(Capulet)의 대사.

다음, 신인동형법이 신을 사람과 비슷한 존재로 본 고대인들의 사고방식의 흔적이라고 주장하는 사람들도 있다. 그러나 하나님과 사람 사이의 절대적인 차이를 분명히 하는 성경에 이 어법이 사용된 것은 살아계신 하나님이 어떻게 이 세상에서 활동하시는지 사람들이 잘 이해할 수 있도록 하기 위해서다.

성경에 사용된 신인동형법은 얼굴과 얼굴의 기관(눈, 귀, 입, 코), 사지(팔, 손, 손가락, 발) 및 날개다. 각각의 의미는 다음과 같다.

● 얼굴은 두 가지 의미에서 사람을 대표한다. 우선, 외부의 현실을 인지하여 받아들이는 것과 자기 생각, 느낌, 의지를 외부로 표현하는 것의 중심에 얼굴이 있다. 얼굴과 얼굴의 기관들을 통해 대부분의 감각과 소통이 일어나기 때문이다. 다음, 그렇기 때문에 다른 사람과의 만남과 소통의 중심에도 얼굴이 있다. 이런 이유로 얼굴은 그 사람을 의미한다. 마찬가지로, 하나님의 얼굴도 하나님 자신을 대표하며 사람과의 관계를 함의한다.

하나님의 얼굴이 하나님 자신을 의미하는 경우의 기본적인 예로서 '얼굴을 보다'라는 표현이 있다. 이것에는 두 가지 의미가 있다. 우선, 이 표현 전체가 문자적으로 사용된 경우는 하나님 자신을 직접 대면하는 것을 의미하며, 이 경우 "살 자가 없다"(출 33:20). 그러나 이 표현이 은유로 사용된 경우는 간접적으로(예를 들어, 천사를 통해서) 하나님을 만나는 것을 가리키며, 이 경우에는 "생명이 보전된다"(창 32:30).

하나님의 얼굴과 관련된 표현으로서 주목할 만한 본문은, "사람이 그 친구와 이야기함 같이 여호와께서는 모세와 대면하여 말씀하시며"(출 33:11)이다. 여기서 "대면하여"로 번역된 히브리어 파님 엘 파님*panim 'el-panim*의 문자적 의미는 '얼굴 대 얼굴', 즉 '얼굴을 마주 대하고'다. 하나님과 모세 사이의 친밀한 관계를 잘 드러내는 은유적 표현이다.

그런 관계를 가리키는 표현으로 "얼굴을 구하[다]"(시 24:6; 105:4) 또는 "얼굴을 찾[다]"(대상 16:11; 대하 7:14; 시 27:8)가 있다. 그 뜻은 하나님의 은혜와 도움을 얻으려 한다는 것이다. 이 표현들은 주로 예배나 기도의 맥락에서 나타난다. 그리고 "얼굴을 (들어) 비추[다]"(민 6:25; 시 4:6; 67:1; 119:135)는 '환한 얼굴로 대하다'는 뜻을 가진 표현으로서, 이 역시 호의적인 관계를 의미한다. 이와 반대로, "얼굴을 돌리[다]"(대하 6:42) 또는 "얼굴을 숨기[다]"(시 104:29)는 '외면하다'는 뜻이 된다.

● 눈은 보는 기관이다. 하나님의 눈이 의미하는 것도 보는 것, 특히 자세히 보는 것과 관련된다. 이 경우의 용례로는 "그의 눈이 인생을 통촉하시고 그의 안목이 그들을 감찰하시도다"(시 11:4), "여호와의 눈은 어디서든지 악인과 선인을 감찰하시느니라"(잠 15:3) 등을 들 수 있다. 비슷한 예로 "여호와의 눈은 온 땅을 두루 감찰하사"(대하 16:9)를 들 수 있는데, 앞의 예와 차이가 있다면 이 구절의 "감찰하사"로 번역된 원어의 문자적 의미가 '두루 달려'라는 점이다. 이것은 하나님의 시선이 온 땅 곳곳에 닿아 있는 것을 의미한다.

다음, 하나님의 눈은 보는 것에 근거한 분별, 판단 등과 관련된다. "여호와께서 보시기에 정직하고 선량한 일을 행하라"(신 6:18), "그가 여호와께서 보시기에 악을 행하되"(왕하 15:26), "이것은 여호와께서 보시기에 작은 일이라"(왕하 3:18) 등이 그 좋은 예다. 이 구절에서 "여호와께서 보시기에"라고 번역된 원문을 직역하면 '여호와의 눈에'가 된다.

마지막으로, 하나님의 눈은 관심, 돌봄, 보호 등을 암시하기도 한다. 그 예로 "내 눈길과 내 마음이 항상 거기에 있으리니"(왕상 9:3), "여호와의 눈은 의인을 향하시고 그의 귀는 그들의 부르짖음에 기울이시는도다"(시 34:15), "여호와의 눈은 지식 있는 사람을 지키시나"(잠 22:12) 등을 들 수 있다 하나님의 눈이 포함된 용례에서 가장 주목할 만한 것이 "(누군가가) 하나님께 은혜를 입었다"(창 6:8; 출 33:12, 13, 17; 34:9)라는 표현이다. 이것을 직역하면 '(누군가가) 하나님의 눈에서 은총을 발견했다'인데, 그 궁극적인 의미는 '(누군가가) 하나님의 눈을 보니 (그를 향한) 하나님의 은총이 그 눈빛에 분명히 드러나 있는 것을 알게 되었다'가 된다. 하나님과 하나님의 사람 사이 은혜의 관계를 잘 보여주는 표현이다. 이와 비슷한 의미를 띤 표현으로 "자기의 눈동자같이 지키셨도다"(신 32:10)를 들 수 있는데, 이것은 하나님께서 자기 백성을 매우 소중하게 여기신다는 뜻이다. "너희를 범하는 자는 그의 눈동자를 범하는 것"(슥 2:8)이라는 표현도 같은 뜻을 가지고 있다.

이와 반대가 되는 표현으로 "날카로운 눈초리로 나를 보시고"(욥 16:9)가 있다. 이 표현의 문자적 의미는 '나에게 그 눈을 날카롭게 하시고'인데, 요즘음의 일상적인 표현으로 다시 옮기면 '나를 째려보시고' 정도가 된다.

● 귀는 소리를 듣는 기관이다. 하나님의 귀는 특히 사람의 말에 관한 관심, 말의 내용의 분별, 그리고 그 내용에 대한 반응을 함의한다.

첫째, 하나님께서 '귀를 기울이신다'는 것은 관심을 가지고 들으신다는 뜻이며, '귀를 가리신다'는 것은 그 반대가 된다. 그래서 사람들은 기도의 서두에서 종종 하나님께 "귀를 기울여"(시 31:2; 86:1; 88:2) 달라거나 "귀를 가리지 [말아]"(애 3:56) 달라고 부탁한다.

둘째, 하나님의 귀가 말의 내용을 분별하여 그 내용에 대해 반응하는 것을 의미하기도 하는데, 여기에는 다음 두 경우가 있다. 우선, "그가 그의 성전에서 내 소리를 들으심이여 나의 부르짖음이 그의 귀에 들렸도다"(삼하 22:7; 시 18:6)라는 것은 하나님의 사람이 간절히 기도할 때 하나님께서 그 기도의 내용을 받아들여 응답하신다는 뜻이다. 이와 반대로 하나님은 자신을 향한 사람들의 "분노와…교만한 말"(왕하 19:28)도 들으시는데, 이런 경우 하나님은 "너희 말이 내 귀에 들린 대로 내가 너희에게 행하리니"(민 14:28)와 같은 구절에 보이듯이 심판으로 대응하신다.

● 성경의 코는 외부의 자극(냄새)을 감지하는 기관이면서 또한 마음속의 정서를 분출하는 기관이기도 하다. 하나님의 코에도 이 두 가지 기능이 보인다. 한 가지 기억해 둘 것은, 번역본에 '하나님의 코'라는 표현이 잘 보이지 않는다는 점이다. 대부분 다른 표현으로 의역되기 때문이다. 하나님의 코의 기능 중 냄새 맡기는 주로 제사와 연결되고, 정서의 분출은 심판과 연결된다.

이 중 코가 정서 분출의 의미로 사용되는 경우는 '노여움', '노하기' 등으로 의역된다. "여호와라 여호와라 자비롭고 은혜롭고 노하기를 더디하고 인자와 진실이 많은 하나님이라"(출 34:6), "주께서는 용서하시는 하나님이시라 은혜로우시며 긍휼히 여기시며 더디 노하시며 인자가 풍부하시므로 그들을 버리지 아니하셨나이다"(느 9:17) 등과 같은 구절에 보이는 "노하기를 더디하고" 또는 "더디 노하시며"는 히브리어 에렉 압파임'erek 'appayim을 번역한 것이다. 이 표현의 문자적 의미는 '코가 길다'이다. 코가 아주 길어 분노의 분출이 빨리 되지 않는다는 뜻이다. "내 노여움이 내 얼굴에 나타나리라"(겔 38:18)의 원문을 직역하면 '내 화가 내 코에 올라가리라'다. 여기서는 코가 얼굴로 의역되었다. 드물지만 하나님의 코가 문자적으로 번역되는 경우도 있다. 그 예로는 "그의 코에서 연기가 오르고 입에서 불이 나와"(삼하 22:9; 시 18:8)와 "이런 자들은 내 코에 연기요 종일 타는 불이로다"(사 65:5)가 있다.

다음, 하나님의 코가 제사의 맥락에 놓여 제물의 냄새를 맡는다는 의미를 띠는 경우가 있다. 이에 해당하는 예로서 "주 앞에 분향하고"(신 33:10)를 들 수 있는데, 이 표현의 원문을 직역하면 '당신의 코에 연기를 두고'가 된다. 여기서 연기는 제물이나 향을 태울 때 나는 연기를 가리킨다.

그리고 원문에 '코'라는 단어가 직접 나타나지는 않지만, '냄새 맡다'를 의미하는 동사 리아흐<sup>riãch</sup>를 통해 제사에 대한 하나님의 반응을 표현할 때가 있다. 예를 들어, "여호와께서 그 향기를 받으시고"(창 8:21)로 번역된 원문의 문자적 의미는 '여호와께서 그 향기로운 냄새를 맡으시고'다. 이처럼 제물의 연기를 맡는 것은 제사를 기쁘게 받는다는 함의를 가진다. 이와 반대로 제물의 냄새를 맡지 않는 것은 제사를 받지 않는다는 뜻이다. 예를 들어, "너희 성회들을 기뻐하지 아니하나니"(암 5:21)라는 표현을 들 수 있는데, 그 원문의 문자적 의미는 '너희 성회들에서 냄새를 맡지 않으니'다.

● 입의 주요 기능은 먹기와 말하기인데, 하나님의 입은 그중에서 말하기에만 연결된다. 앞서 설명한 눈, 귀, 코와 달리, 안에 있는 것을 밖으로 표현하는 것에만 적용되는 것이다.

간단히 말하자면, 하나님의 입에서 나오는 것이 하나님의 말씀이다. 이에 대한 좋은 예가 "사람이 떡으로만 사는 것이 아니요 여호와의 입에서 나오는 모든 말씀으로 사는 줄을 네가 알게 하려 하심이니라"(신 8:3)이다. 이 구절 중 "입에서 나오는 모든 말씀으로"를 직역하면 '입에서 나오는 모든 것으로'가 된다. 이처럼 성경을 번역할 때 원문에 없는 '말씀'을 덧붙인 것은, 이미 설명했듯이 하나님의 입에서 나오는 것이 하나님의 말씀이기 때문이다. 마태복음에서 그 구절을 인용할 때도(마 4:4) '말씀'을 의미하는 그리스어 레마<sup>rhēma</sup>를 첨가했다.

그렇기 때문에 '입' 자체가 아예 '말씀'이나 '명령'으로 번역되는 경우가 있다. 이 경우에 원문에서 가장 자주 보이는 표현이 '입에 따라'인데, 이것은 "말씀대로"(대상 12:23), "명령대로"(출 17:1), "명령을 따라"(수 17:4) 등으로 번역된다. 그리고 '입을 거역하다'라는 원문의 표현은 "말씀을 어기[다]"(왕상 13:21), "명령을 거역하[다]"(애 1:18) 등으로 번역되며, 이와 비슷한 표현으로서 '입을 넘어가다'도 "말씀을 어[기다]"(민 22:18)로 번역된다.

● "주의 팔에 능력이 있사오며 주의 손은 강하고 주의 오른손은 높이 들리우셨나이다"(시 89:13)의 표현에 나타나듯이, 하나님의 팔과 손은 하나님의 힘을 뜻한다. 그런데 그 둘 사이에 약간의 차이가 보인다.

기본적으로 하나님의 팔은 "능력의 팔"(사 62:8)이다. 하나님의 힘이나 능력을 의미하는 것이다. 그런데 "주는 아침마다 우리의 팔이 되시며 환난 때에 우리의 구원이 되소서"(사 33:2)나 "주의 팔로 주의 백성 곧 야곱과 요셉의 자손을 속량하셨나이다"(시 77:15)와 같은 구절을 보면 하나님께서 자신의 팔로 힘을 발휘하시는 것이 구원을 위해서라는 점을 알 수 있다. 특히 "편 팔"(출 6:6; 신 4:34; 왕하 17:36), 즉 '뻗은 팔'이라는 표현은 팔을 뻗어 곤경에 처한 사람들을 건져내는 것을 가리킨다.

하나님의 손도 기본적으로 하나님의 팔처럼 구원의 능력을 의미한다. 특히 '하나님의 오른손'이라는 표현은 하나님께서 택하신 사람에 대한 호의를 강조하는 것인데, 한편으로 하나님께서 택하신 사람을 돕거나(사 41:10) "구원하는 힘"(시 20:6)을 의미하고, 다른 한편으로 하나님의 백성을 구원

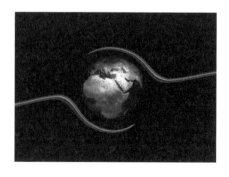

하는 과정에 동반되는 심판, 즉 하나님의 백성을 억압하는 사람들에 대한 심판의 힘을 의미하기도 한다 (출 15:6). 그런데 하나님의 팔과 달리 하나님의 손은 창조의 맥락에서도 등장한다. 예를 들어, 하늘은 하나님께서 "[자신의] 손으로 지으신"(시 102:25) 것이며, "오른손"으로 펼치신(사 48:13) 것이다.

하나님의 손처럼 하나님의 손가락도 창조와 구원의 맥락에서 등장한다. 우선, 이 표현이 창조의 맥락에서 사용된 경우는 (그리고 이 한 경우에만) "손가락"(시 8:3)으로 직역된다. 다음, 구원의 맥락에서 두 번, 즉 모세가 이집트 왕 바로와 대결하여 셋째 기적을 일으키는 과정과 예수께서 귀신을 쫓아내신 것에 대해 시비를 거는 사람들과 논쟁하는 과정에 보인다. 이 두 경우 '손가락'은 악한 세력에 대한 심판을 동반하는 구원을 함의하며, 각각 "권능"(출 8:19)과 "손"(눅 11:20)으로 의역된다.

● 성경에서 하나님의 발은 하나님의 임재를 의미하는 듯하다. 그 표현의 드문 용례인 "그의 발 아래"(출 24:10; 시 18:9)를 봐도 그렇고, 관련 표현인 '하나님의 발등상'이나 '하나님의 발판'을 봐도 그렇다.

발등상은 의자에 앉은 사람이 발을 두는, 작고 낮은 판(등받이 없는 의자의 축소판 같은 것)을 가리킨다. 성경에서 '하나님의 발등상' 또는 '하나님의 발판'이 구체적으로 의미하는 것은 다음과 같다. 우선, "하늘은 하나님의 보좌"이고 "땅은 하나님의 발판(발등상)"(사 66:1; 마 5:35)이다. 문자적으로 이 표현을 설명하자면, 하늘에 앉아 계시는 하나님의 발이 땅에 놓여 있다. 다음, 하나님의 발이 땅에 놓일 때 그 접촉점은 성전의 지성소에 있는 "여호와의 언약궤"(대상 28:2), 즉 법궤다. 말하자면, 하나님께서 그 발을 땅에 두실 때 구체적으로는 지성소 안에 있는 법궤 위에 두신다는 뜻이다.

이 점을 기억하면 이사야가 성전에 들어갔을 때 본 환상, 즉 "주께서 높이 들린 보좌에 앉으셨는데 그의 옷자락은 성전에 가득하였고"(사 6:1)라고 묘사된 환상이 어떤 것인지를 그려볼 수 있다. 그것은 하나님의 발이 성전의 중심인 지성소의 법궤 위에 놓여 있고 하나님의 옷자락이 성전 전체를 뒤덮고 있는 광경, 즉 성전의 모든 곳에서 하나님의 임재가 완전히 드러나 있는 광경이다. 또한 "우리가 그의 계신 곳으로 들어가서 그의 발등상 앞에서 엎드려 예배하리로다"(시 132:7)나 "여호와 우리 하나님을 높여 그의 발등상 앞에서 경배할지어다"(시 99:5)와 같은 표현이 무엇을 의미하는지를 제대로 이해할 수 있다. 하나님이 임재하시는 "성막"(시 132:5)이나 성전(시 99:2 참고)에 들어가 하나님의 발이 놓인 지성소의 법궤 앞에 엎드려 예배하리라는 것이다.

● 흥미롭게도 성경에는 하나님의 날개가 등장한다. 그 용례를 보면, 우선 하나님의 '보호'를 의미하는 경우가 있다. 이 경우 "날개 아래에 보호를 받[다]"(룻 2:12), "날개 아래에 피하[다]"(시 61:4; 91:4), "날개 그늘 아래에 피하[다]"(시 36:7; 57:1), "날개 그늘 아래에 감추[다]"(시 17:8) 등의 표현으로 나타난다.

이와 관련해서, '날개 위에'나 '날개로'와 같은 표현으로 보호 속의 '인도'를 의미하는 경우가 있다. 이에 해당하는 예로는 "내가 어떻게 독수리 날개로 너희를 업어 내게로 인도하였음을 너희가 보았느니라"(출 19:4)와 "마치 독수리가…그의 날개를 펴서 새끼를 받으며 그의 날개 위에 그것을 업는 것 같이 여호와께서 홀로 그를 인도하셨고"(신 32:11-12)가 있다. 여기서 은유인 "내가…독수리 날개로 너희를 업어"와 직유인 "마치 독수리가…업는 것 같이"는 이집트 탈출 과정이나 그 후의 여정에서 하나님께서 이스라엘 사람들을 보호하면서 인도하신 것을 묘사하는 표현이다.

## 환유와 제유

은유와 비슷하게 보이지만 실제로 다른 수사법이 있다. 그 대표적인 것이 환유와 제유다.

● 환유metonymy는 어떤 것을 그것과 연관된 것으로 가리키는 어법이다. 성경에 나오는 환유의 대표적인 예는 앞서 두어 번 언급한 히브리어 바이트다. 이미 설명했듯이 이 단어의 문자적 의미는 '집', '궁', '성전' 등이지만, 환유적으로는 '한 집에 사는 사람'이라는 뜻에서 가족이나 식솔을 가리키기도 하고(창 15:3), '한 집에 산 사람들의 후손'이라는 뜻에서 가문(시 115:12 "아론의 집"; 렘 35:18 "레갑 사람의 가문"), 왕조(렘 21:3 "왕의 집"; 대상 17:10 "왕조"), 지파(삿 10:9 "족속"), 또는 민족 전체(출 19:3 "야곱의 집")를 가리키기도 한다. 이 외에도 '집에 있는 것'이라는 뜻에서 재산(에 8:1 "하만의 집")을 의미하기도 한다.

환유의 다른 예를 들면, 왕권을 '규'(왕홀)나 '왕관'으로 표현하는 경우가 있다. 야곱이 임종 전 열두 아들을 축복할 때 유다에 대해서는 "규가 유다를 떠나지 아니하며 통치자의 지팡이가 그 발 사이에서 떠나지 아니할"(창 49:10) 것이라고 말했다. 여기서 "규"와 "통치자의 지팡이"는 궁극적으로 메시야의 통치권을 의미한다. 선지자 에스겔이 "극악하여 중상을 당할 이스라엘 왕"에 대해 "관을 제거하며 왕관을 벗길지라"(겔 21:26)라는 하나님의 말씀을 전했는데, 여기에 보이는 "왕관"도 이스라엘의 왕권을 의미한다. 영국에서 왕이나 여왕을 the Crown으로 표현하는 것과 비슷하다.

전쟁을 포함한 폭력적인 사건을 칼로 표현하는 것도 환유다. 다윗이 우리아를 죽게 만들고 그의 아내를 빼앗자 선지자 나단이 그에게 가서 그 죄를 고발하면서 "이제 네가 나를 업신여기고 헷 사람 우리아의 아내를 빼앗아 네 아내로 삼았은즉 칼이 네 집에서 영원토록 떠나지 아니하리라"(삼하

12:10)라는 하나님의 말씀을 전했다. 이 말씀에 나오는 "칼"은 이후에 일어날 압살롬의 쿠데타(삼하 15장)와 왕권 회복을 위한 내전(삼하 18장), 세바에 의한 반란(삼하 20장), 솔로몬에의 왕위 이양을 둘러싼 갈등(왕상 1-2장) 등을 예고한다.

반대로 평화를 표현하는 환유도 있다. 선지자 이사야와 미가는 마지막 날에 하나님의 최후의 심판에 의해 전쟁이 그치고 평화가 올 것을 예고하며 "무리가 칼을 쳐서 보습을 만들고 창을 쳐서 낫을 만들 것"(사 2:4; 미 4:3)이라고 했다. 여기서 무기인 "칼"과 "창"은 전쟁을 의미하고, 농기구인 "보습"(쟁기날)과 "낫"은 농사에 힘쓰는 평화의 상태를 가리킨다.

● 제유synecdoche는 부분으로 전체를, 그리고 때로는 전체로 부분을 가리키는 어법이다. 제유의 대표적인 예로 "사람이 떡으로만 살 것이 아니요"(신 8:3; 마 4:4)를 들 수 있는데, 여기서 "떡"(원문 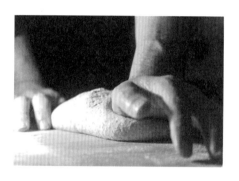으로는 빵)은 양식 전체를 의미한다. 모세가 십계명을 받기 위해 40일 동안 "떡도 먹지 아니하였고 물도 마시지 아니하였다"(출 34:28)라는 것은 단지 떡과 물만이 아니라 모든 종류의 음식물을 먹거나 마시지 않았다는 것이다.

신체 일부분으로 사람 전체를 가리키는 경우도 있다. 모세가 매일 아침에 내리는 만나를 거두는 방법에 대해 "너희 사람 수효대로 한 사람에 한 오멜씩 거두되"(출 16:16)라고 했는데, 여기서 "한 사람"으로 번역된 히브리어 굴골렛gulgolet의 원뜻은 '두개골'이다. 따라서 "한 사람에"에 해당하는 원문 표현을 직역하면 '두개골에' 또는 '머리에'가 된다. 이와 비슷한 것이 우리말에도 있는데 '두당'(頭當, 머리당)이 바로 그것이다. 에베소서에 보이는 "혈과 육"(피와 살, 엡 6:12)도 비슷한 경우다. 이 표현은 "우리의 씨름"이 사람을 대상으로 하는 것이 아니라 "하늘에 있는 악의 영들"에 대한 것이라는 맥락에서, 영적인 존재와의 대조를 위해 사람을 그렇게 표현했다.

제유에는 전체로 부분을 가리키는 방법도 있다. 구약 시대에 제사장 여호야다에 의해 국가적 차원의 개혁이 시행된 적이 있는데, 이에 관한 서술을 보면 "온 백성이 바알의 신당으로 가서 그 신당을 허물[었다]"(왕하 11:18)라고 되어 있다. 여기서 "온 백성"은 문자 그대로 그 나라의 모든 사람을 가리키는 것이 아니다. 많은 사람이 함께 무엇을 한다는 것 자체가 어려웠을 뿐만 아니라, 병상에 누웠거나 나이가 너무 어려 신당을 허무는 일에 참여할 수 없는 사람들도 있었을 것이니 말이다. 그렇기 때문에 이 표현은 실제로 백성의 일부를 가리키는 것이지만, 그 일부가 백성 전체를 대표한다는 것을 의미한다.

사도행전에 서술된 베드로의 환상도 같은 경우다. 환상 중에 그가 본 것은 "하늘이 열리며 한 그릇이 내려오는 것"이었다. 그 안에는 "땅에 있는 각종 네 발 가진 짐승과 기는 것과 공중에 나는 것들"(행 10:11-12)이 있었다. 본문에서 "각종 네 발 가진 짐승"이라고 번역된 그리스어 표현을 직역하면 '모든 네 발 달린 것들'이다. 그러나 이것은 문자 그대로 이 세상의 네 발 달린 짐승이 모두 한 그릇에 담겼다기보다, 일부로서 전체를 대표하는 경우에 해당한다.

제유의 이 두 경우는 서로 반대되는 것처럼 보인다. 그러나 사실은 둘 사이에 공통점이 있다. 둘 다 실제에 있어서 '전체'이거나 '전체로 간주되는 것'을 표현하는 것이다. 부분으로 전체를 가리키는 경우는 언어로는 '부분'이지만 그것이 실제로 가리키는 것은 '전체'다. 그리고 전체로 부분을 가리키는 경우는 실제로 '부분'인 것을 '전체'로 간주하여 그렇게 표현하는 것이다.

# 상징

이 책의 4장에서 요한복음 3:14에 나오는 "뱀"이 어떻게 "인자"(예수 그리스도)에 대응될 수 있는지에 관한 질문을 던졌었다. 이 본문에 대한 충분한 설명은 뒤로 미루고, 여기서는 문자적 의미와 상징적 의미의 구분만을 다룰 것이다.

성경에서 뱀이라는 단어는 종종 상징적으로 사용되어 악의 근원인 사탄을 의미한다. "내가 너희에게 뱀과 전갈을 밟으며 원수의 모든 능력을 제어할 권능을 주었으니"(눅 10:19)와 "용을 잡으니 곧 옛 뱀이요 마귀요 사탄이라"(계 20:2)에 보이는 "뱀"이 그와 같은 경우다. 그러나 성경의 뱀이 항상 그런 의미만을 가지는 것은 아니다. 예를 들어, "사자가 소처럼 짚을 먹을 것이며 뱀은 흙을 양식으로 삼을 것이니"(사 65:26)에나 "뱀 같이 지혜롭고"(마 10:16)에 나오는 "뱀"은 위에서 말한 상징적 의미를 갖지 않는다. 사탄을 가리키는 것이 아니라 동물로서의 뱀을 가리킬 뿐이다. 그렇지만 뱀의 상징적인 의미가 사람들에게 강하게 각인되어 있다 보니, 모든 경우에 상징적 의미를 띤 것으로 간주된다.

그렇기 때문에 자주 상징으로 사용되는 단어를 대할 때는 그 단어가 문자적으로 사용되는 경우도 있다는 것을 잊지 말아야 한다. 다시 말해, 자주 상징의 의미를 띠는 단어가 등장할 때 그 맥락을 잘 살펴 여느 때와 다름없이 상징적 의미로 사용되었는지, 그렇지 않은지 파악해야 한다.

또한 상징적 의미가 부정적이라 하더라도 문자적 의미까지 부정적인 것은 아니라는 점도 기억해야 한다. 위에서 본 것처럼 "뱀은 흙을 양식으로 삼을 것이니"나 "뱀 같이 지혜롭고"에서 뱀은 부정적인 의미를 갖지 않는다.

다른 예로, 어둠이라는 단어의 상징적 의미는 '악의 지배권'이나 '사탄의 영역'이다. "흑암에 앉은 백성이 큰 빛을 보았고"(마 4:16), "어둠에서 빛으로, 사탄의 권세에서 하나님께로 돌아오게"(행 26:18) 등에 보이는 "흑암"이나 "어둠"이 바로 그런 의미를 띤다. 그러나 이 단어가 "하나님이 빛과 어둠을 나누사"(창 1:4)나 "나는 빛도 짓고 어둠도 창조하며"(사 45:7)에서처럼 문자적인 의미로 사용될 때는 위의 부정적인 의미를 띠지 않는다. 특히 이 경우 어둠을 사탄의 영역으로 해석하여 창조에 악이 포함되어 있었다고 주장하는 것은 본문의 취지에 어긋난다.

그렇지만 상징적 의미가 부정적이든 긍정적이든 문자적 의미에 근거한다는 점은 기억해야 한다. 위에서 본 어둠의 상징적인 의미인 '악의 지배권'은 어둠의 문자적 의미인 '빛이 없는 상태'에 근거한다. 빛이 없다는 것은 밝은 데서 못할 것을 할 수 있는 상황, 즉 범죄의 상황이 된다는 것을 함의하기 때문에 이것이 악의 지배권이라는 상징적 의미의 근거가 되는 것이다. 다른 예로 '추수'를 들 수 있다. 성경에서 추수는 종종 "세상 끝"(마 13:39), 즉 마지막 때의 상징으로 사용된다. 그렇게 사용될 수 있는 것은 추수에 '농사의 끝'이라는 함의가 있기 때문이다. 그렇기 때문에 어떤 단어나 표현이 상징적 의미를 정확히 파악하기 위해서는 그것의 문자적 의미와 함께 그것의 함의를 참고해야 한다.

마지막으로, 상징적 의미는 삶의 맥락life context에 근거해서 성립된다. 따라서 그 의미가 생기게 된 문화적 배경을 이해해야 한다. 이 점에서 상징은 은유, 기호sign와 구분된다.

우선, 은유는 기본적으로 언어적 요인에 의해 일어나는 현상이다. 반면, 상징에는 비언어적 요소가 중요하게 작용한다.[2] 이미 설명했듯이, "가서 그 여우에게 말하라"(눅 13:32)라는 은유적 표현은 초점("그 여우")과 틀("가서…말하라") 사이의 범주 충돌이 결정적인 요소가 된다. 그렇기 때문에 이

---

2  이 점에 대해서는 다음을 참고할 것: Ricoeur, 『해석 이론』, 87-121.

문장에서 '여우'는 은유적인 의미를 가진 것으로 해석된다.

그러나 "제 십자가를 지고 나를 따를 것이니라"(눅 9:23)에서는 그런 범주 충돌이 보이지 않는다. 그 문장만으로는 "십자가"를 비문자적으로 해석할 길이 없다는 뜻이다. 그렇기 때문에 그것을 상징으로 해석하기 위해서는 외적인 요인을 찾아야 한다. 그 요인은 십자가에 대한 상징적 해석의 역사적 근거(십자가와 예수 그리스도의 죽음 사이의 관련성)와 그런 해석을 가능하게 하는 삶의 환경(그 관련성에 대한 전이해를 가진 신앙공동체)이다.

다음, 상징이 문화적 또는 종교적 배경을 가지는 반면, 기호는 공동체 차원의 약속에 의해 결정된다.[3] 예를 들어, 신호등에서 노란색은 한때 좌회전을 뜻했다가 지금은 정지 신호 전의 경고를 의미한다. 노란색 자체에는 좌회전의 의미도 없고 정지에 대한 사전 경고의 의미도 없다. 사람들이 교통신호의 맥락에서 그런 의미로 사용하자고 약속했을 뿐이다.

그러나 상징은 다르다. 이 책의 4장에서 언급했던 것처럼, 십자가의 문자적 의미는 고대사회의 형틀이다. "예수와 함께 강도 둘이 십자가에 못박히니"(마 27:38)에 보이는 십자가가 바로 그것이다. 그러나 이 단어는 종종 상징적 의미를 가진다. "내가 그리스도와 함께 십자가에 못 박혔나니"(갈 2:20)에 보이는 "십자가"가 그 한 예다. 이 표현이 궁극적으로 의미하는 것

은 '예수 그리스도의 죽음을 통한 속죄'인데, 바로 이것이 상징적인 의미이며, 이 의미는 예수 그리스도가 고대사회의 형틀인 십자가에 못 박혀 죽은 것에 근거한다.

---

3  기호의 자의성(arbitrariness)에 대한 고전적인 논지를 보려면 다음을 참고할 것: Ferdinand de Saussure, 김현권 옮김, 『일반언어학 강의』(서울: 지식을만드는지식, 2012), 133-42.

## 과장법

사람들은 성경에 과장법hyperbole이 있
다는 것을 잘 받아들이려 하지 않는
다. 과장을 현실의 왜곡으로 간주하
기 때문이다. 따라서 성경을 진지하
게 대하는 사람이 성경에 그런 수사법
이 있다는 것을 인정하기란 쉽지 않을
것이다. 예를 들어, "낙타가 바늘귀로
들어가는 것"(마 19:24; 막 10:25; 눅
18:25)이라는 표현을 들 수 있다.

요한 포겔의 『독일의 회복된 평화에 대한 상징적 명
상』(1949)에 나오는 삽화

낙타가 바늘귀로 들어간다는 표현
을 지나친 과장으로 여긴 사람들은 그것을 좀 더 현실적인 차원에서 이해하
려고 했다. 우선, 본문의 역사적 배경으로 시선을 돌려 "바늘귀"라는 표현을
예루살렘에 있는 성문의 이름으로 본 사람들이 있다. 이 견해에 의하면, 예
루살렘 성벽에 난 성문들이 밤에 닫힐 때 "바늘귀"라는 보조문을 열어 사람
들이 출입하게 했다. 그런데 이 문은 쉽게 들어갈 수 없도록 좁게 만들어 놓
았기 때문에, 낙타가 통과할 경우 낙타에 실은 짐을 모두 내려야 했다.

따라서 본문이 주려는 메시지는 '부자가 천국에 들어가려면 재산이라는
무거운 짐을 버려야 한다'라는 것이다. 상당히 그럴듯해 보이지만, 이 견해
의 치명적인 문제는 신약 시대에 그런 문이 있었다는 증거가 전혀 보이지
않는다는 것이다.[4]

---

**4**  Craig A. Evans, 김철 옮김, 『마가복음 8:27-16:20』, WBC 34하 (서울: 솔로몬, 2002), 251-
52.

다른 해석은 성경의 사본에 관한 관심에서 출발한 것으로서 낙타를 가리키는 그리스어 카멜로스*kamēlos*를 동아줄을 의미하는 카밀로스*kamilos*로 읽는 것이다. 이렇게 되면 본문은 '동아줄이 바늘귀로 들어가는 것'이 되어서, 낙타가 바늘귀로 들어가는 것보다는 더 현실적으로 들린다. 이 견해를 지지하는 사람은 다음과 같은 근거를 댄다. 첫째, 고대의 신학자 중 5세기에 활동한 알렉산드리아의 키릴로스Cyril가 이 해석을 제시했다.[5] 둘째, 신약 사본 중에 카밀로스*kamilos*로 표기된 것이 있다. 셋째, 신약이 원래 아람어로 씌었다가 나중에 그리스어로 번역되었는데, 낙타를 의미하기도 하고 밧줄을 의미하기도 하는 아람어 가믈라*gamla'*가 본문에서 밧줄의 의미로 사용되었지만, 그리스어로 번역되는 과정에서 카멜로스*kamēlos*로 잘못 번역되었다.[6]

그러나 이상에서 열거한 근거는 모두 문제가 있다. 우선, 초기 기독교 교부 대부분은 키릴로스의 해석을 지지하지 않았다. 더구나 키릴로스는 선원들이 닻을 묶을 때 쓰는 "두꺼운 밧줄"을 "낙타"라고 부르는 관습이 있었다고 했는데, 이 관습과 본문의 연관성이 보이지 않는다. 다음, 본문에 카밀로스가 나오는 일부 사본은 주로 10세기 후반에 나온 것이다. 초기의 많은 사본을 무시하고 나중에 나온 소수 사본의 표기를 채택하는 것은 적절하지 않다. 또한 후기 사본에 카밀로스가 보이는 현상은 이타시즘itacism의 결과다.[7] '이타시즘'이란 그리스어 알파벳 '에타'(η)의 발음이 '이타'가 된 것, 즉 에타

---

5 Manlio Simonetti, *Matthew 14-28*, Ancient Christian Commentary on Scripture: New Testament Ib (Downers Grove, Illinois: InterVarsity Press, 2002), 102; Arthur A. Just, Jr., *Luke*, Ancient Christian Commentary on Scripture: New Testament III (Downers Grove, Illinois: InterVarsity Press, 2003), 284.

6 이 가설에 대해서는 다음을 볼 것: George M. Lamsa, *The New Testament according to the Eastern Text: Translated from Original Aramaic Sources* (Philadelphia: A. J. Holman Co., c1940).

7 Bruce M. Metzger, *A Textual Commentary on the Greek New Testament* (London: United Bible Societies, 1971), 169.

의 음가가 ē에서 ī로 바뀐 현상을 가리킨다. 말하자면, *kamēlos*를 발음대로 적다 보니 *kamilos*가 된 것이다.[8] 따라서 이 경우의 *kamilos*는 *kamēlos*의 변형으로 보아야 한다. 마지막으로, 신약이 원래 아람어로 씌었다가 그리스어로 번역되었다는 것은 소수의 아람어 전문가가 주장하는 가설로 이것은 받아들여지지 않는다. 또한 신약이 그리스어로 쓰이던 당시 아람어 가믈라에 '밧줄'이라는 뜻이 있었는지도 의문이다.

지금까지 검토한 두 해석은 '낙타가 바늘귀로 들어가는 것'이라는 표현에서 드러나는 지나친 과장 또는 비현실성을 극복하려고 제시된 듯하다. 그러나 과장법은 현실의 '왜곡'이 아니라 '강조'를 위한 것으로서, 구약 시대 이스라엘 사람들에게 친숙한 수사법이었다. 그 좋은 예로 "밤마다 눈물로 내 침상을 띄

우며"(시 6:6), "성곽은 하늘에 닿았으며"(신 1:28), "은금을 돌 같이 흔하게 하고"(대하 1:15) 등이 있다. 그리고 바빌로니아 탈무드에는 "바늘귀로 들어가는 코끼리"라는 표현도 보인다.[9]

과장법은 복음서에도 자주 보인다. 예를 들어, "네 오른 눈이 너로 실족하게 하거든 빼어 내버리라"(마 5:29)라는 명령은 "간음"(마 5:27)의 심각성을 강조하기 위한 것이고, "네 눈 속에 있는 들보는 깨닫지 못하느냐"(마 7:3-5)

---

8  이처럼 모음 음가가 변화한 결과로 현대 그리스어에서는 η, ει, οι, υ, υι의 음가가 모두 ι(이오타)와 같아졌는데, 이것을 통틀어서 아이오타시즘<sup>iotacism</sup>이라고 한다. ('아이오타'는 '이오타'의 영어식 발음이다.) 이타시즘도 아이오타시즘의 한 종류다.

9  *Berakoth*, 55b. 이 표현이 나오는 문장은 다음과 같다: "꿈에 금으로 된 종려나무나 바늘귀로 들어가는 코끼리가 보이지는 않기 때문이다."

는 책망은 남을 "비판"(마 7:2)하는 사람의 자기모순과 그것이 도로 자기에게 미칠 결과를 강조하기 위한 것이며, "떡을 달라 하는데 돌을 주며 생선을 달라 하는데 뱀을 줄 사람이 있겠느냐"(마 7:9-10)는 하나님 "아버지"의 사랑을 강조하기 위해 사용되었다. 이 모두 현실적이지 않은 만큼 강조의 효과가 크다.

"낙타가 바늘귀로 들어가는 것"이라는 과장법도 불가능의 의미를 강조하기 위해 사용되었다. 본문의 문맥(마 19:25-26; 막 10:26-27; 눅 18:26-27)을 보면, 이 과장법의 의도는 사람의 불가능을 강조하면서 그것을 하나님의 가능과 뚜렷이 대조시키려는 것이다. 말하자면, 이 경우 사람의 불가능은 짐을 실은 낙타가 '바늘귀'라는 문을 통과할 수 없거나 동아줄이 바늘구멍을 통과할 수 없을 정도의 불가능이 아니다. 낙타가 바늘구멍을 통과할 수 없다는, 그야말로 극한의 불가능이다. 그리고 사람의 불가능이 강조되는 만큼, '하나님의 가능'이 부각된다.

# 10장. 서사문

사람이 사는 곳에는 이야기가 있다. 옛날에도 그랬지만 지금도 마찬가지다. 차이가 있다면, 전에는 부모나 마을의 어른이 이야기를 들려주었는데, 이제는 그 역할을 유치원 교사와 책, 텔레비전, 영화 등이 한다는 것이다.

이야기가 사람들의 삶을 떠나지 않는 이유는 그것이 공동체의 세계관과 개인의 꿈이 투영되는 스크린이 되기 때문이다. 예를 들어, 『콩쥐팥쥐전』이나 『신데렐라 이야기』는 그 이야기를 듣는 사람들의 마음에 한편으로 권선징악적인 세계관을 심으면서 다른 한편으로 인생 역전의 기대를 일으킨다. 이 때문에 사람들은 이야기와 함께 살아간다.

## 이야기와 서사

이야기는 두 가지를 의미한다. 하나는 이야기를 통해 전달되는 내용이고, 다른 하나는 이야기의 형식이다. (많은 사람이 형식을 알맹이를 둘러싼 껍데기나 포장이라고 여기지만, 사실 이것은 구조 또는 구성의 방식을 가리킨다.) 이 둘을 구분하기 위해, 내용을 가리킬 때는 이야기story라는 단어를 그대로 쓰고, 형식을 가리킬 때는 서사narrative라는 단어를 사용한다. 예를 들어,

『신데렐라 이야기』라는 '서사'에는 신데렐라에 대한 '이야기'가 담겨 있다.

그리고 '이야기'는 허구일 수도 있고 실제로 일어난 일일 수도 있다. 『신데렐라 이야기』는 허구다. 그러나 '당사자 이야기도 들어봐야지'라고 말할 때의 '이야기'는 실제로 일어난 일을 가리킨다.

이야기를 전하는 행위를 '이야기하기'storytelling라고 한다. 서사라는 형식으로 이야기한다는 점을 부각할 때는 '서술'narration이라고도 한다. 그리고 글로 서술한 것을 서사문이라고 하고, 서사문으로 된 소설, 희곡 등을 서사문학이라고 한다.

이야기하기 또는 서술은 극drama의 형태를 띨 수도 있다. 연극이나 라디오극, 텔레비전극 또는 극영화로 만들어질 수 있는 것이다. 물론, 극은 연기로 행동을 표현하고 세트와 음향 효과를 통해 상황을 설정한다는 점에서, 모든 것을 글로만 서술하는 소설과 다르다. 그러나 극도 서사 구조narrative structure를 가진다는 점에서 소설과 함께 서사 작품으로 볼 수 있다.

서사문은 산문의 한 종류다. 지금은 서술의 보편적인 형태가 산문이지만, 서구의 경우 17세기까지 기사들의 모험담을 다룬 중세 로맨스 문학romance literature과 일종의 단편소설인 노벨라novella를 제외하면 운문으로 된 작품이 일반적이었다. 말하자면, 산문체로 된 서사문보다 서사시가 표준이었고, 연극에도 운문이 더 널리 사용되었다. 그러면 왜 이런 변화가 일어났을까?

운문과 산문 사이에는 다음과 같은 차이가 있다. 우선, 산문과 달리 운문에는 운율 체계가 있어서 압운rhyme으로 소리를 맞추고 율격meter으로 리듬을 고른다.[1] 또한 평범한 일상의 언어에 가까운 산문체의 글과 달리, 운문으

---

**1** 압운에는 언어 표현의 마지막 부분의 음을 맞추는 각운, 첫 음을 맞추는 두운 등이 있다. 율격에는 음절의 수로 리듬을 맞추는 음절 율격과 강세의 순서로 리듬을 맞추는 강세 율격이 있다. 우리나라는 음절 율격을 사용하는데, 세 음절과 네 음절이 반복되는 '삼사조'와 네 음절이 계속되는 '사사조'를 주로 사용한다. 서구의 강세 율격에는 강약의 순서로

로 된 글은 종종 상징적 표현이나 여러 가지 수사법을 통해 내용 전달의 극적 효과를 높인다. 이런 특성 때문에 운문은 산문에 비해 수준 높은 문체로 간주되었다. 달리 말하자면, 산문을 운문보다 열등한 서술 방식으로 여긴 것이다. 이 때문에 16세기 중반에서 17세기 초반에 걸친 영국의 엘리자베스 시대의 연극에서 운문과 산문이 함께 사용될 때, 운문은 "극적인 표현의 표준 수단"이었던 반면, 산문은 "기준에서 이탈"하는 경우에 사용되었다.[2]

그렇지만 18세기가 되자 상황이 달라졌다. 영국의 시인이자 문학비평가인 매튜 아놀드Matthew Arnold가 "산문과 이성의 시대"라[3] 부른 그 시기 동안, 관찰의 주체인 사람의 이성과 관찰 대상의 사실성을 강조하는 경향이 생기면서, 일기, 보고서, 평론과 같은 글의 필요성이 대두되었다. 이런 경향에 잘 맞는 것이, 압운법과 수사법으로 상상력을 자극하는 운문보다는 사실을 관찰한 대로 서술하는 산문이었다. 이 때문에 산문체로 된 글이 운문보다 더 주목받게 되었다.

산문 중에서도 가장 큰 관심을 끈 것은 역사서와 소설에 사용된 서사문이었다. 그 이유는 서사문이 사람의 행동을 그 동기와 목적에서부터 결과에 이르기까지 시간의 흐름에 따라 사실적으로 묘사하는 데 적절한 장르로 이해되었기 때문이다. 그뿐만 아니라 서사문은 생각과 성격이 다른 여러 사람의 교류 속에서 벌어지는 사건을 서술하며, 그런 사건을 또 다른 사건과 연결하는 데에도 적절한 것으로 간주되었다. 다시 말해, 개인적인 차원에서든

---

이루어지는 트로키(trochee), 약강의 순서로 된 아이앰브(iamb), 강약약인 댁틸(dactyl), 약약강인 애너페스트(anapest) 등이 있다.

2  Raymond McDonald Alden, "The Development of the Use of Prose in the English Drama: 1660-1800," *Modern Philology* 7.1 (1909): 1.

3  Matthew Arnold, "The Study of Poetry," in R. H. Super ed., *The English Literature and Irish Politics* (Ann Arbor: The University of Chicago Press, 1973), 180.

사회적인 차원에서든 시간의 흐름 속에서 벌어지는 사람의 행동과 사람들 사이에서 일어나는 사건을 사실적으로 묘사하는 데 적절한 것이기 때문에 그 시대의 관심을 끌기 충분했다.

## 하나님의 이야기

흥미롭게도 18세기보다 훨씬 이전에 쓰인 성경에는 서사문이 자주 등장한다. 구약에서는 율법서의 상당 부분, 역사서 전체, 성문서와 예언서의 일부 등 많은 부분이 서사문으로 되어 있고, 신약에서는 서신을 제외한 부분, 즉 복음서와 사도행전과 계시록이 서사문으로 되어 있다.

물론 성경은 여러 가지 종류의 글로 이루어져 있다. 구약의 율법서 중 레위기는 법전의 형식으로 되어 있고 신명기는 설교에 가깝다. 성문서 중 욥기는 운문으로 된 본문의 앞뒤를 서사문이 감싸는 형태로 되어 있다. 잠언은 주로 짧은 속담의 형태로 되어 있고, 시편은 대부분 운문으로 되어 있다. 예언서의 주요 부분도 운문에 가깝다. 신약의 서신서는 말 그대로 편지 형식으로 된 것인데, 그중에 히브리서는 논증 설교라고 할 수 있다.

이런 형식 중 구약에서 신앙과 삶에 대해 직결되는 것으로는 제사법과 윤리를 규정해 놓은 법전 형식의 글을 들 수 있다. 신약에서 이것에 해당하는 글은 '서신서'라고 할 수 있다. 그것은 교회에서 구원론, 성례전, 교회의 직제, 기독교 윤리 등과 관련된 문제가 일어날 때 바울과 같은 교회 지도자들이 그런 문제에 대한 원칙을 편지로 보냈기 때문이다. 그런데 이 원칙들의 근거는 주로 구약과 신약의 서사문이었다.

바로 이 점에서 기독교는 유대교와 다른 길을 걸어왔다. 유대인으로서 기독교 성서해석학자가 된 한스 프라이가 지적했듯이, 유대교에서는 제사 및 삶에 관한 규정이 "서사적인 성경 본문에 대해 관련성은 있지만 비교적 독자적인" 지위를 가지는 반면, 기독교는 성례전과 삶의 원칙을 "예수 그리스도의 삶, 가르침, 죽음 및 부활이라는 신성한 이야기에서 직접 도출해" 냈다.[4] 예를 들어, 유대교의 제사 체계와 생활 규범의 기초가 되는 제사법과 정결 규례는 창세기나 출애굽기의 서사 부분에 있지 않고 법전 형식의 레위기에 나온다. 그러나 신약의 서신서에 보이는 초기 기독교 신앙의 체계는 구약이나 신약의 서사문에 근거한 것이다. 예를 들어, 성찬과 세례에 관한 규정은 복음서나 사도행전에 근거한 것이며, 교리와 윤리에 관한 것도 복음서나 구약의 서사에 기반을 둔 것이다. 특히 구약의 서사에 근거한 것으로 다음과 같은 경우들이 있다.

우선, 바울 서신은 종종 구약의 서사문을 논지의 근거로 삼는다. 예를 들어, 로마서 4장과 5장은 칭의론의 논증에 창세기에 나오는 아브라함 서사의 한 구절(창 15:6)과 인류 타락 서사의 일부(창 3:1-7)를 사용한다. 고린도전서 10장은 우상 숭배와 불신에 관한 경고의 사례로 출애굽기에 보이는 배교 사건의 한 구절(출 32:6)과 민수기에 나오는 배교와 반역에 대한 몇몇 본문(민 25:1-9; 21:4-9; 16:41-50)을 사용한다.

히브리서에서는 교리적인 논증을 위해 구약의 서사문 외에도 시편이나 예언서를 근거로 삼는 경우가 보인다. 이 중 시편을 인용한 부분을 들여다보면 독특한 면을 볼 수 있다. 인용된 시편의 배경에 서사문이 있는 것이다. 예를 들어, 기독론의 논증을 위해 인용한 시편 110편은 창세기 14장의 멜기세덱 일화에 근거를 두고 있고, 종말론적인 삶의 방식을 제시하기 위해

---

**4** Hans W. Frei, "The Literal Reading of Biblical Narrative in the Christian Tradition: Does It Stretch or Will It Break?", in *Theology and Narrative: Selected Essays*, eds. George Hunsinger and William C. Placher (Oxford: Oxford University Press, 1993), 120.

인용한 시편 95편은 출애굽기 17장과 민수기 20장에 서술된 므리바 사건에 근거를 두고 있다. 그런데 이처럼 히브리서 저자가 율법서의 사건에 근거한 시편을 인용한 것은 그 사건을 기독론이나 종말론의 맥락에서 해석하기 위해서다. 요컨대, 시편 95편과 110편의 저자는 율법서의 서사문에서 시편 저술 당시의 상황에 대한 의미를 찾았고, 히브리서 기록자는 그 시편을 인용함으로써 히브리서 저술 당시의 상황에 대한 의미를 찾았다.

이처럼 초대교회는 서사문으로부터 교리 및 예배와 생활의 원칙을 끌어냈다. 그러면 왜 서사문이 그토록 중요시되는 것일까? 특히 복음서는 왜 다른 책보다 더 중요시되는 것일까? 물론, 복음서가 다름 아닌 예수 그리스도의 행적을 기록한 책이니 중요시될 수밖에 없다. 그렇지만 이 점에 대해 다음과 같은 질문을 던질 수 있다. 왜 예수 그리스도에 대한 글이 하필이면 산문체로 된 것인가? 왜 고상하고 우아해 보이는 운문으로 되어 있지 않고 일상의 언어에 가까운 산문으로 되어 있는가? 이 질문도 중요하지만, 다음 질문은 더 본질적인 것이다. 왜 하필이면 서사문인가? 좀 더 구체적으로 말하자면, 예수의 말씀을 모아 '어록'을 만들거나 그 말씀에서 어떤 원칙을 추출해 '법전'과 같은 글을 쓰거나 신학서처럼 체계적으로 '설명'할 수도 있었을 텐데, 왜 그의 행적을 '서술'하는 방식을 택했는가? 더구나 바울 서신이나 히브리서처럼 구원론이나 기독론을 정립하여 제시한 글이 있는데, 왜 예수의 행적을 서술한 복음서가 그보다 더 중요한 것으로 간주되어 왔는가?

우선, 구체성 때문이다. 요한일서에는 복음서 전체를 통해 서술된 것을 요약한 문장이 나온다. "하나님은 사랑이시라"(요일 4:16)가 그것이다. 이 명제는 요한복음에 길게 서술되고 해설된 하나님의 정체성과 행동을 요약한 것이다. 달리 말하자면, 예수 그리스도의 말씀과 기적 및 죽음을 통해 구체적으로 드러나고 완결된 하나님의 사랑을 한 문장에 함축시킨 것이다. 이런 의미에서 그것은 한 명제로 된 신론이라고 할 수 있다.

그런데 문제가 있다. 하나님이 사랑이라는 것은 알겠는데, 그 사랑이 어떤 것인지를 알 수 없다. 사람마다 사랑이 무언인지에 대해 각자의 정의와 이해의 정도가 다르기 때문이다. 바로 이 문제를 해결하기 위해서 '하나님의 사랑은 영원하고 무한하며 차별이 없고 자기희생적이다'라는 식의 설명이 필요하다. 그렇지만 문제가 거기서 끝나지 않는다. '영원'이란 무엇인가, '무한'이란 무엇인가 등의 문제가 다시 일어나기 때문이다. 만일 '영원'이나 '무한'이라는 개념을 설명 없이 직관적으로 이해할 수 있다고 해도, 여전히 남는 치명적인 문제 하나가 있다. 그것은 그런 사랑이 구체적으로 어떤 것이냐는 점이다. 말하자면, '사랑', '영원', '무한' 등의 개념은 보편적인 차원의 의미만을 띤다. 마치 '장미꽃'이라는 단어가 꽃의 한 종류를 가리키기만 할 뿐, 실제 생활에서 어떤 모양과 어떤 색을 띠며, 얼마나 크고, 어떤 향기를 내는지 말해주지 못하는 것처럼 말이다. 그런 보편적인 개념을 가리키는 단어로는 하나님의 사랑이 현실의 삶에서 구체적으로 어떤 내용과 양상을

레오나르도 다빈치의 <최후의 만찬>(부분). 요한복음 13:24의 서술을 그림으로 표현한 것. 오른쪽으로부터 예수, 요한, 베드로, 유다이다.

띠는지 전혀 알려주지 못한다.

이 때문에 요한일서의 그 명제를 이해하기 위해서는 요한복음을 읽어야 한다. 말하자면, 요한복음에 '서술'된 예수의 행적, 즉 죄의 용서와 구원을 전하신 것, 배고픈 자를 먹이시고 병자를 치유하시고 죽은 자를 살리신 것, 하나님이 어떤 분인지와 장차 완전히 이루어질 하나님의 나라가 어떤 것인지를 알려 주신 것, 하나님의 은혜와 능력을 맛본 사람들이 어떻게 살아야 할지를 가르치신 것, 그리고 십자가에서 죽으신 것을 읽어야 한다. 그래야 하나님의 사랑이 이 모든 것을 통해 어떻게 구체적으로 드러나고 실현되었는지를 알게 된다.

다음, 복음서에는 예수의 정체성, 즉 그가 하나님의 아들이자 그리스도(메시야)이신 것이 구체적으로 드러나 있다. 달리 말하자면, 복음서에 서술된 예수의 행적을 읽는 사람은 그가 하나님의 아들이라는 근거는 무엇인가, 그가 하나님의 아들로서 어떤 삶을 살았는가, 그가 하나님의 아들이면서 죽임을 당했고 나중에 부활했다는 것이 무슨 의미인가 등을 확인할 수 있게 된다. 그뿐만 아니라, 그의 정체성을 아는 것은 그를 보내신 하나님, 즉 인간의 역사 속에 들어와 인간을 구원하신 하나님의 정체성을 아는 것으로 이어진다. 바로 이 점 때문에 기독교는 복음서를 법이나 교리의 형식으로 된 부분보다 더 근원적이며 중심적인 것으로 여겨왔다.

## 행동의 서술

서사문에는 두 가지 특성이 있다. 하나는 서술의 방식에 있어서 산문을 사용한다는 점이고, 다른 하나는 서술 내용의 중심이 사람의 행동이라는 점이다. 이 중 서술의 방식을 먼저 살펴볼 것이다.

우선, 서사문을 다른 종류의 담론과 비교해 보겠다. 사실성을 기준으로 해서 담론을 구분한다면, 사실적인 담론과 허구적인 담론으로 나눌 수 있다. 사실적인 것으로는 과학서와 역사서가 있고, 허구적인 것으로는 소설과 시가 있다. 그런데 이 넷을 투명성과 의미 잉여라는 관점에서 비교해 보면 흥미로운 결과를 얻게 된다. 이미 설명했지만, 어떤 언어 표현이 투명하다는 것은 그 표현의 의미가 다른 설명 없이 그 자체로서 이해된다는 뜻이다. 그리고 의미 잉여는 한 표현이 어의 이상의 의미를 띤다는 것이다.

이 점에서 과학서와 시는 극단적인 대조를 보인다. 과학서는 의미 잉여를 최소화하고 투명성을 극대화하려 한다. 말하자면, 한 표현이 한 의미만을 가지면서 그 자체로서 이해되도록 한다. 반면에, 은유와 상징과 같은 비문자적 표현을 자주 사용하는 시는 필연적으로 어의 이상의 의미를 띠게 된다. 따라서 불투명성은 시의 본질적인 특성이 될 수밖에 없다.

그런데 허구적인 글이라는 공통점을 지닌 시와 소설을 비교하면 어떻게 될까? 흥미롭게도 투명성과 의미 잉여라는 점에서 이 둘은 꽤 대조적이다. 소설이 문자적 표현을 기반으로 하는 산문적 서사문을 사용하기 때문이다. 따라서 허구라는 점만 제외하면 소설은 시와 정반대의 위치에 있다.

마지막으로, 사실을 다루는 글인 과학서와 역사서를 비교한다면? 19세기에는 이 둘을 같은 종류의 담론으로 보려 했다. 그러나 지금은 그렇지 않다. 20세기 초에 역사를 과학과 다른 성격을 지닌 학문으로 보는 경향이 생겼고, 역사서와 소설(특히 19세기 프랑스 사실주의 소설)의 공통점에 대한 해석학적 관심도 생겼기 때문이다.

우선, 20세기가 시작되면서 역사의 본질에 대한 인식의 변화가 일어나기 시작했다. 19세기의 경험주의 역사가들은 역사를 경험, 실증, 객관성의 관점에서 파악하면서 과학의 한 분야로 간주했다. 이 관점은 20세기 초에 아일랜드 출신의 역사가 존 뷰리John B. Bury가 영국 케임브리지대학교 교수 취임 강연에서 한 말인 "역사 자체는 과학일 뿐, 그 이상도 그 이하도 아니다"에 잘 나타나 있다.[5] 그러나 이 시기에, 19세기 세계관의 틀을 만든 과학적 실증주의가 차츰 힘을 잃어가면서 역사학에 대한 이해에도 변화가 일어나기 시작했다. 이 변화의 문을 연 사람이 영국의 역사철학자 콜링우드Robin George Collingwood인데, 그는 자연 현상과 사람의 행동 사이의 차이에 주목했다.[6] 과거의 역사적 사건은 자연 현상과 달리 현재의 관찰 대상이 될 수 없으며, 따라서 역사가가 과거의 사건을 재구성하기 위해서는 상상력을 사용해야 한다는 점을 본 것이다.

다음, 사람들이 서사를 중요한 장르로 여기면서, 역사서와 사실주의 소설 사이에 보이는 유사성에 주목하기 시작했다. 첫째, 역사서와 소설은 사람의 행동을 서술한다는 점에서 서로 닮았다. 다른 점이 있다면, 하나는 역사적 사실을, 다른 하나는 허구적인 것을 서술의 내용으로 삼는다는 점이다. 둘째, 역사서에도 상상이 개입되고, 소설에도 현실성이 있다. 역사 연구는 불충분한 역사적 문헌과 유물을 관찰하여 그것을 토대로 역사를 재구성하는 과정이기 때문에 역사가의 해석을 필요로 하며, 이 해석에는 상상력이 동원된다. 그리고 소설에는 현실의 사람들과 사건들을 일반화한 유형이 등장한다. 다시 말하면, 역사서는 일어난 일, 즉 특정 인물과 사건에 관한 서술이고, 소설은 일어날 법한 일, 즉 인물과 사건의 일반적 유형에 관한 서술이다.

이처럼 두 담론의 특성이 새롭게 인식되자, 한때 서로 반대되는 것으로 간주된 이 둘이 서사문이라는 한 범주 안에 놓여, 각각 역사적 서사문과 허

---

**5** John B. Bury, "The Science of History" (케임브리지대학 교수 취임 기념강연, 1903).

**6** 다음을 참고할 것: Robin G. Collingwood, *The Idea of History* (Oxford: Oxford University Press, 1946).

구적 서사문으로 불리게 되었다. 그 결과 이 둘을 적극적으로 결합한 서술 형식도 나타나기 시작했는데, 한편으로는 미술사가 곰브리치Ernst H. Gombrich 의 『서양미술사』(원제는 『미술 이야기』)와[7] 같이 이야기하기 방식으로 된 역사서가 출현했고, 다른 한편으로는 사실에 허구를 적극적으로 결합한 역사소설이 사람들의 관심을 끌기 시작했다.

그렇지만 역사서의 상상에 대해 오해하지 말아야 할 점이 있다. 그것은 이 상상이 사실에 근거한 추정, 즉 이미 밝혀진 사실을 토대로 아직 밝혀지지 않은 부분에 대해 하는 추정이라는 점이다. 이와 함께 소설과 역사서 사이의 차이도 절대 과소평가하지 말아야 한다. 리쾨르가 지적했듯이, 소설이 아무리 사실주의를 표방해도 거기에는 역사서의 사실성에 필적할 수 없는 것이 있다.[8] 본질적으로 역사서는 일어난 일을 서술하지만 소설은 그렇지 않다는 점이 그것이다.


## 행동이 언어로

지금까지는 서술의 방법을 살펴보았다. 이제 사람의 행동을 중심으로 한 서술의 내용을 들여다볼 때가 되었다.

이야기의 중심에 있는 사람의 행동은 시간의 흐름 속에서 진행된다. 그렇기 때문에 서사 구조는 사람의 행동과 시간의 흐름이라는 두 요인을 기반으로 하여 형성되며, 등장인물들의 상황을 설정하는 것에서 시작하여 등

---

**7** Ernst H. Gombrich, *The Story of Art*, 16th ed. (London: Phaidon, 1995); 백승길·이종숭 옮김, 『서양미술사』 (서울: 예경, 1997).

**8** Ricoeur, 『시간과 이야기』 1, 179.

장인물들 사이의 갈등을 거쳐 그 갈등의 해결로 이어지는 줄거리plot로 나타난다. 이 과정에서 문제가 되는 것 두 가지가 있는데, 하나는 현실의 행동을 어떻게 글로 옮기느냐는 것이고, 다른 하나는 행동의 조건이 되는 시간의 흐름을 어떻게 처리하느냐는 것이다.

사람의 행동은 물체의 움직임과 다르다. 예를 들어, 홍수에 휩쓸린 나무는 물이 흐르는 대로 떠내려가지만, 사람은 살기 위해 물에서 나오려고 헤엄친다. 물에 빠진 사람을 살리기 위해 오히려 물로 뛰어드는 경우도 있다. 그리고 이렇게 뛰어들었다가 물에 빠진 자와 함께 살아나는 경우도 있고, 물에 빠진 자를 살리면서 자신이 죽는 경우도 있고, 둘 다 죽는 경우도 있다. 이처럼, 자연의 법칙을 따르는 물체의 움직임과 달리, 사람의 행동은 동기나 계기, 목적 및 정확히 예측하기 어려운 결과로 이루어진다.

사람의 행동을 구성하는 것은 방금 언급한 통시적 요소 외에도 행동의 주체, 대상, 내용과 같은 공시적 요소도 있다.[9] 여기에 시간과 장소라는 환경적 요소도 중요하게 작용한다. 이런 요소들을 연결하여 사람의 행동과 그 행동이 중심이 된 사건을 서술하는 데 최적화된 장르가 서사다.

서사를 통해 행동과 환경의 요소들이 서로 연결되어 하나의 이야기를 이루는 과정은 다음 두 단계로 이루어진다. 먼저 위의 요소들을 연결하여 이야기의 기초 단위인 일화episode를 만들고, 그다음에 여러 일화를 연결하여 하나의 이야기를 구성한다. 예를 들어, 룻기의 서두에는 사사 시대(시간)의 흉년(계기), 엘리멜렉 가족(주체)의 이민(내용), 모압(장소), 엘리멜렉과 두 아들의 죽음(결과)이 차례로 연결되어 엘리멜렉 가족의 이민 일화를 구성한다. 그리고 이 일화는 그다음에 나오는 다른 일화, 즉 나오미의 귀향, 룻의 이삭줍기, 룻과 보아스의 만남, 룻과 보아스의 결혼, 룻의 출산과 연결되어

---

9  위의 글, 129-31.

룻기라는 하나의 서사를 이룬다.

그런데 행동의 요소들이 아무렇게나 연결되어 일화가 되는 것은 아니다. 단어들이 아무렇게나 연결되어 문장이 되는 것이 아니고, 문장들이 되는대로 연결되어 담론이 되는 것이 아니듯 말이다. 예를 들어, 요즘 여자가 바지를 입는 것은 대체로 개인적인 취향과 선택의 문제이지만, 19세기 말과 20세기 초 서구에서는 남자와의 동등한 지위를 주장하는 여성 운동의 의미를 띠었다. 말하자면, 여자(행동의 주체)가 바지 입기(행동의 내용)에 연결될 때 시대나 경우에 따라 다른 문화적 함의를 띠게 되는 것이다. 이처럼 행동의 요소들이 서로 연결되고 일화들이 서로 연결될 때 그 연결이 어떤 의미를 띠는 방식이 있는데, 지금부터 그 방식을 '연결의 논리'라고 부를 것이다.

연결의 논리는 다음 두 가지 기반 위에 서 있다. 하나는 보편적인 것, 즉 특정한 개인이나 공동체에 국한되지 않는 것이고, 다른 하나는 특수한 것, 즉 특정한 사회의 법과 관습에 관한 것이다. 이 둘은 서사에 등장하는 개별 행동이 가지는 의미의 배경이 된다.

첫째, 보편적인 차원의 연결 논리에 대해. 일반적으로 웃음은 기쁨의 표현을, 울음은 슬픔의 표현을 의미한다. 그래서 누군가가 시상식에서 상을 받으면서 웃었다면 그것은 당연히 그가 기뻐하고 있다는 의미다. 그런데 기뻐해야 할 상황에서 울었다면, 그 울음은 기쁨의 특별한 표현을 의미하는 것으로 해석된다. 말하자면, 너무나도 고생스러운 과정을 거친 다음에 찾아온 좋은 일 때문에 일어난 큰 기쁨을 의미하게 되는 것이다.

둘째, 특정한 사회의 법과 관습에 대해. 셰익스피어의 희곡『로미오와 줄리엣』에 나오는 줄리엣의 나이는 13세다. 로미오의 나이는 보이지 않지만, 줄리엣보다 그리 많은 것 같지는 않다. 이 둘의 나이는 셰익스피어가 활동하던 엘리자베스 시대의 법과 관습을 배경으로 하여 다음과 같은 의미를 띠

셰익스피어의 연극을 상연한 글로브 극장을 1990년대에 원래 자리 근처에 복원한 건물. 1599년에 세워진 원건물은 1644년에 철거되었다.

게 된다.[10] 먼저 당시의 사회 배경을 보면, 법적인 결혼 연령은 남자가 14세부터, 여자가 12세부터였다. 그러니까 그들이 그 어린 나이에도 서로 사랑한 것은 법적인 면에서 수긍이 된다. 그러나 이것이 전부가 아니다. 법적으로는 그렇지만, 실제 결혼은 대체로 20대에 이루어졌다. 따라서 그 둘은 너무 어렸다. 그런데 바로 그 점이 중요하다. 그 어린 나이 때문에 그들의 죽음이 더 비극적으로 다가오기 때문이다. 꽃을 피우기도 전에 스러진 셈이니 말이다.

또한 그들이 어리다는 것 때문에 그들의 행동에 수긍이 가게 된다. 사실, 당시 결혼은 부모나 친척의 주선으로 이루어졌기 때문에 자유 연애는 일반적이지 않았으며, 부모의 의사에 반하는 행동도 용납되지 않았다. 귀족 집안에서는 더 그랬다. 그뿐만 아니라 당시 자살은 시도만 해도 법적인 처벌을 받을 정도로 엄격히 금지되어 있었다. 이처럼 작품 구성에 중심이 되는 그들의 행동은 사회적으로 받아들이기 어려운 것이었다. 그럼에도 불구하고 이 작품이 받아들여진 것은 주인공들의 어린 나이 때문이었다. 말하자면, 그런 관습을 이해하고 지킬 정도로 성숙하지 않았다는 점이 관객들로

---

**10** 이 시기의 결혼에 대해서는 다음을 참고할 것: Ann Jennalie Cook, "The Mode of Marriage in Shakespeare's England," *Southern Humanities Review* 2 (1977): 126-32.

하여금 큰 어려움 없이 작품의 세계에 몰입할 수 있게 한 것이다. 더구나 작품의 배경이 이탈리아였다. 작품 속에서 관객들이 멀리 떨어진 외국의 상황을 대하고 있었던 것이다.

이상에서 본 여러 요인은 영국 엘리자베스 시대의 특정한 법이나 관습과 관련된 것들이다. 바로 이런 요인들 때문에 당시 관객들은 그들의 행동에 동의하지는 않아도 그것을 이해할 만한 것으로 여길 수 있었다.

## 시간이 논리로

사람의 행동을 언어로 서술할 때 생기는 또 다른 문제는 시간이다. 행동은 시간의 흐름 속에서 진행되기 때문에 실제 행동을 글이나 영상으로 표현할 때 시간의 흐름을 어떻게 처리하는가가 문제가 되는 것이다.

무엇보다 현실의 시간을 실제적으로 서사의 시간과 일치시키는 것이 문제가 된다. 우선, 글로는 불가능하다. 사람마다 읽는 속도가 다르다는 현실적인 문제도 있지만, 현실의 시간과 글의 길이를 대응시킨다는 것 자체가 성립되기 어렵다. 영화나 라디오극처럼 영상이나 소리로 된 작품의 경우 서사의 시간과 현실의 시간을 일치시키는 것이 가능하다. 그러나 시간의 제약이라는 문제가 남는다. 1957년에 개봉된 영화 「12인의 성난 사람들」*12 Angry Men*이나 2001년부터 방영된 미국의 텔레비전극 「24」처럼 길지 않은 시간에 일어난 일을 다루는 경우에 국한되는 것이다.

그런데 현실의 시간을 서사의 시간과 일치시킬 수 없는 근본적인 이유가 있다. 그것은 현실에서 일어나는 모든 것이 다른 사람에게 전달할 만큼의 의미나 가치를 띠고 있는 것은 아니기 때문이다. 예를 들어, 어떤 사람이 8시간 동안 잠을 잤는데 그 모든 과정을 서술할 필요는 없다. 그 잠이 가지는 중요성만큼 서술하면 되는 것이다. 그런데 이 중요성의 정도는 구체성의 정도로 나타난다.

이 책의 3장에서 설명했지만, 어떤 행동이나 사건을 구체적으로 서술한다는 것은 구체적인 유형을 사용한다는 뜻이다. 또한 구체적인 유형을 사용하여 서술한다는 것은 그만큼 더 의미 있게 서술한다는 뜻이며, 더 길게 서술한다는 뜻이기도 하다. '잠을 잤다', '단잠을 잤다', '새우잠을 잤다'를 비교해 보면, '잠'은 '단잠'이나 '새우잠'의 상위 범주여서 그 의미 범위가 더 넓은 반면에, 그것에 담긴 의미 요소는 더 적다. 그래서 '잠을 잤다'라는 표현은 그저 잠을 잤다는 것을 의미하지만, '단잠을 잤다'나 '새우잠을 잤다'라는 표현은 잠의 상태를 좀 더 구체적으로 묘사함으로써 잠에 더 많은 의미를 부여하는 것이 된다. 나아가 '그는 이제 모든 것을 잊어버리고서 두 발을 쭉 뻗은 채 단잠을 잤다'라거나 '그는 여러 낯선 사람과 함께 좁은 방에서 새우잠을 잤다'라고 하면, 이 표현은 잠의 상태를 묘사할 뿐만 아니라 자는 사람의 상황에까지 연결되어 더 많은 의미를 띠게 된다.

성경에 좋은 예가 있다. 여리고의 함락(수 6장)과 유다의 멸망(왕하 25:1-7)을 비교해 보면, 도시인 여리고가 함락되는 데에 한 주간이 걸렸고 국가인 유다가 멸망하기까지 1년 반이 걸렸다. 그런데 도시의 함락에는 한 장 전체가 할애되었지만, 국가의 멸망에는 겨우 일곱 절이 할애되었다. 그 차이를 보면 다음과 같다. 우선, 여리고의 함락에는 매일의 행진, 행진의 참여자와 동원되는 물건, 행렬의 순서(앞에서부터 군사, 제사장, 법궤, 군사), 행진하는 동안의 구체적인 행동, 마지막 날의 지침 등에 대한 자세한 묘사가 보인다. 그러나 유다의 멸망은 바벨론 군대의 포위 및 포위 말기의 중요한 사건들(기근, 성벽의 파괴와 군대의 도주, 유다 왕의 체포와 압송)에 대한 간단한 서술로 이루어진다.

이런 차이가 생긴 이유는 두 서술의 초점이 다르기 때문이다. 여호수아서의 주된 내용은 하나님과 이스라엘 사이에 맺은 언약에 포함된 땅에 대한 약속, 즉 멀게는 아브라함에게(창 12:1-3), 가깝게는 여호수아에게(수 1:1-9) 하신 약속이 구체적으로 실현되는 과정이다. 말하자면, 이스라엘 민족이 가나안 땅 점령의 첫 단계인 여리고의 함락을 위해 하나님에 대한 신뢰를 가지고 세심하게 준비하고 행동한 것에 초점이 맞추어져 있다.

그러나 유다의 멸망은 우상 숭배를 자행한 므낫세 왕 시절부터 여러 번에 걸쳐 예고된 것으로서(왕하 21:11-15; 23:26-27; 24:2-4), 이런 예고를 통해 열왕기는 멸망의 원인이 무엇이었는지를 충분히 설명했다. 말하자면, 므낫세 왕의 배교로 나라의 운명이 기울어졌는데, 그의 손자 요시야가 종교개혁을 통해 바꾸려 했으나 요시야의 뒤를 이은 왕들이 다시 우상 숭배로 돌아가는 바람에 결국 멸망하게 된 것이 이미 자세히 묘사된 것이다. 이 때문에 1년 반이라는 긴 시간이 걸린 유다의 멸망은 그 과정을 간략하게 서술하는 것만으로도 충분했다.

이처럼 서사의 길이는 서술되는 행동이나 사건의 시간적인 길이보다는 그것이 가지는 의미의 정도에 의해 결정된다. 그런데 행동이나 사건의 의미는 이 책의 3장에서 설명했듯이 그 전후 관계에서 나온다. 그렇기 때문에 서사의 길이에 있어서 가장 중요한 요인은 서사 속의 전후 관계다. 그리고 이 전후 관계에 기반이 되는 논리야말로 앞에서 설명한 서사 구성에 결정적인 요인이 된다. 바로 이 논리가 행동의 요소인 동기, 목적, 결과 등을 제대로 연결해서 하나의 일화를 이루게 할 뿐만 아니라, 여러 일화가 제대로 연결되어 하나의 통일된 이야기를 이루게 하기 때문이다.

또한 서사에서 현실의 시간이 논리로 대체되기 때문에, 서술의 순서도 실제 시간의 순서를 따르지 않을 때가 많다. 먼저 일어난 일을 나중에 회상할 때도 있고, 어떤 일의 결과를 미리 서술하는 경우도 있는 것이다. 또한 같은 시간대에 여러 사건이 일어난 경우, 사건 전개의 논리를 따라 어떤 순서를 정해 서술할 수밖에 없다. 서사에서 중요한 것은 시간적 순서보다 이야기 전개의 논리다. 한마디로, 서사는 연대기가 아니다.

## 서사적 어의

이상에서 본 것처럼 시간 속에서 일어난 사람의 행동이 서사문으로 되었을 때, 그 서사문과 현실의 관계는 어떻게 형성될까? 특히 이 책의 3장에서 설명한 내용을 염두에 두고 이 문제를 생각한다면, 언어의 문자적 의미와 비문자적 의미, 그리고 어의와 지시 내용은 어떤 관계에 놓일까?

서사문은 담론의 한 장르다. 이 책의 4장과 5장에서 설명했듯이, 담론 차원에서는 문맥과 삶의 맥락이 형성되기 때문에 그 맥락 속에서 한 언어 표현의 의미가 하나로 확정된다. 달리 말하자면, 그 표현이 구체적인 대상과 연결됨으로써 실제로 무엇을 가리키는지가 분명해지는 것이다.

그렇기 때문에 이 차원에서는 언어 표현의 의미가 투명해진다. 한스 프라이에 의하면, 이 의미는 단어와 문장의 차원에서 형성되는 "문법적-의미론적" 의미를 넘어서 담론 차원에서 형성되는 "문학적"literary 의미인데, 그는 이것을 "서술적 어의"storied sense라고 불렀다.[11] 이 책에서는 '서사적 어의'narrative sense라고 부를 것이다.

그렇다면 서사적 어의는 단어의 어의와 다른 것인가? 일단, 어의와 지시

---

**11** Frei, "The 'Literal' Reading of Biblical Narrative in the Christian Tradition," 111.

내용이 다른 경우에는 지시 내용이 서사적 어의가 된다. '샛별'의 경우, 단어 차원의 어의는 '동쪽별'이지만 서사 차원의 어의는 지시 내용과 같이 '이른 아침에 동쪽에 뜨는 금성'이다.

그러면 은유의 경우에는 어떤가? 이 경우에는 은유적 의미가 서사적 어의가 된다. 한 예로, 셰익스피어의 희곡 『십이야』*Twelfth Night*에 나오는 다음의 대사를 보겠다.[12]

> **맬볼리오** 저는 미치지 않았습니다, 토파즈 경. 이 방이 어둡다고 말씀드리
> 는 것입니다.
>
> **광대** 미친 사람아, 틀렸네. 내가 말하지만, 무지 외에는 어둠이 없다네….

맬볼리오의 대사에 나오는 "어둡다"라는 단어의 어의와 지시 내용은 같다. '빛이 없는 상태'를 의미하고 가리키는 것이다. 따라서 "이 방이 어둡다"라는 표현의 서사적 어의도 말 그  대로 '이 방이 어둡다', 즉 '이 방에 빛이 없다'가 된다. 그런데 토파즈 경으로 가장한 광대의 대사에 나오는 "어둠"의 경우는 다르다. 어의는 '어둠'의 문자적 의미인 '빛이 없는 상태'지만, 지시 내용은 '어둠'의 은유적 의미인 '아무것도 분별하지 못하는 마음의 상태'인 것이다. 이렇게 어의와 지시 내용이 다를 경우, 서사적 어의는 지시 내용에서 찾게 된다. 말하자면, "무지 외에는 어둠이 없다네"의 서사적 의미는 '무지 외에는 빛이 없다'가 아니라

---

12 William Shakespeare, 『십이야』, 4막 2장.

'무지 외에는, 아무것도 분별하지 못하는 마음의 상태가 달리 없다'라는 것이다. 정리하면, 언어 표현의 서사적 어의를 파악하기 위해서는 그 표현의 지시 내용을 보아야 한다.

위의 대화에는 문자적 의미(맬볼리오의 "어둡다")와 은유적 의미(광대의 "어둠")의 충돌이 있었는데, 요한복음 3:2-7에 서술된 예수와 니고데모의 대화(필자의 번역)에도 그와 비슷한 의미 충돌이 일어난다.

니고데모  랍비여, 당신이 하나님께로부터 오신 선생인 줄 우리가 압니다. 하나님이 함께 하시지 않으시면 당신이 하시는 이 표적들을 아무도 할 수 없으니까요.

예수  진실로, 진실로 내가 그대에게 말하지만, 누구든 다시 태어나지 않으면 하나님의 나라를 볼 수 없소.

니고데모  사람이 늙었는데 어떻게 태어날 수 있습니까? 두 번째 어머니의 태에 들어가서 태어날 수 있습니까?

예수  진실로, 진실로 내가 그대에게 말하지만, 누구든 물과 성령으로 태어나지 않으면 하나님의 나라에 들어갈 수 없소. 육체에서 태어난 것은 육체이고 영에서 태어난 것은 영이니, 내가 그대에게 '다시 태어나야 한다'고 말한 것을 놀라워하지 마시오.

니고데모는 예수에 의해 일어난 기적을 목격하고 그것을 "하나님께서 함께 하시[는]" 것을 보여주는 "표적"이라고 말했다. 예수를 통해 하나님의 나라가 이루어지는 것의 표시라고 말한 것이다. 그러나 예수께서는 "다시 태어[난]" 사람만이 "하나님의 나라"를 알아볼 수 있다고 대답하셨다. 그런데 이 표현을 니고데모가 제대로 이해하지 못했다. 예수의 말씀에서 '다시 태어난다'라는 것은 영적 탄생을 가리키는 은유적 표현인데, 니고데모는 그것을 문자적으로 해석해서 "두 번째 어머니의 태에 들어갔다가 태어[난다]"는 것으로 오해한 것이다. 이 때문에 예수께서는 '다시 태어나다'라는 표현이 가리키는 것(지시 내용)이 "물과 성령으로 태어나[는]" 것, 즉 영적 탄생이라고 다시 말씀하셨다.

이상에서 밝힌 것을 요약하면 이렇다. 문자적 의미에서 어의와 지시 내용이 다를 경우에는 지시 내용이 서사적 어의가 된다. 은유적 의미와 같은 비문자적 의미로 사용되는 언어 표현에서는 그 비문자적 의미가 서사적 어의가 된다. 어떤 경우든, 한 언어 표현이 실제로 가리키는 것이 서사적 어의가 된다.


## 서사 읽기

서사를 읽는다는 것은 이상에서 설명한 서사적 어의 찾기를 기반으로 하여 서사 전체의 논리적 흐름을 따라간다는 것이다. 이 과정에는 다음과 같은 양상이 있다.

● 서사적 어의 찾기는 단어의 의미를 확인하는 데서 시작하는데, 이 의미를 파악할 때는 단어가 문맥 속에서 어떤 의미를 띠는지에 주목해야 한다. 그중 비문자적 의미를 띠는 경우에 해당하는 것이 앞 장에서 본 은유, 제유, 환유, 상징 등이다.

다만, 두 단어 이상으로 된 표현을 대할 때 조심해야 할 점이 있다. 위에서 본 "생수"*hydōr zōn*처럼 관용구와 같은 표현이라면 확정된 한 가지의 뜻을 가지지만, 그렇지 않은 경우라면 어느 단어를 강조하느냐에 따라 뜻이 달라질 가능성이 생기기 때문이다. 이 경우에 해당하는 표현이 디모데전서와 디도서에 나오는 "한 아내의 남편"(딤전 3:2, 12; 딛 1:6)이다.

교회 지도자들의 자격 중 한 가지를 가리키는 이 표현을 언뜻 보면 일부 다처를 금하는 것 같다. 그러나 "한 아내"라는 표현의 어느 부분을 강조하 느냐에 따라 그 의미가 달라진다.[13] 우선, '아내'가 강조되었다면 기혼자여 야 한다는 뜻이 된다. 그러나 당시 기독교 지도자 중에 바울처럼 독신인 사 람들이 있었다는 점을 고려하면 이 논지는 성립되기 어렵다. 다음, '한 아내' 라는 표현 전체가 강조되었다면 인생 전체를 통해 한 번만 결혼해야 한다 는 뜻이 된다. 그러나 같은 서신에 젊은 과부의 재혼이 장려되었다는 점(딤 전 5:11-14)을 감안하면, 이 견해 역시 성립될 가능성이 낮다. 마지막으로, '한'이 강조되었다면 그 표현의 의미는 일부일처제 지지가 될 것이다. 그런 데 '아내'와 '남편'으로 번역된 그리스어 귀네*gynē*와 아네르*anēr*의 기본 의미 가 각각 '남자'와 '여자'여서, 문제가 되는 표현의 어의가 '한 여자의 남자'라 는 점을 감안하면, 외도 금지를 뜻할 수도 있다. 당시 그리스도인들에게 일 부일처제가 당연시되어 있었다는 점을 감안하면, 외도 금지의 가능성이 더 클 수도 있다.

● 단어의 의미를 파악한 다음에는 제재를 파악해야 한다. 이 작업에 도움 되는 것으로는 종결점에서 읽기, 모티프 찾기, 복선 파악하기가 있다.

첫째, 리쾨르가 언급했듯이, "종결점"에서[14] 줄거리 전체를 조망할 수 있 다. 모든 기억의 종결점인 현재로부터 기억을 더듬어 과거를 되돌아볼 때 과거에 일어난 일의 의미가 선명히 다가오듯이, 서사의 결말로부터 전체를

---

13  이 논지에 대해서는 다음을 볼 것: William D. Mounce, 채천석 옮김, 『목회서신』, WBC 46 (서울: 솔로몬, 2009), 461-66.

14  Ricoeur, 『시간과 이야기』 1, 67. 우리말 번역서에서는 종결점(point final, 영어로 end point)을 "종말"이라고 옮겼다.

되돌아볼 때 전체 줄거리의 의미가 분명해지기 때문이다. 이것의 좋은 예로 서사문은 아니지만 전도서를 들 수 있다.

전도서를 처음 읽는 사람들은 책의 내용에 대해 당혹감을 느끼고는 한다. 그 이유는 이 책이 처음에는 허무주의(전 1:2)를 추구하는 것 같다가 어느 순간부터 쾌락주의(전 8:15; 9:9)를 예찬하는 것처럼 보이기 때문이다. 그러나 이 책의 결론에 가면 "하나님 경외"(전 12:13)가 주된 논지인 것을 알게 된다. 이것으로부터 책 전체를 다시 되돌아보면 전도서의 취지가 보이기 시작한다. 허무주의를 극복하고 삶의 진정한 의미와 기쁨을 알기 위해서는 하나님을 경외해야 한다는 점 말이다. 그뿐만 아니라 끝에서 전체를 다시 조망하면 하나님을 경외하라는 권고가 곳곳에(전 3:14; 5:7; 7:18; 8:12, 13) 흩어져 있다는 것도 깨닫게 된다. 허무주의나 쾌락주의 관련 내용에 가려 제대로 주목받지 못했을 뿐이다.

둘째, 본문에 어떤 모티프motif가 등장하는지를 보는 것도 제재 파악에 큰 도움이 된다. 모티프는 문학이나 예술 작품의 중심 요소가 되는 상image, 선율, 표현 등을 의미한다. 예를 들어, 우리나라는 20세기가 지나가는 동안 일제강점기, 남북 분단, 산업화 등의 상황 속에서 고향을 떠난 사람들이 많았기 때문에, 이 시기의 문학과 음악에는 고향의 모티프가 자주 등장했다. 작품을 언급한다면, 소설로는 현진건의 『고향』, 시로는 박목월 「산」과 정지용의 「향수」 등이 있고, 가곡으로는 김동진의 「가고파」, 이흥렬의 「고향 그리워」, 현제명의 「고향 생각」 등이 있으며, 대중가요로는 「내 고향을 이별하고」와 「타향」, 「머나먼 고향」, 「고향이 좋아」 등이 있다.

이상에서처럼 한 모티프가 한 작가의 여러 작품에서나 여러 작가의 작품에서 등장하는 경우도 있지만, 한 작품에서 자주 등장하는 경우도 있다. 예를 들어, 셰익스피어의 『로미오와 줄리엣』에는 빛과 어둠의 모티프가 자주 등장한다. 그중 자주 인용되는 예를 몇 가지 들면, "밝게 타는 횃불", "그녀는 흑인의 귀에 걸린 값진 보석처럼/밤의 볼에 걸려있는 것 같네", "빛나는 태양아, 떠올라서 시샘하는 달을 죽여라", "온 하늘에서 가장 빛나는 별들 중 둘" 등이 있다.[15]

성경의 예로는, 출애굽기에 "내 백성을 보내라 그들이 나를 섬길 것이다"라는 모티프가 여러 번 등장한다(7:16; 8:1, 20; 9:1, 13; 10:3). 이 모티프는 이집트 탈출의 과정과 하나님을 섬기는 자리인 성막의 제작으로 이루어진 출애굽기 전체의 구성과 직결된다. 에스더서에 열 번이나 보이는 연회의 모티프 역시 에스더서의 서사 구조, 특히 그 줄거리의 발전과 반전을 제대로 파악하는 데에 열쇠가 된다.

셋째, 복선foreshadowing을 파악하는 것도 중요하다. 복선이란 나중에 일어날 일을 암시하는 말이나 사건을 미리 두는 것을 말한다. 이것은 일어날 일의 의외성, 즉 사람들의 기대와 반대되는 일이 일어날 경우나 줄거리의 전개 방향을 바꾸는 반전이 일어날 경우를 대비하기 위해 자주 사용된다. 예를 들어, 영화 「반지의 제왕」 1편에서 프로도가 "기회가 있었을 때 빌보가 [골룸을] 죽이지 않은 것이 유감입니다"라고 하자 간달프가 "내 마음이 말하는 것이 있는데, 이것이 끝나기 전에 골룸이 선이든 악이든 맡은 역할이 있다는 거야"라고 대답했다. 이것은 앞으로 일어날 반전에 대한 복선이 된다. 골룸은 반지를 차지하려는 속셈으로 프로도를 따라다니지만, 바로 그 속셈 때문에 오히려 마지막 순간에 반지 파괴에 일조하게 되어, 이로써 프로도의 임무가 완수된다.

에스더서 2장에는 에스더의 왕비 책봉에 관한 서술이 나오고, 그다음에 모르드개가 왕에 대한 암살 음모를 알아채고 에스더를 통해 왕에게 보고하는 장면이 나온다. 그런데 이것은 에스더서에서 가장 중요한 반전에 대한

---

**15** 앞의 둘은 1막 5장에, 뒤의 둘은 2막 2장에 나온다.

복선이 된다. 하만이 유대인 말살의 음모를 진행하던 중 먼저 모르드개를 죽이기로 작정하고 왕의 재가를 받으려 했다. 그런데 바로 그 전날 밤에 왕이 모르드개가 암살 음모를 막았는데 포상받지 못한 것을 깨닫게 되어, 그 다음 날 아침에 자신을 찾아온 하만에게 모르드개를 위한 최고의 포상을 지시했다. 이 반전의 계기가 된 것이 왕이 모르드개의 공에 대한 기록을 읽은 것인데, 2장에 서술된 암살 방지가 바로 이것에 대한 복선이 된다.

● 제재와 함께 주목해야 할 또 하나의 넓은 문맥이 있다. 한 본문의 일부가 다른 본문의 일부와 연결될 때 이것을 참고하여 해당 본문의 의미를 찾는 경우가 있는데, 이런 경우를 상호본문성intertextuality이라고 한다. 이것은 성경 전체를 관통하는 주제나 성경 전체에 흩어져 있는 모티프를 배경으로 해당 본문을 해석하는 방법이다. 예를 들어, 룻기의 줄거리를 이해하려면 "기업 무를 자"(룻 2:20; 3:12-13; 4:1, 14)라는 개념을 알아야 하는데, 이것을 위해서는 레위기 25장에 나오는 토지법을 참고해야 한다. 그리고 토지법을 이해하면, 창세기에 나오는 유다와 다말의 일화(창 38장)와 나봇의 포도원 일화(왕상 21장)처럼 이해하기 어려운 본문을 해석하는 데 필요한 실마리를 얻게 된다.

● 마지막으로, 본문의 내용에 대한 역사적 맥락을 파악하여 본문의 배경에 대한 전이해를 가지는 것도 중요하다. 예를 들어, 유대와 사마리아 사이의 갈등에 대한 역사적인 이해가 있으면 누가복음의 "선한 사마리아인의 비유"나 요한복음 4장에 보이는 예수와 사마리아 여인 사이의 대화의 내용을 더 명확히 이해할 수 있다. 유대와 사마리아의 갈등은 뒤에서 자세히 다룰 것이다.

## 서사 구조 파악

이상의 과정을 거친 다음 할 일은, 전체 줄거리를 파악하면서 그 속의 각 일화가 서로 어떤 논리로 연결되었는지를 확인하는 것이다. 이 과정을 거치면 서사 구조가 제 모습을 드러낸다. 이 서사 구조는 서사 전체의 의미 구조가 되는데, 그 종류는 다음과 같다.

● 우선, 직선적인 구조가 있다. 사도행전에는 교회의 탄생 이후에 사도행전 1:8("예루살렘과 온 유대와 사마리아와 땅 끝까지 이르러")에 보이는 순서를 따라 복음이 전파되어 가는 과정이 서술되어 있는데, 그 구조는 다음과 같다.

A   성령의 강림과 교회의 탄생(1-2장)

B   예루살렘에서의 복음 전파(3:1-6:7)

C   유대와 사마리아에서의 복음 전파(6:8-9:31)

D1  타민족에게로(9:32-12:25)

D2  소아시아에서(13:1-16:5)

D3  마게도냐에서(16:6-19:20)

D4  로마로(19:21-28:31)

● 다음, 교차대구법chiasmus적인 구조가 있다. 성경에 자주 나오는 교차대구법은 문장이나 담론의 의미 구조가 그리스어 알파벳의 X의[16] 모양처럼 교

---

**16** 그리스어 알파벳 X(히)를 로마자로 옮기면 chi가 되는데, 이것을 영어로는 '카이'로 읽는다. 영어로 교차대구법을 가리키는 표현이 chiasmus(카이애즈머스)인 것은 바로 이런 이유 때문이다.

차되어 ABBA, ABCBA 등으로 이루어지는 것을 가리킨다. 한 예로 마태복음 6:24을 보면, 그 가운데 부분이 다음과 같은 구조로 되어 있다.

A  혹 이를 미워하고

  B  저를 사랑하거나

  B′  이를 중히 여기고

A′  저를 경히 여김이라

여기서 처음에 나오는 "미워하고"는 마지막에 나오는 "경히 여김이라"에, 그리고 두 번째 나오는 "사랑하거나"는 세 번째 나오는 "중히 여기고"에 대응된다.

교차대구법과 비슷하게 보이는 것으로 평행대구법parallelism이 있는데, 그 한 예가 사무엘상 2:10이다.

A  자기 왕에게 힘을 주시며

A′  자기의 기름 부음을 받은 자의 뿔을 높이시리로다

이 구절의 앞부분과 뒷부분은 서로 비슷한 개념의 짝으로 이루어져 있다. 말하자면, 앞부분의 "자기 왕"은 뒷부분의 "자기의 기름 부음을 받은 자"와 비슷하고, "힘을 주시며"는 "뿔을 높이시리로다"와 비슷하다. 이와 달리, 잠언 3:34처럼 그 두 부분이 서로 대조적인 개념으로 구성된 경우도 있다.

A  진실로 그는 거만한 자를 비웃으시며

A′  겸손한 자에게 은혜를 베푸시나니

이상에서 볼 수 있듯이, 짝이 되는 두 부분의 의미 내용이 서로 비슷하든 대조적이든, 평행대구법은 그 두 부분의 의미 구조가 서로 같다는 특징을 가지고 있다. 바로 이 점에서 교차대구법과 구분된다.

잠시 교차대구법을 평행대구법과 비교해 보았는데, 이제 교차대구법으로 돌아가서 책 전체가 이 구조로 된 경우를 보겠다. 룻기는 한 이스라엘 여자가 가족과 함께 모압으로 이민 갔다가 겪은 일로 시작한다. 그 전체 줄거리는 다음처럼 교차대구법으로 되어 있다.

A    나오미가 이민지에서 남편과 두 아들을 여의다(1:1-5)

  B   나오미가 룻과 함께 파산 상태로 귀국하다(1:6-22)

    C   룻이 나오미를 위해 이삭줍기를 하다가 기업 무를 자인 보아스를 만나다(2장)

    C'   룻이 나오미의 조언을 따라 보아스에게 기업 무르기를 부탁하다(3장)

  B'   나오미와 룻이 보아스의 기업 무르기를 통해 회생하다(4:1-12)

A'   나오미가 고향에서 새 가족을 얻다(4:13-17)

우선, 불행한 시작과 행복한 결말이 대조적인 짝을 이룬다. 다음, 파산 상태의 귀향을 서술하는 둘째 부분과 기업 무르기를 통한 회생을 서술하는 다섯 번째 부분이 대조적인 짝을 이룬다. 마지막으로, 가운데의 두 부분이 비슷한 내용의 짝을 이룬다.

● 복합적인 구조로 된 경우도 있다. 앞서 언급한 출애굽의 모티프("내 백성을 보내라 그들이 나를 섬길 것이다")는 출애굽기의 줄거리를 요약한 것이라고 할 수 있다. 말하자면, 그 모티프의 앞부분 "백성을 보내라"는 이집트 탈출을 서술하는 출애굽기의 전반부의 요약이며, 뒷부분 "그들이 나를 섬길

것이다"는 하나님을 섬기는 자리인 성막의 제작 과정을 서술하는 후반부의 요약이다. 그런데 흥미롭게도 두 부분 사이에 언약 체결에 대한 서술이 있다. 심판과 구원에 이어 언약식이 있고, 그다음에 성막 제작에 대한 서술이 등장하는 것이다. 이러한 서사 구조를 간략하게 표시하면 다음과 같다.

A   이집트 탈출
  a1   이스라엘의 고난과 모세의 부름(1-4장)
  a2   탈출(5-14장)
  a3   시내산으로의 여정(15-18장)
B   시내산 언약
  b   언약 제안(19장)
   x   계명과 율법(20-23장)
  b'   언약 체결(24장)
C   성막 제작
  c   성막 설계(25-31장)
   y   배교(우상 숭배)와 언약의 회복(32-34장)
  c'   성막 제작(35-40장)

위의 구조를 보면 B와 C에 관한 질문이 생긴다. A는 순차적 서술(a1-a2-a3)로 되어 있는데, 왜 B와 C는 샌드위치 같은 교차대구법의 구조(b-x-b', c-y-c')로 되어 있는가? 구체적으로 말하자면, 왜 B에는 언약 제안과 체결 사이에 계명과 율법이 나오는가? 그리고 왜 C에는 성막 설계와 제작 사이에 우상 숭배에 관한 서술이 있는가? 이런 질문에 대한 대답을 찾는 과정은 출애굽기 전체의 의미를 찾는 과정이기도 하다.

## 서사 읽기를 위한 전이해

이상에서 서사 읽기에 도움이 되는 방법을 설명했다. 그러나 서사 읽기에서 가장 중요한 것은 저자가 사용하는 언어와 그 언어가 가리키는 현실에 대한 이해를 독자가 공유하는 것이다. 다시 말하면, 적절한 소통을 위해서는 저자와 독자 사이에 문법과 논리에 대한 공통의 이해와 서술의 대상 또는 배경이 되는 현실에 대한 공통의 이해가 있어야 한다. 이것은 저자와 독자가 처해 있는 삶의 조건과 환경이 다르기 때문이다.

우리는 자신이 선택하지 않은 여러 가지 조건 속에서 살아간다. 우선, 출생과 동시에 주어지는 조건이 있다. 그 조건에는 우리의 신체 구성의 기초가 되는 성별과 인종, 관계와 삶의 기반이 되는 가족과 국적 등이 있다. 다음, 출생 이후의 성장 과정에서 주어지는 조건이 있다. 어릴 때 언어 환경, 주거 환경, 교육 환경 등이 그것이다. 이런 조건은 우리가 세상을 인식하거나 이해하는 데 깊은 영향을 끼친다. 말하자면, 그 조건들 속에서 이 세상에 어떤 것이 있는지, 어떤 사람이 어떻게 살아가는지를 파악하게 되고, 이와 함께 무엇이 옳은지 그른지, 또 무엇이 아름답고 무엇이 추한지에 대한 분별력을 가지게 된다.

문제는 사람의 출생과 성장 과정에 따라 세상을 인식하거나 이해하는 것이 달라진다는 것이다. 앞 장에 나온 개념으로 말하자면, 사람이 서 있는 곳에 따라 시야의 경계인 지평이 다르게 형성되듯이, 사람마다 출생 환경이나 성장 환경에 따라 인식이나 이해의 지평이 다르게 형성되는 것이다. 그렇기 때문에 서사 읽기가 제대로 되려면, 가

다머가 말한 대로 저자와 독자, 이야기하는 사람과 듣는 사람 사이에 "지평의 융합"fusion of horizons이 일어나야 한다.[17] 두 사람 사이에 인식과 이해의 공통 범위가 있어서 서술 내용에 대한 이해가 공유되어야 한다는 것이다. 독자의 입장에서 말하면, 그 내용에 관한 전이해가 있어야 한다. 이 전이해에는 언어 표현에 관한 것과 행동에 관한 것이 있다.

● 언어적 전이해에 대해. 독자가 저자와 같은 모국어를 가지고 있으면 이미 그 전이해를 공유하고 있다. 언어학의 개념으로 말하자면, '원어민의 직관'을 가지고 있는 것이다. 그렇지만 번역물의 경우는 그렇지 않기 때문에, 작품에 대한 이해의 정도는 저자의 언어에 대한 전이해의 정도에 따라 달라진다.

예를 들어, 2차 세계대전 중 독일군 지휘관인 롬멜의 별명은 사막의 여우였다. 우리나라 사람이 이것을 제대로 이해하려면 다음과 같은 전이해가 필요하다. (1) 여우라는 은유적 표현에 관한 전이해가 있어야 한다. 이 단어가 은유로 사용될 때 영리함이나 교활함을 의미한다는 것을 알고 있어야 하는 것이다. 달리 말하면 여우의 문화적 의미를 알고 있어야 하는데, 우리나라를 포함한 많은 문화권이 이런 전이해를 공유하고 있다. (2) 우리나라 사람은 여우라는 은유를 주로 여자에게 적용하기 때문에, 남자인 롬멜을 여우라고 부른 것을 이상하게 여길 것이다. 사실, 이 은유는 성경에서도 남녀 모두에게 적용된다.[18] 이 점을 알고 있어야 사막

---

**17** Gadamer, 『진리와 방법』 2, 187-93.
**18** 영어와 같이 문법적인 성을 구분하는 언어에서는 여우도 남성형 fox와 여성형 vixen으로

의 여우라는 표현을 제대로 이해하게 된다. (3) 은유로서의 여우가 주로 부정적인 의미를 띠기 때문에 이 표현을 대하면 당시 독일의 적인 연합군이 비난조로 붙였을 것으로 생각할 것이다. 하지만 사실 독일군과 연합군 모두 그 별명을 사용했다. 그러니 그 별명이 반드시 그런 의미를 띤 것은 아니라고 봐야 한다. (4) 사람들이 그를 그저 여우가 아니라 사막의 여우라고 한 것은, 그가 북아프리카 사막지대에서 탁월한 전술을 구사한 지휘관으로 복무했기 때문이다. 말하자면 사막의 여우라는 별명은 그의 활동 무대와 탁월한 전술을 동시에 가리키는 표현이다. (5) 이 별명의 정확한 번역은 '사막의 여우'가 아니고 '사막여우'다. 즉 북아프리카 사막지대에 사는, 귀가 큰 여우를 가리키는 표현이다. 그렇다면 이 별명이 의미하는 것은 '사막에서 활동하는, 여우 같은 사람'이 아니라 '사막여우 같은 사람'이다.

그렇다면 한 가지 문제가 생긴다. 귀가 큰 사막여우의 귀여운 모습을 기억하는 사람은 "롬멜이 사막여우처럼 귀엽다는 뜻이야?"라고 묻게 될 것이기 때문이다. 그러나 이 별명의 초점은 사막여우의 귀여운 모습이 아니라 사막과 같은 거친 환경에서 어떻게 해서든 생존하는 영리함에 있다.

마지막으로 성경의 예를 들어보겠다. 사도행전 10장에서 고넬료가 자기 집을 방문한 베드로를 맞이하면서 "엎드려 절하[자]"(25절) 베드로가 그에게 "일어서라 나도 사람이라"(26절)고 말한 장면이 있다. 그런데 베드로의 반응이 이상하다. 왜 "나도 사람이라"고 했을까? 여기서 '절하다'라고 번역된 그리스어 <u>프로스퀴네오</u>*proskyneō*가 하나님을 예배하는 경우에 사용되는 단어라는 것을 알면 이 의문이 바로 해결된다. 고넬료는 하나님의 대리자로서 자기에게 온 베드로를 하나님 맞이하듯 했지만, 베드로는 그 정도의 극진한

---

구분된다. 단, 남성형인 fox가 여자에게도 사용되는 경우가 있는데, 이때는 성적인 뉘앙스를 띤다.

환대를 도저히 받아들일 수 없었던 것이다. 바로 이 점을 놓치지 않으려고 대부분의 영어번역본은 그 단어를 원문의 의미를 그대로 살려 worship으로 번역했다.

● 행동의 전이해에 대해. 이것은 앞에서 언급한 연결의 논리에 대한 이해다. 구체적으로 말하자면, 똑같은 행동이 문화권에 따라 다른 의미를 가지는 경우도 있고, 다른 행동이 같은 이유나 의도에서 일어나는 경우도 있는데, 독자가 이런 문화적 의미의 차이에 대한 전이해를 많이 가질수록 그의 해석이 더 정확해진다.

우선, 같은 이유나 의도에서 다른 행동이 나오는 경우가 있다. 중국 영화의 식사 장면에는 우리나라 사람이 보기에 이상한 모습이 등장한다. 밥그릇을 입 가까이 붙인 채 급히 젓가락을 휘저으며 밥을 먹는 모습 말이다. 사실, 일본도 중국과 비슷한 방법으로 밥을 먹는다. 그런데 이런 모습이 우리나라 사람에게는 경망스러워 보인다. 우리는 밥그릇을 상이나 식탁에 놓고 숟가락으로 밥을 떠먹기 때문이다. 반면에, 중국인들이나 일본인들은 우리가 숟가락으로 밥을 먹는 모습을 보고 이상하게 생각한다. 그들에게 숟가락은 액체를 뜨기 위한 것이기 때문이다. 사실, 우리나라 사람이 숟가락으로 먹는 이유와 그들이 밥그릇을 들고 먹는 주된 이유는 똑같다. 밥을 흘리지 않고 제대로 먹기 위해서다. 바로 이 이유로, 식사할 때 그릇을 들지 않는 우리나라 사람은 숟가락을 사용하고, 숟가락을 사용하지 않는 그들은 그릇을 드는 것이다.

이와 반대로 같은 행동이 다르게 해석되는 경우가 있다. 우리나라의 거리에서 여자가 지나갈 때 낯선 남자들이 쳐다보며 웃고 말을 걸면 여자가 수치심이나 두려움을 느낄 것이다. 그러나 유럽의 어떤 곳에서는 정반대로 그렇게 하지 않을 때 여자가 수치심을 느낄 수도 있다. 남자들이 아무런 관심을 가지지 않을 정도로 자신이 매력이 없다고 생각하기 때문이다.

성경의 예를 보겠다. 에스겔서에는 하나님께서 예루살렘에서 일어나는 뇌물 수수, 고리대금업, 사기, 살인 등의 죄악을 보면서 "손뼉을 쳤[다]"(겔 22:13)라고 되어 있다. 선뜻 이해되지 않는 표현이다. 우리나라에서는 사람이 등장할 때 환영과 존경의 표시로 박수를 하고, 무엇인가를 잘했거나 좋은 일을 했을 때 그것에 대한 기쁨과 인정의 표시로 박수를 한다. 물론 성경에서도 대관식(왕하 11:12; 시 47:1)이나 하나님의 백성의 행진(사 55:12)과 같은 경우에 기쁨, 환영, 인정 등의 표시로 박수를 친다. 그러나 우리의 박수와 다른 의미를 가지는 경우도 자주 보인다. 우선, 우리에게는 있는데 성경에 나오지 않는 경우가 있다. 함께 노래를 부르면서 박자에 맞추어 손뼉을 치는 것이나 어려움을 겪는 사람을 격려하는 의미로 박수를 보내는 것은 성경에 보이지 않는다. 반대로, 우리에게는 없는데 성경에는 나오는 경우가 있다. 누군가를 비웃거나(욥 27:23; 애 2:15; 겔 25:6) 분노할 때(민 24:10; 겔 21:17) 손뼉을 치는 것이 그런 경우다. 위에서 든 에스겔서의 예는 '분노'의 경우다. 이런 예를 모두 찬찬히 살펴보면, 성경의 박수는 그저

기쁨의 표현이라기보다는, 기쁨, 놀람, 분노, 탄식 등의 정서를 강하고 확실하게 표현하는 행동이라는 점을 알게 된다. 정리하면, 우리나라의 박수는 기쁨의 표현이지만, 성경에서 박수의 문화적 의미는 (기쁨이든 분노든) 감정의 강한 표현이다.

## 종합적 판단으로서의 직관

이상에서 설명한 두 종류의 전이해(언어적 전이해와 문화적 전이해)를 기반으로 한 것이 '해석적 직관'이다. 이 직관은 어떤 언어 표현을 대했을 때 그것의 구체적인 삶의 정황 속에서 무엇을 가리키는지를 직관적으로 깨닫게 하는 능력이다. 다시 말해, 그 표현의 의미 결정에 관련되는 요소인 단어 차원의 어의와 지시 내용, 문장 차원에서 작용하는 문법과 논리, 그리고 담론 차원에서 관련된 언어적 맥락과 현실의 문화적 상황을 종합적으로 판단하여 즉시 그 표현이 가지는 궁극적인 의미를 파악하게 하는 능력이다.

따라서 이 능력의 중심에는 발화자나 저자의 의도와 삶의 정황 사이에서 언어가 어떤 식으로 작용하는가에 대한 감각 또는 민감성sensibility이 있다. 이제 한 문화권에서 그 민감성이 어떻게 언어와 행동으로 구현되는지를 살펴봄으로써 이 장을 마치고자 한다.

우선, 같은 의도가 상황에 따라 다르게 표현되는 경우가 있다. 예를 들어, 누군가가 다른 사람의 집에 가서 거실에 앉아 있는 동안 텔레비전을 보기 위해 집주인에게 허락받고자 할 때 다음과 같은 여러 표현이 가능하다.

(1) (리모컨으로 텔레비전을 키면서) 나 텔레비전 본다.
(2) (리모컨을 집고 나서) 텔레비전 봐도 되지?
(3) (리모컨을 집으며) 텔레비전 봐도 돼?
(4) (리모컨을 그대로 둔 채) 텔레비전 좀 봐도 될까?

각 문장의 의미가 결정되는 데 작용하는 요인은 다음과 같다. 우선, 평서문과 의문문 중 어떤 형태의 문장을 사용하는가는 허락받을 필요가 있는 사이인가 아닌가의 차이를 의미한다. 평서문인 예문 (1)은 집주인의 허락을 받을 필요가 없다는 함의를 가진다. 그냥 알려주기만 해도 될 정도의 친한 사이에 가능한 표현이다. 그러나 의문문의 형태로 된 나머지 문장은 두 사람 사이가 그보다 덜 친하다는 의미를 띤다. 다음, 의문문으로 된 문장들도 다 같지는 않다. 예문 (2)의 동사 '되지?'는 '그래'라는 대답을 예견하는 형태로 되어 있기 때문에 주인의 대답이 당연히 긍정적일 것이라는 함의를 띤다. 따라서 어느 정도 가까운 사이에 가능한 표현이다. 반면 예문 (3)은 '그래'와 '아니'에 모두 열려 있는 형태로 되어 있어서 주인의 허락이 중요하다는 함의를 가진다. 예문 (4)는 예문 (3)과 기본적으로 같지만 예문 (4)에 있는 '좀' 과 '될까?'는 주인의 허락에 무게를 더 두고 있다는 뉘앙스를 띤다.

또한 각 문장에 수반되는 행동이 그 문장의 의미를 더 분명히 한다. 예문 (1)의 경우, 말과 함께 텔레비전을 킨다는 것은 주인의 허락을 받을 필요가 없는 사이라는 점을 분명히 드러낸다. 예문 (2)의 경우, 리모컨을 집은 다음에 말한 것은 긍정적인 대답이 예견된 상황이라는 뜻이다. 예문 (3)에서 리모컨을 집으며 물은 것은 긍정적인 대답을 바란다는 뜻이며, 마지막으로 리모컨에 손도 대지 않은 상태에서 허락을 구한 것은 전적으로 주인의 의사를 존중한다는 뜻이다.

다음, 같은 표현이 상황에 따라 다른 의미를 가질 수도 있다. 이에 해당하는 것이 '괜찮아'인데, '커피 마실래?'라는 질문에 '괜찮아'라고 대답하면 마시지 않겠다는 뜻이 되고, '커피밖에 없네'라는 말에 '괜찮아'라고 반응하면 마시겠다는 뜻이 된다. 이처럼 똑같은 대답이 다른 것을 가리키는 것은 이 대답의 핵심이 질문에 대한 정확한 대답보다는 질문하는 사람의 입장에 대한 배려에 있기 때문이다.

말하자면, 첫 경우의 '괜찮아'는 '커피를 마시지 않아도 괜찮아'와 같은 의미는 띠는 표현으로서, 커피는 거절하더라도 커피를 권하는 사람의 호의는 고맙게 여기겠다는 함의를 담고 있다. 둘째 경우의 '괜찮아'는 '커피 외에 다른 것이 없어도 괜찮아'와 같은 뜻의 표현인데, 이것도 커피밖에 대접하지 못하는 사람의 처지를 이해한다는 함의를 담은 표현이다.[19]

해석은 언어와 상황 또는 언어와 문화적 배경 사이의 의미 관계를 파악하는 작업이다. 그런데 위에서 보았듯이 그 관계가 일대일 대응으로 되지 않는 경우가 많다. 바로 이 때문에 해석자는 그 관계에 관련된 여러 요소를 종합적으로 판단하는 해석적 직관을 가지고 있어야 한다.


## 해석, 언어와 문화의 장벽을 극복하게 하는 지혜

이 책의 4장에서부터 지금까지, 한 언어 표현의 의미가 확정되는 데 있어 어떤 요인이 어떻게 작용하는지에 대한 설명을 했다. 그 설명을 듣고 나면 언어 표현의 의미를 파악한다는 것이 쉬운 일이 아니라는 것을 깨닫게 된다. 그 의미가 결정되는 데에 여러 차원의 요인이 복잡하게 얽혀서 작용하고 있으니 말이다. 이 때문에 우리는 해석에 관한 다음 사실에 주목하게 된다.

첫째, 복잡하게 보이는 의미 체계에는 하나의 뼈대가 있다. 그 체계가 문자적 의미를 중심으로 형성되어 있는 것이다. 따라서 해석은 문자적 의미가 삶의 자리에서 형성된 문화와 만나 어떻게 변화되며 확정되는지를 꿰뚫어 보는 지혜와도 같은 것이다. 둘째, 이 지혜는 우리로 하여금 언어와 문화의 장벽을 극복할 수 있게 한다. 그 장벽을 극복하는 것은 아마도 세상에서 가장 어려운 일일 것이다. 그런데 그 장벽이 두껍고 높은 만큼, 그것을 극복하게 하는 해석이 얼마나 중요한지를 다시 한번 절감하게 된다.

---

**19** 흥미롭게도, 우리말 '괜찮아'와 똑같은 용법을 가진 표현이 영어와 일본어에도 있다. O.K.(오케이)와 だいじょうぶ(다이조부)가 그것이다.

# 11장. 해석의 장치

이 장은 이 책의 심장이라고 할 수 있다. 지금까지 설명한 모든 것을 배경으로 하여 성서서사문 해석에 대해 가장 중요한 원리를 다루는 장이기 때문이다. 이 장의 목적은 구약과 신약을 통합하고 그 결과를 독자의 삶에 연결하는 데 일관된 해석법을 설명하는 것이다. 이 작업에는 다음과 같은 과제가 포함되어 있다.

먼저, 구약과 신약을 하나의 책으로 묶기 위해서는 언어 및 문화에 있어 크게 다른 두 책을 일관성 있게 관통하는 '거대서사'metanarrative를 찾아내야 한다. 다음, 그렇게 해서 한 책으로 묶인 것을 독자의 삶에 연결하기 위해서는 또 다른 장벽을 극복해야 한다. 이 작업이 만만하지 않다. 구약과 신약의 연결은 기본적으로 두 본문 사이의 연결이지만, 성경과 삶의 연결은 기존의 본문과 아직 본문화되지 않은 삶의 연결이기 때문이다.

그렇지만 신약 시대의 구약 해석도 원래 기존의 본문과 당시의 삶의 연결이었으니, 위의 두 과제는 닮은 데가 있다고 할 수 있다. 이 때문에, 해석 장치도 성경 안에서 구약과 신약을 연결하는 경우와 성경과 현재의 삶을 연결하는 경우에 공통적으로 적용될 수 있다. 이 점을 염두에 두고, 이 장에서는 현대의 해석학적인 연구 결과를 배경으로 하여 그동안 기독교가 사용해 온 해석법을 재조명하고자 한다.

## 구약과 신약의 연결

일단 본문의 서사 구조가 파악되고 서사적 어의가 확정되면, 본문 해석의 마지막 단계가 기다린다. 그것은 본문이 독자의 삶에 대해 가지는 의미를 찾는 것이다. 그런데 이 과정에는 구약과 신약의 연결이 중요한 문제로 등장한다. 말하자면, 유대인의 경전인 구약이 왜 기독교의 경전에 포함되어야 하는가? 지금 이것은 당연한 것처럼 보이지만, 성서 해석의 역사를 들여다보면 결코 쉬운 문제가 아니었다는 것을 알 수 있다.

기독교 정경을 최초로 시도한 사람은 2세기의 마르키온Marcion이다. 그는 구약을 배제하고 자신이 편집한 누가복음과 바울의 열 서신만으로 정경을 만들고자 했다. 구약에 서술된 하나님이 신약에 보이는 예수의 아버지와 다른 존재라고 생각했기 때문이다. 이런 사상은 이단으로 규정되었지만, 그가 죽은 후에도 오랜 기간 그의 생각을 따르는 사람들이 있었다.

● 사실, 구약과 신약을 비교하면 그 차이가 금방 드러난다. 무엇보다 구약은 이스라엘 사람들의 언어인 히브리어로 되어 있는 반면, 신약은 당시 지중해 연안에서 통용된 그리스어로 되어 있다. 또한 시야의 차이도 있다. 구약의 시선은 이스라엘 민족에게 쏠려있지만, 신약의 시야는 온 세상으로 확대되어 있다. 그리고 구약의 중심에는 할례와 제사를 기초로 한 종교 체계가 있지만, 신약에는 그런 것이 잘 보이지 않는다. 눈에 쉽게 띄는 차이점 한 가지를 더 든다면 구약의 서사문의 초점은 하나님의 활동에 맞춰져 있는데, 신약의 서사문은 예수와 성령의 활동에 주목하고 있다.

이상과 같은 차이점 때문에 근본적인 문제가 일어난다. 구약과 신약이 다르다면 둘 사이의 연결이 어떻게 가능한가? 예를 들어, 구약의 출애굽 사건이 이스라엘 민족에게는 자신의 정체성 인식에 결정적이었지만, 신약의 교회와는 무슨 관계가 있는가? 구약에서는 할례와 제사 제도가 삶의 기반이었지만, 그것을 더 이상 지키지 않는 교회에는 무슨 의미가 있는가? 다시 말해, 적용하지도 않을 규칙을 왜 여전히 경전에 포함해야 하는가? 달리 말하면, 과거에 한 민족에게 일어난 일이 왜 다민족으로 구성된 신앙공동체가 기억해야 할 것이 되었는가?

● 구약과 신약 사이에는 둘 사이의 차이를 넘는 '연속성'이 있다. 첫째, 신약에서 구약을 인용하거나 인유하는 경우가 많다. 인용quotation은 다른 책의 본문 일부를 끌어다 사용하는 것이다. 예를 들어, 로마서 4:3("성경이 무엇을 말하느냐 아브라함이 하나님을 믿으매 그것이 그에게 의로 여겨진 바되었느니라")에는 창세기 15:6("아

브람이 여호와를 믿으니 여호와께서 이를 그의 의로 여기시고")이 인용되어 있다. 이와 달리, 인유allusion는 본문의 일부를 언급하거나 그 내용을 요약하는 것이다. 예를 들어, 요한복음 3:14("모세가 광야에서 뱀을 든 것 같이 인자도 들려야 하리니")에는 민수

기 21:4-9에 나오는 놋뱀 일화가 인유되어 있다. 인용이 사진을 찍는 것이라면, 인유는 간략한 삽화를 그리는 것이다. 바로 "모세가 광야에서 뱀을 든 것"이라는 표현이 민수기에 나오는 놋뱀 일화의 삽화와도 같다. 이 삽화와 같은 표현에는 원래 본문에 담긴 단어나 구가 하나 이상 포함된다. 이것은 인유의 출처에 대한 표시와 같은 것이다. 위에 언급한 요한복음의 경우 "모세", "광야", "뱀"이 그런 것이다.

둘째, 복음서에는 구약에서 서술된 하나님과 사람 사이의 이야기가 신약으로 이어짐을 보여주는 모티프가 있다. 족보(마 1:1-17; 눅 3:23-38), 예언의 성취(마 1:22-23; 2:5-6; 21:4-5; 눅 24:44), "율법과 선지자"(마 5:17; 7:12; 22:40)에 대한 강조 등이 그것이다. 특히 "율법과 선지자"는 '율법서와 예언서'를 의미하는 것으로, 히브리성경(기독교의 구약)을 가리키던 표현인데, 이 성경의 예언서에는 역사서가 포함되어 있다. 그리고 유대인들은 히브리성경을 타낙tanak이라고 하는데, 이것은 *Torah*(율법, 기독교의 율법서), *Nebi'im*(예언자들, 기독교의 역사서와 예언서), *Ketubim*(문서들, 기독교의 성문서)의 첫 자인 T, N, K 사이에 모음을 넣은 것이다. 어쨌든, 구약이 복음서에서 강조되었다는 것은 기독교에서도 여전히 유효하다는 것을 의미한다.

셋째, 사도행전에 보이는 초대교회는 할례 제도로 대표되는 구약의 종교 체계를 버림으로써(행 15:1-21) 유대교와 결별했지만, 여전히 그 체계의 기반인 구약의 내용을 기억하고 있었다(행 15:20-21; 24:14; 28:23). 그래서 예수 그리스도에 의해 세워진 "새 언약"(렘 31:31; 눅 22:20; 고전 11:25)과 "[유대인]들의 하나님" 때문에 가지는 "부활"에 대한 소망(행 24:15)을 중심으로 하는 신앙의 체계를 이어가고 있었다.

넷째, 서신서에서는 구약에 대한 인용과 인유가 자주 나온다. 특히 바울 서신(롬 3:10-18; 4:3, 7-8; 5:12 등)에서 구약은 예수 그리스도의 정체성, 믿음을 통한 칭의 등 기독교의 핵심적인 신학 이론에 대한 논증의 근거가 된다.

마지막으로, 계시록에는 이사야서, 에스겔서, 다니엘서와 같은 예언서를 생각나게 하는 표현이 자주 보인다. 그리고 인류의 역사가 구약에서 묘사된 이스라엘 왕국, 즉 예루살렘을 수도로 하는 열두 지파 공동체가 회복됨으로써 마무리된다는 것을 보여준다.

● 그러면 마르키온은 왜 그런 연속성을 보지 못했을까? 그것은 그의 왜곡된 이원론적 세계관 때문이다. 그는 물질적인 차원을 영적인 차원보다 열등하거나 악한 것으로 보았다. 그래서 물질로 된 세상의 창조자이며 진노와 복수의 신인 구약의 하나님과 사랑과 용서의 신인 예수 그리스도의 아버지가 같을 수 없다고 보았다. 이런 점에서 마르키온주의Marcionism는 당시 성행한 영지주의gnosticism를 닮은 데가 있다.

그러나 그런 관점은 구약의 표면만을 본 결과로 생긴 것이다. 구약 전체를 관통하는 두 핵심 주제가 있는데, 하나는 하나님의 구원이고 다른 하나는 하나님과 그 백성 사이의 언약이다. 이 중 언약에는 언약의 조건과 내용인 '계명' 및 언약의 회복과 유지를 위한 '제사'가 수반되는데, 이 둘은 사랑과 용서에 기초해 있다. 간단히 말하면, 율법의 핵심은 하나님 사랑과 이웃 사랑이고, 제사의 기능은 죄인이 용서받아 원래 관계를 회복하게 하는 것이다. 이것은 구약의 하나님도 사랑과 용서의 하나님이라는 것을 시사한다. 그리고 이 언약에 충실한 사랑을 가리키는 구약의 단어가 바로 헤세드chesed다.

그런가 하면, 신약에서는 구약보다 더 엄격한 심판의 기준이 보이기도 한다. 예를 들어, 구약에서 살인죄나 간음죄가 성립되려면 살인이나 간음이 실행되어야 하지만, 신약의 산상수훈에서는 실제 살인이나 간음까지 가지 않아도, 즉 분노나 음욕과 같이 그 동기가 될 만한 태도만 가져도 죄가 성립된다(마 5:21-22, 27-28). 그렇기 때문에 죄에 빠지지 않기 위해서는 그 싹이 될 만한 것부터 잘라야 한다. "오른 눈이…실족하게 하거든 빼어" 버려야 하고 "오른손이…실족하게 하거든 찍어"(마 5:29-30) 버려야 하는 것이다. 얼마나 준엄한가. 구약에서도 그 정도로 율법을 강조하지는 않았는데.

● 어쨌든 기독교는 마르키온주의와 영지주의의 도전을 극복하고 구약과 신약을 포함한 정경을 확립했다. 그런데 그것으로 문제가 끝난 것은 아니었

다. 한 책 안에 나란히 있게 된 두 책을 어떻게 연결할 것인가에 대한 상반된 두 입장이 대두된 것이다.[1]

우선, 구약과 신약 사이에 의미 수준의 차이가 있다고 보는 입장이 있다. 이 입장에서 보면, 구약은 문자letter의 차원에 속한 것이고 신약은 영spirit의 차원에 속한 것이다. 달리 말하면, 구약이 가리키는 것은 그림자이고 신약이 가리키는 것이 실체다. 그렇기 때문에 구약을 해석할 때는 문자의 껍질을 깨뜨려 그 안에서 신약에 대응되는 영적인 의미를 찾아야 하는데, 이것을 위한 주된 방법이 '영해'라고 불리는 알레고리 해석법allegorical interpretation이다.

이와 반대로, 구약과 신약을 같은 의미 수준에 두는 입장이 있다. 둘이 문자적 차원에서 서로 연결될 수 있다는 것이다. 둘 사이에 차이가 있다면, 구약은 약속이고 신약은 성취다. 말하자면, 둘 사이의 차이는 '수준'의 차이가 아니라 '순서'의 차이다. 이 입장에서 구약과 신약을 연결할 때 주로 사용하는 것이 문자적 읽기에 기반한 유형론적 해석typological interpretation이다. 이것은 앞에 나오는 것을 뒤에 나오는 것과 같은 유형type으로 보고 뒤에 나오는 것을 앞에 나오는 것의 성취fulfillment로 보는 것이다.

문제의 핵심은 본문으로부터 알레고리 해석이나 유형론적 해석을 통해 끌어낸 이차적 의미(비문자적 의미)가 본문의 일차적 의미(문자적 의미)와 논리적 관련성을 가지느냐. 만일 이차적 의미가 일차적 의미와 아무 관련이 없다면, 그것은 근거 없는 의미가 된다. 일차적 의미를 근거로 해서 생긴 것이 아니라 해석자가 자기 뜻대로 생각해 낸 것이며, 따라서 본문에 대해 해석학적 폭행을 저지르는 셈이 되는 것이다. 이런 이유로 기독교의 주요

---

1 두 입장에 대해서는 다음을 참고할 것: James S. Preus, *From Shadow to Promise: Old Testament Interpretation from Augustine to the Young Luther* (Cambridge, Mass.: Belknap Press of Harvard University Press, 1969).

성서해석자들은 일단 문자적 해석을 적용했다. 그리고 문자적 의미에서 파생된 이차적 의미(비문자적 의미 또는 영적 의미)를 찾을 때에는 유형론적 해석을 주로 사용하면서, 필요한 경우 문자적 의미를 왜곡하거나 손상하지 않는 범위 내에서 알레고리적 해석을 허용했다.

## 연결의 장치

● 성서해석법 중 가장 기본적인 것은 문자적 해석이다. 이것은 신약에서 예언의 해석, 교리 논증 등에 사용된다.

우선, 예언의 성취와 관련해서 구약을 문자적으로 이해한 경우로는 마태복음 21장에 보이는 다음 본문(필자의 번역)이 있다.

> 1 그들이 예루살렘에 다가가서 감람산 벳바게에 왔을 때, 예수께서 두 제자를 보내시며 2 말씀하셨다. "맞은편 마을로 가라. 그러면 매인 나귀와 함께 나귀 새끼를 발견할 것이다. 풀어 내게로 끌고 오라. 3 만일 누가 너희에게 무슨 말을 하면, '주께 필요합니다'라고 말하라. 그러면 즉시 그것들을 보낼 것이다." 4 이것은 예언자를 통해 다음과 같이 말씀하신 것을 이루기 위해서다. 5 "시온의 딸에게 '네 왕이 네게 오시는데, 그는 겸손하여 나귀와 나귀의 어린 것, 즉 나귀 새끼를 타신다'라고 말하라."

5절에 인용된 스가랴 9:9에서 "나귀 새끼"를 타는 것은 "겸손"을 의미하는 행동이다. 그런데 예수는 스가랴가 말한 이 행동을 문자적으로 시행하셨다. 이 행동이 표방하는 겸손의 의미가 그대로 전달되도록 말이다.

다음, 교리와 관련된 논증에 문자적 해석이 사용된 경우로는 로마서 4장에 있는 다음 본문(필자의 번역)을 들 수 있다.

> 2 만일 아브라함이 행위로 의롭게 되었으면 자랑할 것이 있겠지만, 하나님 앞에서는 그렇지 않습니다. 3 성경이 무엇을 말합니까? "아브라함이 하나님을 믿었는데, 그것이 그에게 의로 여겨졌다." (생략) 9 그러면 이 복이 할례자를 위한 것입니까, 아니면 무할례자를 위한 것이기도 합니까? 우리는 아브라함에게 그 믿음이 의로 여겨졌다고 말합니다. 10 그러면 그것이 어떻게 여겨졌습니까? 할례시였습니까, 아니면 무할례시였습니까? 할례시가 아니라 무할례시였습니다. 11 그는 무할례시의 믿음에서 난 의의 인으로서 할례의 표시를 받았는데, 그것은 무할례를 통해 모든 믿는 자들의 조상이 되어 그들도 의롭다고 여겨지게 하기 위해서이며, 12 또한 할례자들에게만 아니라 우리 조상 아브라함의 무할례시의 믿음의 발자취를 따라 걷는 자들에게도 할례자의 조상이 되기 위해서입니다.

위 본문의 3절에서 바울은 창세기 15:6을 인용한다. 그리고 10절에서는 문자적 차원에서 그 구절을 창세기 17:9-27의 서술과 비교한다. 다시 말해, 하나님이 아브라함에게 나타나 땅과 자손에 대한 약속을 재확인해 주신 것(창 15장)과 하나님이 99세가 된 아브라함에게 나타나 이삭의 탄생을 예고하시고 할례를 행하게 하신 것(창 17장)을 창세기에 서술된 대로 연대기적으로 비교하여 칭의가 할례보다 먼저라는 점을 보여준다. 그런 다음에 그는 아브라함이 "무할례시에" 하나님을 믿음으로써 칭의를 받은 것에 근거해서, 칭의가 율법을 행함으로써가 아니라 믿음을 통해서 주어진다는 것을 논증한다.

이상의 경우처럼 문자적 차원에서 구약의 본문을 신약의 상황에 받아들이는 것은 신약에 보이는 구약 해석의 기본적인 방법이다. 이것은 또한 뒤에서 다룰 유형론적 해석의 기반이기도 하다.

● 유형론적 해석의 특성을 이해하기 위해서는 먼저 알레고리적 해석과 어떻게 다른지를 파악하는 것이 가장 효과적이다. 이것을 위해 이 책의 4장에서 본 요한복음 3장의 본문(필자의 번역)을 다시 살펴보겠다.

> [14] 모세가 광야에서 뱀을 든 것 같이, 사람의 아들도[2] 들려야 하는데,
> [15] 그것은 그를 믿는 자로 하여금 모두 영생을 얻도록 하기 위해서다.

14절에는 "모세가 광야에서 뱀을 든 것 같이"와 "사람의 아들도 들려야 하는데"가 대응이 되어 있다. 이것을 흔히 '영해'라 불리는 알레고리 해석으로 해석하면 다음과 같이 된다.

우선, '뱀을 든 것'은 '사람의 아들이 들리는 것'에 대응된다. 그렇다면 '뱀'이 '사람의 아들'에 대응되는 셈인데, 이 대응의 부적절함은 이 책의 4장에서 이미 밝혔다. 다음, 또 다른 문제가 있다. '모세'에 대응되는 것이 본문에 없다. 이 어려움을 타개하기 위해 예수의 십자가 죽음에 관여한 사람 중에서 모세에 대응이 될 만한 사람을 찾는다면, 다음과 같은 경우를 고려해 볼 수 있기는 하다. 첫째, 십자가 처형을 현장에서 실행한 로마 군인이 있다. 그러나 이것은 적절하지 않다. 모세는 한 민족의 지도자인데 로마 군인은 그렇지 않으니 말이다. 둘째, 명령을 내린 빌라도인가? 이것 역시 옳지 않다. 모세는 이스라엘 사람들의 구원을 위해 세워진 하나님의 종인 반면, 빌라도는 그들을 억압하는 로마 황제의 신하이니 말이다. 마지막으로, 유대 지도자들인가? 이것은 가장 나쁜 대응이다. 유대 지도자들이야말로 하나님

---

[2] 개정개역판에서는 '사람의 아들'을 한자어를 사용하여 '인자'(人子)로 번역했다.

의 반대편에 서서 십자가 처형을 관철한 사람들이 아닌가?

이상에서 확인했듯이, 요한복음 3:14은 알레고리 해석으로 다룰 수 없는 구절이다. 그렇다면 유형론으로 읽어야 하는데, 유형론적 해석의 출발은 본문을 문자적으로 읽는 것이다.

우선, 14절의 전반부인 "모세가 광야에서 [놋]뱀을 든 것 같이"를 문자적으로 이해하여, 민수기 21장에 기록된 대로 불뱀에 물려 죽어가는 사람들을 구하기 위해 모세가 놋뱀을 만들어 장대에 단 것을 가리키는 것으로 이해한다. 만일 이 구절에서 '뱀'을 문자적으로 해석하지 않고 상징적으로 해석한다면 위에서 본 문제가 일어나기 시작한다. 다시 말해, 그것을 '놋뱀'으로 이해하지 않고 '사탄'이나 '악의 화신'으로 본다면, 예수가 그런 존재에 대응되는 심각한 잘못을 범하게 된다. 그러니 이 책의 9장에서 설명했듯이, '뱀'을 항상 상징적으로 해석하려는 함정에 빠지지 말아야 한다.

다음, 그 구절의 후반부인 "사람의 아들도 들려야 하는데" 역시 문자적으로 해석하여 예수 그리스도의 십자가 죽음으로 이해한다. 마지막으로, 14절의 두 부분을 문자적으로 읽은 다음에는, "모세가 광야에서 뱀을 든 것"을 하나님의 구원 행위의 한 유형으로 파악하여 예수 그리스도의 십자가 죽음과 연결한다.

이상의 특성, 즉 문자적인 차원에서 구약과 신약을 유형적으로 연결하는 것이 유형론적 해석의 핵심이다. 유형을 파악하기 위해서는 이 특성을 염두에 두고 먼저 본문 전체의 줄거리가 가지는 의미를 이해해야 한다. 주요소들의 이차적 의미를 바로 찾기보다 전체 줄거리를 파악한 다음, 이 차원에서 두 부분에 공통되는 이차적 의미를 찾아야 한다는 뜻이다. 내용물이 서로 일대일로 대응되지 않아도 전체적인 무게가 맞으면 평형을 이루는 천칭 저울과 같다고 생각하면 된다. 위 본문의 경우에는, "모세", "광야", "뱀"과 같은 주요소의 의미를 바로 찾으려 하지 말고, 민수기 21장에 기록된 사건이 무엇을 의미하는지를 보아야 한다. 그렇지 않고 바로 각 요소의 의미를 파악하려 한다면, 위에서 언급한 것처럼 "뱀"이 "사람의 아들"(예수 그리스도)에 대응되는 잘못을 범할 뿐만 아니라, "모세"가 누구에게 대응되는지 알기도 어렵다. 사실, 각 주요소의 역할은 바  로 영적 의미를 전달하려는 것이 아니라 본문 전체의 의미 구조를 구성하는 것이다. 그렇기 때문에 위 본문의 모세처럼 주요소에 대응되는 요소가 반드시 있어야 하는 것은 아니다. 바로 이 점에서 유형론적 해석과 알레고리 해석의 차이가 생긴다.

유형론적 해석이 궁극적으로 찾는 것은 변하는 역사의 흐름 속에 동일하게 행동하시는 하나님의 정체성이다. 말하자면, 장대에 매단 놋뱀을 본 사람들을 살리신 하나님이 십자가에 달리신 예수 그리스도를 믿는 모든 사람을 구원하시는 하나님이라는 것을 확인하는 것이다. 그리고 이렇게 구약과 신약이 연결될 때 그 연결 고리가 되는 예수 그리스도의 정체성도 함께 드러난다.

또 다른 예를 들면, 히브리서에는 예수의 구원 행위가 구약의 제사 제도와 유형론적으로 연결되어 있다. 구약의 대제사장이 주관하는 제사를 예수의 죽음의 한 유형으로 보고, 예수의 죽음을 대제사장이 주관하는 제사에 예시된 것의 성취로 보는(히 9:1-22) 것이다. 이 연결에서는 대제사장과 예수가 서로 대응된다. 구체적으로는 말하면, 범죄자 대신 짐승을 제물로 드리는 대제사장과 범죄한 인류를 대신해서 자기 몸을 제물로 내어드린 예수 그리스도가 서로 대응되는 것이다.

이 대응 관계를 통해 히브리서는 당시 유대인들이 잘 알고 있는 구약의 희생 제사가 그리스도의 죽음의 한 유형인 것을 말하면서, 그 제사가 약속하는 "속죄"가 예수 그리스도의 죽음을 통해 "영원[히]"(히 9:12) 성취되었다는 것을 밝힌다. 바로 이 논증 과정에 드러나는 것이 "하나님의 아들"(히 4:14; 6:6), "영원한 대제사장"(히 6:20), "새 언약의 중재자"(히 9:15; 12:24)라는 예수 그리스도의 정체성이다.

● 알레고리적 해석은, 본문이 문자적 차원과 비문자적 차원의 이중 구조로 된 것으로 보고 비문자적인 차원에서 본문의 궁극적인 의미를 찾는다는 점에서 알레고리를 닮았다. 이 때문에 알레고리 해석에는 늘 자의적인 해석의 위험이 도사리고 있다. 본문의 문자적 의미와 논리적으로 연결되지 않는 이차적 의미를 끌어낼 위험 말이다.

그렇기 때문에 알레고리 해석이 적법하게 되기 위해서는, 구약 본문의 여러 요소를 파악하여 신약의 여러 요소와 연결한 다음, 구약의 여러 요소 사이에 형성되는 의미 관계가 신약의 여러 요소 사이에 형성되는 의미 관계와 일치해야 한다. 그 예로 고린도전서 10장에 나오는, 출애굽 서사에 대한 바울의 해석(필자의 번역)을 보겠다.

¹ 형제들이여, 나는 여러분이 이것을 모르기를 원하지 않습니다. 우리 조상들이 모두 구름 아래에 있었고, 모두 바다 가운데로 지나며, ² 모두 구름에서와 바다에서 모세에게로 세례를 받고, ³ 모두 같은 영적인 음식을 먹으며 4 모두 같은 영적인 음료를 마셨습니다. 그들을 따르는 영적인 바위로부터 마신 것인데, 그 바위는 그리스도이십니다.

이 본문에서 바울은 출애굽기의 내용 중, 홍해를 건넌 것(출 14장)을 "세례"로, 하늘에서 내린 만나(출 16장)를 "영적인 음식"으로, 그리고 바위에서 솟아난 물과 그 바위(출 17:1-7)를 각각 "영적인 음료"와 "그리스도"로 해석한다. 이스라엘 민족이 홍해를 건넌 다음 광야를 지나가면서 하늘에서 내린 만나를 먹고 바위에서 솟아난 물을 마신 것의 "영적인" 의미를 찾아낸 것이다.

이 해석은 다음과 같은 이유로 적법하다. 우선, 바울은 출애굽기 본문을 문자적으로 읽음으로써, 이스라엘 민족이 홍해를 건넌 뒤에 시내산 언약을 통해 하나님의 백성이라는 새로운 정체성을 가지게 된 것과 새로운 정체성을 가지고 광야 생활에 들어갔을 때 하늘에서 내린 만나와 바위에서 솟아난 물을 양식으로 얻었다는 것에 주목했다. 다음, 그는 그것을 초대교회 사람들이 "세례"를 통해 그리스도인, 즉 '그리스도의 사람'이라는 새로운 정체성을 얻고 나서 "그리스도"로부터 주어지는 영적인 음식과 음료인 성찬의 "떡"

과 "잔"을 받는 것(고전 10:16)에 연결했다. 요약하자면, 이 해석은 새로운 정체성 속에서의 삶이라는 관점에서 이집트 탈출 및 그 이후의 광야 생활과 초대교회의 세례 및 성찬 사이의 '논리적 연속성'을 포착한 것이다.

알레고리적 해석에는 확장된 은유로서 알레고리가 가지는 한 가지 중요한 특성이 내재되어 있다. 이 책의 8장에서 설명했듯이, 은유 현상의 중심에는 의도적인 범주 위반이 있는데, 알레고리에서는 그런 위반이 모든 주요소에 일어난다. 예를 들어, 알레고리적 문장인 '여우가 까마귀에게 말을 걸었다'의 의미는 '어떤 교활한 사람이 어떤 어리석은 사람에게 말을 걸었다' 정도가 되는데, 여기서 짐승인 '여우'와 '교활한 사람', 짐승인 '까마귀'와 '어리석은 사람' 사이의 대응에 범주 위반이 작용한다. 이 의도적 위반의 중심에는 구체적인 것(여우, 까마귀)과 추상적인 개념(교활, 어리석음)의 대응이 있다. 이 현상이 알레고리적 해석에 그대로 일어난다. 예를 들어, 구약의 구체적인 인물이나 사건이 신약의 제도에 대응되는 것이다. 위에서 본 바울의 해석을 보면, 홍해를 건넌 것과 하늘에서 만나가 내리고 바위에서 물이 솟아 나온 것이 각각 세례와 성찬에 대응되어 있다.

알레고리 해석에서 보이는 이런 방식의 대응에 대한 또 다른 예로, 갈라디아서 4장의 한 부분(필자의 번역)에 보이는 바울의 창세기 해석을 들 수 있다.

> [22] 기록되어 있기를, 아브라함에게 두 아들이 있었는데, 하나는 여종으로부터, 하나는 자유인으로부터 났습니다. [23] 그러나 여종의 아들은 육체를 따라, 자유인의 아들은 약속을 통해 태어났습니다. [24] 이것은 알레고리로 표현된[3] 것인데, 이 여자들은 두 언약입니다. 하나는 시내산으로부터 온 여자로서 종을 낳았는데, 그녀는 하갈입니다. [25] 하갈은 아라비아에 있는 시내산이며, 지금의 예루살렘에 해당하는데, 그가 자기 자녀들과 함께 종으로 지냅니다. [26] 그러나 위의 예루살렘은 자유인인데, 그녀는 우리 어머니입니다. [27] 기록되어 있기를, "즐거워하라, 아이를 낳지 못하는 불임녀여. 소리쳐 외치라, 산고를 겪지 않는 여자여. 황폐한 여자의 자녀가 남편 있는 여자의 자녀보다 많다."

이 본문은 창세기 16장의 이스마엘 탄생과 21장의 이삭 탄생을 인유하면서, 창세기의 하갈과 사라를 각각 "옛 언약"과 "새 언약"에 대응시킨다. 이 대응은, 출산을 못 하던 사라가 하나님의 "약속"에 의해 이삭을 낳았지만, 하갈은 그런 약속 없이 오직 "육체"의 관계를 통해 이스마엘을 낳았다는 창세기 16-17장의 서술에 근거한다.

그러면 하갈은 왜 "옛 언약"에 대응되었을까? 이 점을 이해하려면 위 본

---

**3** 알레고리로 표현된: *allēgoroumena*.

문의 문맥을 봐야 한다. 바울은 갈라디아서에서, 진정한 하나님의 백성은 혈통과 상관없이 예수 그리스도를 믿음으로써 하나님의 백성이 된다는 점을 논증한다. 다시 말해, 하나님의 백성이 되기 위해서는 '육체'상으로 아브라함의 후손인 이스라엘 사람이어야 하는 것이 아니라, 예수 그리스도를 통해 주어지는 구원에 대한 하나님의 '약속'을 믿어야 한다는 것이다. 그런데 젊고 건강한 하갈에게서 이스마엘이 태어난 것은 그저 '육체'의 관계를 통해서다. 반면에 사라는 전혀 아기를 낳을 수 없을 정도로 늙었음에도 아들을 낳을 것이라는 하나님의 '약속'을 받았고, 그 약속이 이루어져 이삭이 태어났다. 이 때문에 하갈은 한 사람의 후손으로 구성된 이스라엘 민족과 하나님 사이에 세워진 옛 언약의 아이콘과 같은 사람이 되고, 사라는 혈통과 상관없이 믿는 사람들로 구성된 교회와 하나님 사이에 세워진 새 언약의 아이콘과 같은 사람이 되었다. 특히 사라의 경우를 보면, 그녀가 처음에는 아브라함의 아내로 등장했지만, 하나님의 약속과 성취의 과정을 통해 이삭을 낳으면서 "새 언약"과 관련된 새로운 정체성을 띠게 된 것이다.

● 성경에 유형론적 해석법과 알레고리적 해석법이 공존한다는 것은 성경 자체가 역사의 두 양상, 즉 역사의 흐름 속에 변하지 않는 것과 변하는 것을 항상 의식하고 있다는 뜻이다. 따라서 이 두 양상을 함께 다루어야 할 경우에는 두 해석법이 동시에 적용된다.

이것의 예로서, 다음에 제시된 고린도전서 10장의 한 부분(필자의 번역)을 들 수 있다. 이 중 처음 네 구절은 위에서 보았듯이 구약의 사건에 대한 알레고리 해석이며, 그다음 구절들은 그 해석을 통해 찾은 의미를 고린도교회에 유형론적으로 적용하는 것이다.

¹ 형제들이여, 나는 여러분이 이것을 모르기를 원하지 않습니다. 우리 조

상들이 모두 구름 아래에 있었고, 모두 바다 가운데로 지나며, 2 모두 구름에서와 바다에서 모세에게로 세례를 받고, 3 모두 같은 영적인 음식을 먹으며 4 모두 같은 영적인 음료를 마셨습니다. 그들을 따르는 영적인 바위로부터 마신 것인데, 그 바위는 그리스도이십니다. 5 그러나 그들 대부분을 하나님이 기뻐하지 아니하셨습니다. 그들이 광야에서 멸망당했으니 말입니다. 6 이 일은, 우리도 그들이 한 것처럼 악을 갈망하지 않도록 하기 위해 우리의 본보기가[4] 되었습니다. 7 그들 중 어떤 사람들처럼 우상 숭배자가 되지 마십시오. "백성이 먹고 마시기 위해 앉고, 뛰놀기 위해 일어났다"고 기록되어 있듯이 말입니다. 8 그들 중 어떤 사람들이 한 것처럼 음행하지 말아야 하겠습니다. 그러다가 하루에 이만 삼천 명이 죽었으니 말입니다. 9 그들 중 어떤 사람들이 한 것처럼 주를 시험하지 말아야 하겠습니다. 그러다가 뱀에게 멸망당했으니 말입니다. 10 그들 중 어떤 사람들이 한 것처럼 불평하지 말아야 하겠습니다. 그러다가 파괴자에 의해 멸망당했으니 말입니다. 11 이 일은 그들에게 본보기로[5] 일어났지만, 말세를 맞은 우리에게 경고가 되도록 기록되었습니다. 12 그러니 섰다고 생각하는 자는 넘어지지 않도록 조심하십시오.

이미 설명했듯이, 바울은 본문의 1-4절에서 알레고리 해석을 통해 정체성 변화와 그 후의 삶이라는 관점에서 구약의 이집트 탈출 및 그 후의 광야 생활을 신약의 세례 및 성찬과 연결했다. 이어 5절부터 그는 새로운 정체성을 가진 그 생활 속에서 벌어진 "우상 숭배"(출 32:6), "음행"(민 25:1-9), "주를 시험"한 것(민 21:4-6), "원망"(민 14장) 및 그로 인한 "죽[음]"과 "멸

---

**4** *typos.* 영어 type(유형)의 어원.

**5** *typikos. typos*의 형용사.

망"을 상기시키면서, 그런 죄에 빠지지 않도록 당부한다. 모세 시대에 하나님의 백성 중에서 그런 불행한 일들이 일어난 것처럼, 고린도교회에서도 그와 같은 일들이 일어났기 때문이다. 이처럼 바울은 알레고리 해석을 통해 구약의 사건을 초대교회의 상황과 연결시킨 뒤에, 유형론을 통해 초대교회에 적용할 교훈을 찾았다.

그런 과정은 갈라디아서 4장에도 나타난다. 아래 본문(필자의 번역) 중 22-27절은 이미 보았듯이 구약의 사건을 알레고리적으로 해석한 것이고, 그다음의 두 절은 앞에서 찾은 의미를 저술 당시의 상황에 유형론적으로 적용한 것이다.

> **22** 기록되어 있기를, 아브라함에게 두 아들이 있었는데, 하나는 여종으로부터, 하나는 자유인으로부터 났습니다. **23** 그러나 여종의 아들은 육체를 따라, 자유인의 아들은 약속을 통해 태어났습니다. **24** 이것은 알레고리로 표현된 것인데, 이 여자들은 두 언약입니다. 하나는 시내산으로부터 온 여자로서 종을 낳았는데, 그녀는 하갈입니다. **25** 하갈은 아라비아에 있는 시내산이며, 지금의 예루살렘에 해당하는데, 그가 자기 자녀들과 함께 종으로 지냅니다. **26** 그러나 위의 예루살렘은 자유인인데, 그녀는 우리 어머니입니다. **27** 기록되어 있기를, "즐거워하라, 아이를 낳지 못하는 불임녀여. 소리쳐 외치라, 산고를 겪지 않는 여자여. 황폐한 여자의 자녀가 남편 있는 여자의 자녀보다 많다." **28** 형제들이여, 여러분은 이삭과 같이 약속의 자녀들입니다. **29** 그러나 그때에 육체를 따라 태어난 자가 성령을 따라 태어난 자를 박해했듯이, 지금도 그렇습니다.

이 본문에서 바울은 먼저, 위에서 설명한 것처럼 창세기의 아브라함 서사에 나오는 두 사람의 탄생을 옛 언약과 새 언약에 연결한다. 그다음에 그는

28절에서 갈라디아의 그리스도인들이 "이삭과 같이 약속의 자녀"라는 것을 알려 줌으로써 창세기의 상황을 바울 당시의 상황과 연결한다. 그리고 마지막으로, 그는 창세기 21:9을 인유하여 "육체를 따라 난 자가 성령을 따라 난 자를 박해[했다]"라고 한 뒤에, 그것을 유형론적으로 당시 상황에 연결하여 "지금도 그렇습니다"라고 말한다.

정리하자면, 위 본문이 의미하는 것은 이스마엘이 이삭을 괴롭힌 것과 같은 일이 초대교회 시대에도 일어나고 있었다는 것, 즉 당시 "육체"적으로 아브라함의 자녀가 된 유대인들이 예수 그리스도를 통해 이루어진 하나님의 "약속"을 믿음으로써 "성령"을 받아 하나님의 자녀가 된 그리스도인들을 "박해"하고 있었다는 것이다.

이상에서 본 알레고리 해석과 유형론적 해석을 비교하면 다음과 같은 결론을 얻을 수 있다. 첫째, 구약과 신약을 연결하는 차원에 있어서, 알레고리는 두 본문을 주요소의 차원에서 연결하지만, 유형론은 본문 전체의 차원에서 연결한다. 다시 말하자면, 알레고리적 해석은 세부적인 차원에서 여러 대응 관계를 찾지만, 유형론적 해석은 전체적인 차원에서 하나의 대응 관계를 찾는다. 둘째, 연결 또는 대응의 수준에 있어서, 알레고리 해석이 구약의 개별 인물이나 사건을 신약의 제도나 개념과 연결하는 반면, 유형론적 해석은 두 개별 인물 또는 사건에서 유형적인 공통점을 찾아 그 둘을 연결한다. 마지막으로 연결의 목표에 있어서, 알레고리 해석은 하나님의 섭리 속에서 새로워진 것을 제시하고, 유형론적 해석은 변하는 세상 속에서 사람의 구원을 위해 일하시는 하나님의 정체성에 초점을 맞춘다.

● 마지막으로, 디모데후서 3장에 나오는 다음 구절(필자의 번역)처럼 유형론과 알레고리의 중간에 해당하는 것으로 볼 수 있는 경우가 있다.

⁸ 얀네와 얌브레가 모세에 대항한 것처럼 그들도 진리에 대항합니다. 생각이⁶ 부패했고 믿음에 대해 실격한⁷ 사람들입니다.

위 본문은 출애굽기 7장에 서술된 한 사건, 즉 모세가 기적을 행하자 이집트의 마술사들이 마술로 기적처럼 보이는 현상을 만들어, 모세의 기적의 영향을 없애려 한 것을 배경으로 한다. 이 본문에서 얀네와 얌브레는⁸ "그들", 즉 "생각이 부패했고 믿음에 대해 실격한 사람들"에 대응되고, 모세는 "진리"에 대응된다. 앞의 대응은 같은 범주(사람)끼리의 대응이어서 유형론 같은데, 뒤의 대응은 다르다. '모세'(구체적인 인물)와 '진리'(추상적인 개념) 사이에 범주 위반이 보이기 때문이다. 이것은 문자적인 표현으로 이루어진 틀 안에 비문자적인 초점이 놓이는 은유와 비슷해 보인다. 따라서 이것을 그저 '은유적 해석'이라고 부를 수도 있겠다. 이 용어가 직유를 닮은 유형론과 알레고리를 닮은 알레고리적 해석을 포괄한다는 의미에서 말이다.


## 성경과 현실의 연결

이상에서 보았듯이 구약이 유형론이나 알레고리 해석을 통해 신약 저자의 상황과 연결된다는 것은 성서 해석에서 큰 중요성을 띤다. 그것은 구약이

---

6  *nous*. 개정개역판에서 "마음"으로 번역되는 대표적인 두 단어는 *kardia*와 *nous*인데, 이 중 *nous*는 사고체계를 가리킨다.

7  *adokimos*, (시험에) 불합격한.

8  이 두 이름이 출애굽기에는 나오지 않는다. 이 이름이 등장하는 문헌 중 가장 오래 된 것은 "얀네와 얌브레의 책"이라고 불리는 글이다. 다음을 볼 것: James H. Charlesworth, *The Old Testament Pseudepigrapha* Vol. 2 (New York: Doubleday, 1985), 417-65.

신약 시대에 적용되었듯이, 구약과 신약으로 된 성경이 오늘날의 상황에도 적용될 수 있다는 것을 의미하기 때문이다. 그런데 성경을 지금의 현실과 연결시키려면 다음과 같은 것이 필요하다.

우선, 구약과 신약을 아우르는 거대서사가[9] 어떻게 형성되어 있는지를 파악해야 한다. 거대서사라는 개념을 정확히 이해하는 데에는 물리학physics과 형이상학metaphysics을 비교하는 것이 도움이 될 것이다. 물리학physics은 과학의 한 분야로서 존재의 물리적physical 차원을 다룬다. 반면에, 형이상학, 즉 메타물리학metaphysics은 철학의 한 분야로서 물리적 차원 '너머에'meta 있는 존재의 본질이라는 추상적 차원을 다룬다. 서사와 거대서사(메타서사)의 차이도 이와 비슷하다. 구약과 신약의 서사는 눈에 보인다. 인쇄되어 있고 읽을 수 있다. 그러나 구약의 서사와 신약의 서사가 유형론적이나 알레고리적으로 연결될 때 그 윤곽을 드러내는 거대서사는 구약과 신약을 아우르는 신학적 체계 속에 개념으로서 존재한다. 하나님이 사람을 사랑하여 구원한 이야기와 구원 이후에 언약을 맺고 그 구원을 끝까지 이루어가는 이야기로서 말이다. 성서신학은 이 이야기를 '구속사'와 '언약사'라는 관점에서 다룬다.

그런데 구약과 신약을 아우르는 거대서사를 찾아내기 위해서는 둘 사이의 문화적인 차이를 극복해야 한다. 사도행전에 서술된 첫 공의회도 이 문제 때문에 열렸다. 그 회의의 주요 안건은 교회가 "이방인"을 교인으로 받아들일 때 유대화의 과정인 "할례"를 거쳐야 하는가, 다시 말해 교회가 계속 유대교의 기본 체계인 "모세의 율법"을 그대로 지켜야 하는가였다(행 15:5).

---

**9** '거대서사'와 함께 '거대담론'이라는 용어가 자주 보이는데, 다음 두 가지 이유 때문에 이 책에서는 '거대서사'를 사용한다. 먼저, narrative에 대한 번역어로서 '서사'가 있는데 굳이 '담론'이라는 용어를 사용할 필요가 없는 데다가, '담론'은 discourse의 번역어로서 서사와는 다른 의미를 가진다. 다음, metanarrative와 함께 사용되는 용어로서 grand narrative가 있는데, '거대서사'는 이 용어에 정확히 맞는 번역이다.

이에 대한 결의는 '아니다'였다. 그동안 유대교의 한 분파로 간주된 초대교회가 처음으로 유대교와는 다른 정체성을 선언한 것이다. 그렇지만 초대교회가 모든 면에서 유대교와의 결별을 선언하지는 않았다. 자신의 정체성의 근거를 구약의 예언서에서 찾았고(행 15:15-18), "모세"의 "글"에 근거하여 당시 상황에 맞는 실행 규칙을 세움으로써(행 15:20-21) 구약의 정신을 이어갔다.

따라서 구약과 신약을 연결할 때 필요한 것은, 둘 사이의 문화적 차이와 함께 그 차이를 넘는 '연속성'을 보는 것이다. 초대교회는 할례 제도의 의미인 '새로운 정체성 확인'을 세례를 통해 이어갔고, 희생 제사의 정신을 예수 그리스도의 죽음을 기념하는 성찬식과 함께 "그[의] 이름을 증언하는 입술의 열매"인 "찬송의 제사"(히 13:15)를 통해 이어갔다. 결론적으로 말하자면, 율법을 실제로 적용하기 위해 만든 체계는 문화적인cultural 것이어서 시대에 따라 달라질 수 있지만, 율법의 정신은 초문화적인supracultural 것이어서 어떤 시대에든 지속된다.

이제 남은 것은 실제적으로 성경을 삶에 연결하는 것인데, 이것에는 두 차원이 있다. 첫째는 연결을 위한 방법인데, 위에서 다룬 해석법 중 어떤 것을 사용할지를 분별하는 것이다. 우리나라의 그리스도인들은 알레고리 해석에 익숙해 있어서 본문을 대할 때 거의 매번 알레고리 해석을 사용하려 한다. 그러나 이미 설명했듯이, 성서서사문은 기본적으로 문자적이나 유형론적으로 읽어야 한다는 점과, 알레고리 해석법을 사용할 경우 주의를 기울여 적법하게 해야 한다는 점을 기억해야 한다. 둘째는 연결의 양상인데, 여기에는 두 가지가 있다. 하나는 성경으로부터 얻게 된 인생관, 가치관 또는 세계관을 통해 삶의 자리에 어떤 일이 일어나고 있는지를 파악하는 것, 즉 삶의 이해에 대한 것이다. 다른 하나는 성경의 교훈을 삶에 적용하는 것이다.

# 문자와 영

성경을 삶의 자리와 연결하는 데에 있어서 주의해야 할 점이 한 가지 있다. 이미 설명했듯이, 삶의 자리에서는 자연의 법칙과 인간의 자유의지와 하나님의 섭리가 합류한다. 어느 한 요인만 작용하지 않는다. 따라서 성경을 일상의 삶과 연결해 삶 속에 하나님이 어떻게 활동하시는지를 이해하기 위해서는, 처음부터 하나님의 섭리를 찾으려 하기보다는 일단 삶 속에서 일어나는 일을 보이는 그대로 세심하게 관찰할 필요가 있다. 다시 말해, 성경을 해석할 때 먼저 문자적 읽기로 본문의 표면을 자세히 살핀 다음에 그 차원을 넘어갈 필요가 있을 때에 유형론적 해석이나 알레고리 해석을 통해 이차적 의미로 나아가듯이, 삶 속에서 일어나는 일을 관찰할 때도 섣불리 하나님의 섭리를 찾으려 하지 말고 그 일의 표면부터 잘 살펴봐야 한다는 뜻이다.

이것은 '세상에 대한 문자적 읽기'와도 같다. 프라이는 이것을 "세속적 감수성"secular sensibility이라는 개념으로 설명했다.[10] 그는 "세속적"이라는 표현을 "경멸도 아니고 존중도 아닌, 가치중립적인 의미"로 사용했다. 그 말을 좋게 볼 것도 아니지만, '속되다'라거나 '세상적'이라는 의미로 볼 것도 아니라는 뜻이다. 그러나 이 표현에 오해의 여지가 있는 점을 감안해서, 이 책에서는 그 대신에 '일상적 감수성'이라는 표현을 사용하겠다.

일상적 감수성 또는 감각으로 세상을 본다는 것은 세상을 그저 세상으로만 본다는 뜻이 아니다. 그것은 세상에서 일어나는 일을 관찰할 때 두드러지게 보이는 일부 요인만 포착하여 바로 영적 의미를 찾으려 하지 말고, 관

---

10   Hans W. Frei, "Karl Barth," in *Theology and Narrative: Selected Essays*, eds. George Hunsinger and William C. Placher (New York and Oxford: Oxford University Press, 1993), 171-72.

련된 모든 요인을 충분히 파악한 다음에 그 모든 요인을 종합적으로 판단함으로써 하나님의 섭리를 찾는다는 뜻이다.

필자는 잠언 17:1 "마른 떡 한 조각만 있고도 화목하는 것이 제육이 집에 가득하고도 다투는 것보다 나으니라"의 실제적인 예를 한 초등학생의 짧은 일기에서 발견했다. 그 학생은 일기의 앞부분에서 어머니에게 받아쓰기를 하자고 하면서, 자기가 낸 문제를 어머니더러 풀라고 한다. 이어 나오는 뒷부분은 다음과 같다.[11]

아니, 이럴 수가! [어머니가] 그렇게 자신 있게 받아쓰기를 하셨는데도 다섯 개나 틀리셨다. 조금 부끄러웠다. 그래도 나는 어머니를 사랑한다.

이 아이의 부족은 어머니의 형편없는 받아쓰기 실력이다. 그 부족이 아이의 부끄러움으로 드러났다. 그러나 아이에게는 그 부족을 넉넉히 메울 수 있는 것이 있는데, 그것이 바로 "어머니를 [향한] 사랑"이다.

그러면 이것이 잠언 17:1과 무슨 관련성이 있을까? 이 구절에는 대조적인 두 가정이 보인다. 한 가정은 부족한 음식을 먹으면서도 화기애애한데, 다른 가정은 풍족한 것을 앞에 두고도 불화를 겪고 있다. 위의 일기를 쓴 학생의 상황은 첫 가정을 닮았다. 그 가정이 음식의 부족을 서로 간의 화목으로 메우듯이, 그는 '받아쓰기 실력이 형편없는 어머니'라는 부족을 어머니에 대한 사랑으로 메우고 있다.

이처럼, 성경을 해석하는 과정에서 성경과 현실의 표면을 존중하면서 그 궁극적인 의미를 찾는 것을 사실주의적 성서 해석이라고 한다. 이와 반대되

---

11  장언재, "받아쓰기에서 다섯 개나 틀리신 어머니," 인간성회복운동추진협의회 엮음, 『사랑의 일기』(서울: 도서출판 장락, 1996), 83.

는 영해주의는 성경의 의미층을 껍질  인 문자적 의미와 알맹이인 영적 의미로 나눈다. 그렇기 때문에 영적 의미를 찾기 위해서는 항상 껍질인 문자적 의미를 깨뜨리고서 그 너머에 있는 알맹이를 찾아가야 한다. 말하자면, 본문의 문자적 의미는 영적 의미를 찾기 위한 과정에 불과하다. 그러다 보니 종종 영적 의미가 문자적 의미와 논리적인 관련성을 가지지 못하는 결과가 일어나고는 한다.

그러나 사실주의적 해석은 성경의 의미층을 하나로 보고, 맥락 속에서 이차적 의미를 찾는다. 말하자면, 성경 전체에서 생기는 거대서사라는 맥락 속에서 구약과 신약을 연결할 때, 이 연결의 과정에서 이차적 또는 영적 의미를 찾으며, 이것을 기반으로 해서 다시 성경과 현실을 연결할 때 역시 그 연결의 과정에서 그런 의미를 찾는다. 미국의 문헌학자 아워바크Eric Auerbach가 잘 보았듯이, 유형과 성취를 연결할 때 일어나는 "영적 이해"intellectus spiritualis를 통해 영적 의미를 찾는 것이다.[12]

그런데 이처럼 두 다른 일, 즉 먼저 일어난 일과 나중에 일어난 일을 연결할 수 있는 근거는 무엇인가? 사실 그 근거는 이 책의 1장을 시작하면서 이미 제시했었다. 성서적인 근거는 하나님의 정체성이다. 과거에 이스라엘을 구원하시고 인도하신 하나님과 교회의 머리이신 예수 그리스도의 아버지가 같은 하나님이라면, 하나님이 과거에 일으키신 일과 같은 유형의 일을 오늘도 일으키실 수 있는 것이다. 일반적인 차원에서 근거를 댄다면, 한 번 일어난 일과 같은 유형의 일이 다시 일어날 수 있다는 것이다. 그러기에 '역사는

---

**12** Erich Auerbach, "Figura," in *Scenes from the Drama of European Literature* (New York: Meridian Books, 1959), 30-32.

반복된다'고 하지 않는가. 구체적인 내용만 달라질 뿐 같은 유형이 되풀이 될 가능성이 항상 있다는 점에서 말이다.

유형론은 바로 이 점을 본다. 말하자면, 본문에서 바로 영적 의미를 찾으려 하지 않고, 구약에서 서술된 하나님의 사건과 신약에서 서술된 예수 그리스도 및 성령의 사건이 문자적으로 다르게 보인다 하더라도 그 문자적 차이 너머에 있는 공통점에서 동일한 유형의 하나님의 사건을 본다. 그리고 바로 거기서 영적 의미를 찾아내는 것이다. 이것이 아워바크가 말한 "영적 이해"라는 표현에 담긴 의미인데, 이 영적 이해가 위에서 말한 일상적 감각과 균형을 이루면 유형론적 해석을 적절하게 실행할 수 있게 하는 동력을 일으킨다.

# 12장. 비유

이 책의 마지막 주제로 비유를 택한 데에는 다음과 같은 이유가 있다. 우선, 앞 장에서 다룬 성서서사문 해석의 원리 중 성경과 현실을 연결하는 데에 가장 중요한 유형론적 해석과 알레고리적 해석을 더 심도 있게 다루기 위해서다. 그러니까 지금까지 설명한 해석의 원리 중 가장 중요하다고 할 수 있는 것에 집중함으로써 지금까지 다룬 모든 내용을 정리한다는 의미가 있다. 다음, 그렇게 정리하는 것은 성서신학의 기초를 마련하는 길이기도 하다. 성서신학의 중심 작업이 성경의 본문으로부터 성서적 삶의 원리를 찾는 것인데, 이 과정에 가장 자주 사용되는 해석법이 바로 유형론적 해석과 알레고리적 해석이다.

그러니 한편으로는 지금까지 다룬 것을 기억하면서 다른 한편으로는 새로 다가올 것에 대한 기대를 가지고 이 장을 대하는 것이 좋겠다. 그 첫 단계로 비유가 지니는 의미를 살펴보고자 한다.

## 나란히 두기

성경에서 '비유'parable로 번역되는 단어는 구약의 마샬mashal과 신약의 파라

볼레*parabolē*인데, 이 둘의 원래 의미 는 각각 '비교하기'와 '옆에 두기'다. 이 둘을 참고하여 비유를 간단히 '둘을 나란히 두어 비교하는 것'이 라고 설명할 수 있다.

여기서 나란히 놓이는 것은 비유의 서사적 어의와 궁극적 의미인데, 서사 적 어의라는 면에서 보면 비유는 일상의 것을 소재로 한 짧은 이야기지만, 그것이 궁극적으로 가리키는 것은 그 이야기와 다른 어떤 것이다. 이 점에 서 비유의 두 가지 특성을 볼 수 있다.

우선, 비유의 소재는 저자의 일상에서 흔히 접할 수 있는 것이다. 다음, 어떤 것을 다른 것으로 가리킨다는 점에서 비유는 은유를 닮았다. 이 두 특 성 때문에 비유는 "평상의 은유"metaphor of normalcy라고 불리기도 한다.[1] 비유 에 채택되는 일상의 소재는 크게 두 가지로 나눌 수 있다. 하나는 사람들의 활동인데, 가난한 자의 암양의 비유(삼하 12:1-4), 도망간 포로의 비유(왕 상 20:39-40), 용서할 줄 모르는 종의 비유(마 18:23-34), 악한 농부의 비 유(막 12:1-9), 선한 사마리아인의 비유(눅 10:30-35) 등이 이 경우에 속 한다. 다른 하나는 식물이나 동물을 소재로 하는 것인데. 그 예로는 가시나 무의 비유(삿 9:8-15)와 두 독수리의 비유(겔 17:3-10)를 들 수 있다. 이 둘 은 오늘날의 판타지 문학과 같은 인상을 주지만, 종종 비현실적인 동물이나 식물이 등장하는 판타지 문학과 달리 성경의 비유에는 저자의 일상에서 자 주 접할 수 있는 실제적인 것을 소재로 한다.

---

**1** John Dominic Crossan, *In Parables: The Challenge of the Historical Jesus* (New York: Harper & Row, 1973), 15; Paul Ricoeur, "Manifestation and Proclamation," in *Figuring the Sacred: Religion, Narrative, and Imagination*, ed. Mark I. Wallace, trans. David Pellauer (Minneapolis: Fortress Press, 1995), 57.

비유의 은유성에 관한 관심이 일어난 것은 비교적 최근이다.[2] 원래 교부 시대의 비유 해석법에는 세 가지 견해가 있었다. 그 하나는 오리겐처럼 주로 알레고리 해석을 사용하는 것이고, 다른 하나는 크리소스톰처럼 가능한 한 알레고리 해석을 억제하고 문자적으로 읽는 것이며, 마지막으로는 아우구스티누스처럼 문자적 해석과 알레고리 해석을 병행하는 것이다.[3] 종교개혁 이후에는 루터나 칼빈과 같은 개혁가들이 문자적 해석을 중심으로 삼았지만, 알레고리적 해석을 주로 사용한 주석가들도 적지 않았다.

그런데 19세기 말에 비유를 직유로만 보는 견해가 등장했다. 독일의 신학자 율리허Adolph Jülicher가 주장한 그 견해는[4] 곧 비유 연구가들 사이에 큰 영향을 끼치기 시작했다. 그의 연구는 직유의 기반인 문자성을 강화함으로써 알레고리 해석의 어두운 면인 자의적인 해석을 막는 근거를 확보하여 비유 이해의 지평을 재조정했다는 점에서 큰 의미를 가지지만 심각한 약점이 있었다. 구약의 알레고리적 비유들이 신약학자인 그의 시야에 들어오지 못했을 뿐만 아니라, 신약의 알레고리적인 비유는 그가 본문의 진정성 authenticity을 문제 삼아 제외시킨 것이다.

이에 대한 반작용으로 20세기에는 비유를 서사 구조를 가진 은유로 이해하는 경향이 생겼다.[5] 필자의 생각에, 비유가 서사 차원의 은유라는 것은 다

---

2 비유 해석의 역사에 대해서는 다음을 참고할 것: Warren S. Kissinger, *The Parable of Jesus: A History of Interpretation and Bilbliography*, ATLA Bibliography Series 4 (Lanham, Maryland: The Scarecrow Press, 1979), xiii-xiv;

3 그는 성경 전체의 제재를 "하나님과 이웃을 사랑하는 것"과 "하나님과 이웃을 아는 것"으로 보고 문자적인 해석이 이 제재와 맞지 않을 때 알레고리를 포함한 비문자적 해석을 사용할 수 있다고 보았다. 다음을 볼 것: Augustinus, *De Doctrina Christiana*, III.14.

4 Adolph Jülicher, *Die Gleichnisreden Jesu*, 2nd ed. (Tübingen: Mohr, 1910).

5 다음을 참고할 것: Crossan, *In Parables*; Paul Ricoeur, "Biblical Hermeneutics," *Semeia* 4 (1975): 29-148; Amos N. Wilder, *Jesus Parables and the War of Myths: Essays on Imagination in the Scriptures* (Philadelphia: Fortress Press, 1982).

음과 같은 해석학적 의미를 가진다. 우선, 은유성의 스펙트럼에서 은유성이 약화된 쪽에 직유가, 강화된 쪽에 알레고리가 있듯이, 비유도 한쪽에는 직유적인 것이, 다른 쪽에는 알레고리적인 것이 있다. 따라서 비유에는 서사문처럼 유형론적으로 해석해야 할 것과 알레고리적으로 해석해야 할 것이 있다.

그런데 비유가 서사 구조를 가진다고 해서 반드시 여러 문장으로 구성된 서사문으로 된다는 것은 아니다. 광고 문구나 선거 구호처럼 한 문장으로 된 담론이 있듯이, 한 문장으로 된 비유도 있다. 그런데 이 경우에는 비유 대신에 종종 "잠언"(왕상 4:32; 잠 10:1; 전 12:9)이나 "속담"(신 28:37; 삼상 10:12; 겔 18:2; 눅 4:23)이라는 용어가 사용된다. 그러니 성경이 말하는 잠언이나 속담도 비유의 범주 안에 들어간다는 점을 잊지 말아야 한다.

## 드러나는 것과 숨겨지는 것

비유에는 두 양상이 있다. 하나는 감추어진 것을 드러내는 것이다. 알기 쉬운 일상의 소재를 통해 무엇인가를 표현하고자 한다는 비유의 속성 자체에 알기 어려운 무엇인가를 드러낸다는 것이 전제되어 있다.

그렇지만 비유에는 여전히 감추어지는 것이 있다. 불투명도 높아 그 내용을 들여다볼 수 없는 경우가 있는 것이다. 이 경우 해석 없이 비유만 들은 사람은 그 의미를 알지 못하게 된다. 씨 뿌리는 자의 비유(눅 8:5-8)를 들은 사람들도 그랬다. 나중에 이 비유의 해석을 받은 예수의 제자들은 "하나님 나라의 비밀을 알게" 되었지만, 그렇지 못한 사람들은 그 의미를 "깨닫지 못하게"(눅 8:10) 된 것이다.

비유의 이 두 양상, 즉 드러나는 양상과 감추어지는 양상은 비유에 내재한 은유성 때문에 생긴다. 다시 말하지만, 은유성의 정도라는 차원에서 은유는 두 방향으로 펼쳐진다. 은유를 중심으로 하고서, 문자성이 강화되고 은유성이 약화되는 쪽에 직유가 있고 문자성이 약화되고 은유성이 강화되는 쪽에 알레고리가 있다. 서사문 차원으로 확대된 은유인 비유에도 이런 양극성이 있다. 은유성이 줄어들고 문자성이 강한 쪽에는 유형론적 비유가 있고, 반대로 은유성이 강한 쪽에는 알레고리적 비유가 있는 것이다. 바로 이 은유성에서의 차이 때문에, 유형론적 비유와 알레고리적 비유 사이에는 투명도의 차이가 생기고, 그 결과 해석의 차이도 생긴다. 특히 투명도가 아주 약한 알레고리적 비유는 본문에 별도의 해석이 없으면 그 내용을 알기가 매우 어렵다.

## 유형론적 비유

먼저 유형론적 비유의 해석법을 다루겠다. 한 예로 사무엘하 12장에 나오는 가난한 자의 암양의 비유를 보려고 하는데, 이 비유는 다윗이 밧세바와 불륜을 저지른 뒤 그 남편 우리아를 죽이고 그녀를 아내로 삼은 죄를 선지자 나단이 지적하기 위해 제시한 것이다. 이 비유가 담긴 본문(필자의 번역)은 다음과 같다.

1 (생략) "한 도시에 두 사람이 있었는데, 한 사람은 부자였고 한 사람은 가난했습니다. 2 부자에게는 양과 소가 매우 많이 있었지만, 3 가난한 사람에게는 자기가 산 어린 암양 새끼 외에는 아무것도 없었습니다. 그는 그것을 키웠고, 그것은 그의 자녀들과 함께 자라면서 그의 음식을 먹고 그의 잔을 마시며 그의 품에 누웠기에 그에게 딸처럼 되었습니다. 4 어떤

행인이 그 부자에게 왔는데, 그는 자기에게 온 나그네에게 대접하기 위하여 자기의 양과 소를 잡기를 꺼려해서, 가난한 사람의 암양 새끼를 빼앗아 자기에게 온 사람에게 대접했습니다.

이 본문을 읽으면, "부자"와 "가난한 사람"은 각각 다윗 왕과 우리아를, 가난한 사람의 "암양"은 우리아의 아내인 밧세바를, 그리고 그 암양을 "빼앗[은]" 것은 우리아의 아내를 빼앗아 자기 아내로 삼은 것을 가리키는 것처럼 보인다. 그렇지만 이런 대응 관계를 자세히 들여다보면 몇 가지 문제점을 발견하게 된다. 우선, 부자를 찾아온 "행인"에 해당하는 것이 현실에 없다. 사건의 발단은 다윗에게 누군가가 찾아왔기 때문이 아니라 다윗 혼자 왕궁 옥상을 거닐다가 밧세바가 목욕하는 것을 보았기 때문이 아닌가. 다음, 암양에 대한 묘사를 자세히 살펴보면 그것이 밧세바를 가리키지 않는다는 점을 발견할 수 있다. 그 암양이 "새끼"이면서 가난한 사람에게 "딸처럼 되었[다]"(3절)라고 되어 있기 때문이다. 아내가 아닌 것이다. 문제는 여기서 끝나지 않는다. 비유에서는 암양이 죽지만, 실제로는 밧세바의 남편 우리아가 죽고 밧세바는 다윗의 아내가 되지 않는가?

이처럼 비유의 대응 관계를 둘러싸고 답 없는 의문이 계속 일어나는 것을 보면, 이 비유를 알레고리처럼 해석할 수 없음이 분명하다.[6] 그러면 이런 식의 비유를 어떻게 해석해야 할까? 이 문제에 대한 답을 찾기 위해 잠시 다

---

6  이처럼 나단의 비유와 그 비유를 둘러싼 '계승 서사'(삼하 9-20장; 왕상 1-2장) 사이의 대응 관계가 잘 성립되지 않기 때문에 나단의 비유가 원래의 본문에 있지 않았다는 주장이 생기기도 했지만, 이것은 나단의 비유가 알레고리라는 전제가 성립될 경우에 가능한 주장이다. 이 점에 대해서는 다음을 참고할 것: George W. Coats, "Parable, Fable, and Anecdote: Storytelling in the Succession Narrative," *Interpretation* 35.4 (1981); Hermann Gunkel, *Das Märchen im Alten Testament* (Tübingen: J. C. B. Mohr, 1921), 35 이하; Hans Wilhelm Hertzberg, *I and II Samuel*, Old Testament Library (London: SCM Press, 1964), 312.

른 비유를 살펴보겠다.

누가복음 10장에는 선한 사마리아인의 비유가 나온다. 이 비유의 배경을 보면, 한 율법교사가 예수께 나아와 "무엇을 하여야 영생을 얻으리이까?"(25절)라고 질문을 했다가 "하나님을 사랑하고…이웃을 사랑하라"(27절)라는 답을 얻고서, 다시 "그러면 내 이웃이 누구입니까?"(29절)라고 물었다. 이때 예수께서는 바로 다음과 같은 비유(필자의 번역)를 들려주셨다.

30 (생략) "어떤 사람이 예루살렘에서 여리고로 내려가다가 강도를 만났는데, 그들이 그를 벌거벗기고 때려 반죽음이 된 채로 버리고 갔다. 31 우연히 어떤 제사장이 그 길로 내려가다가 그를 보고 피하여 지나갔고, 32 마찬가지로 한 레위인도 그 곳에 와서 그를 보고 피하여 지나갔다. 33 그러나 어떤 사마리아 사람은 길을 가다가 그에게로 다가가서 그를 보고 측은히 여겼다. 34 그는 가까이 가서 기름과 포도주를 부어 상처를 싸매고, 자기 짐승에 그를 태워 여관으로 데리고 가서 그를 돌보아 주었다. 35 그 다음 날 그가 떠날 때, 여관 주인에게 두 데나리온을 내어주며 '그를 돌보아 주십시오. 비용이 얼마나 들든지, 내가 돌아올 때에 당신에게 갚겠습니다'라고 말했다.

이 비유를 보면 알레고리적인 해석을 하고 싶은 충동이 일어난다. 강도만난 사람은 누굴까? 제사장과 레위인이 그를 돌보지 않고 지나가 버렸다는 것은 무엇을 의미하는 것일까? 사마리아인은? 여관 주인은? 이런 식의 질문에 대한 답을 제시한 신학자 중에 3세기에 활동한 오리겐이 있다. 그는 예루살렘과 여리고를 "낙원"과 "세상"에, 제사장과 레위인을 "율법"과 "예언자"에 각각 대응시키고서, 계속해서 사마리아 사람을 "그리스도"로, 상처를 "불순종"으로, 짐승을 "그리스도의 몸"으로, 두 데나리온을 "성부와 성자"로

해석했다.[7]

그러나 이 비유의 목적은 그런 식의 대응을 통해 어떤 메시지를 전달하려는 것이 아니라 "내 이웃이 누구입니까?"라는 질문에 대한 대답을 주려는 것이다. 이 비유를 들려주신 다음 예수께서 그 율법교사에게 "누가 강도 만난 자의 이웃이 되겠느냐"(36절)라고 물으셨을 때, 그는 "자비를 베푼 자"(37절)라고 대답했다. 예수께서 그 대답을 들으시고서 "가서 너도 이와 같이 하라"라고 하신 것을 보면, 그 율법교사가 그 비유의 의미를 제대로 깨달은 것이 분명하다. 오리겐의 해석에 보이는 것과 같은 대응 관계에 대한 설명을 듣지 않고도 그 의미를 깨달았던 것이다. 그 이유는 바로 본문 안에 해석에 대한 실마리가 있기 때문이다.

우선, 이 비유가 "내 이웃이 누구입니까"라는 질문에 대답하기 위한 것이라는 점에서 그 제재가 이웃이라는 것을 알 수 있다. 즉, 이 비유는 이웃에 대한 것이다. 다음, 제재가 이렇게 설정되었으니, 등장인물인 강도 만난 사람, 제사장, 레위인, 사마리아 사람, 주막 주인 중에 누가 누구의 이웃일까를 생각하지 않을 수 없다. 이 사람 중 이웃의 도움을 필요로 하는 사람은 강도 만난 사람이다. 따라서 이웃의 후보자는 제사장, 레위인, 사마리아 사람으로 줄어들고, 이 중 그를 도와준 사마리아 사람이 강도 만난 사람의 이웃이 된다. 이 관계가 무엇을 의미하는지에 대해서는 나중에 설명하겠다.

이상에서 본 것처럼, 유형론적인 비유를 해석할 때는 서사문 해석과 마찬가지로 비유의 제재와 줄거리를 파악하는 것이 중요하다. 비유 자체의 논리적 흐름을 따라가야 한다는 뜻이다. 그렇게 하지 않고서, 먼저 성급하게 예루살렘, 여리고, 제사장, 레위인 등이 무엇을 가리키는지를 찾음으로써 비유

---

**7**  Origen, *Homilies on the Gospel of Luke*, 34.3.

의 각 주요소와 현실 사이의 대응 관계를 파악하려 하면, 오히려 그 논리적 흐름을 따라가는 데에 방해가 되어 비유의 핵심을 놓치기 쉽다.

이제 가난한 자의 암양의 비유로 돌아갈 때가 되었다. 이미 설명한 것처럼, 이 비유를 해석할 때 "부자", "가난한 사람", "암양 새끼", "행인" 등 본문의 모든 주요소의 대응 관계를 일일이 파악하려고 하면 실패한다. 적어도 행인과 암양이 무엇을 가리키는지 알 수 없으니 말이다. 다윗이 이 비유를 처음 들었을 때 그것이 자신에 관한 것인지를 몰랐던 것도 바로 그 때문이었을 것이다. 이 비유가 유형론적인 것이라면, 그 해석의 열쇠는 선한 사마리아인의 비유에서처럼 비유 전체의 제재와 줄거리를 파악하는 데에 있다.

우선, 이 비유의 목적이 누군가의 죄를 고발하려는 것이니, 그 제재 역시 누군가의 죄에 관한 것이 된다. 그러면 먼저 범죄자를 찾아야 하는데, 등장인물인 부자, 가난한 사람, 행인 중 범죄자는 부자다. 그다음에는 줄거리를 따라가면서 사건의 발단 및 범행의 동기와 과정을 살펴봐야 한다. 우선 사건의 발단을 보면, 부자에게 행인이 찾아왔다. 부모나 가까운 친구, 아니면 중요한 용무가 있는 어떤 사람이 찾아온 것이 아니라 그저 길 가던 한 사람이 찾아온 것이다. 한마디로, 그리 중요하거나 심각한 경우가 아니다. 그런데 부자는 그를 대접하기 위해 자기 집에 있는 그 많은 가축 중의 하나를 잡지 않고 오히려 가난한 사람으로부터 그에게 하나밖에 없는, 그것도 가족같이 여기는 새끼 암양을 빼앗았다. 많이 가진 사람이 사소한 일 때문에 가진 것이 하나밖에 없는 사람으로부터 그 소중한 하나를 빼앗는 심각한 죄를 저지른 것이다. 바로 이것이 이 비유의 핵심 내용이다.

다윗의 죄가 바로 그랬다. 그에게는 여러 "처첩"(삼하 5:13)과 "후궁"(삼하 20:3)이 있었다. 그리고 옥상에서 거닐다가 목욕하는 어떤 여자를 보고서 성적 욕구가 발동한 것은 마치 행인이 찾아온 것처럼 그리 심각하거나 중요하지 않은 일이었다. 바로 처첩이나 후궁 중의 한 명을 통해 그 욕구를 해결할 수도 있었다. 그러나 그는 이 사소한 경우 때문에 중대한 죄를 저질렀다. 남의 여자를, 그것도 자기 수하에 있는 부하를 죽이고 그의 하나뿐인 아내를 빼앗은 것이다. 가난한 자의 암양의 비유는 바로 그 죄를 고발하려는 것이다.

이상에서 보았듯이 유형론적인 비유를 해석하는 데에는, 비유 전체의 제재와 줄거리를 이해하는 것이 중요하다. 알레고리적인 비유와 달리, 주요소들이 현실과의 대응 관계를 위해서가 아니라 비유의 줄거리를 현실감 있게 구성하기 위해 사용되었기 때문이다. 사실 이 점이 유형론적 비유와 알레고리적 비유의 결정적인 차이다. 알레고리적 비유의 주요소들은 그 자체로서 현실과 바로 연결되지만, 유형론적 비유의 주요소들은 비유 자체의 의미 구조를 세우기 위해 사용된다.[8] 그렇기 때문에 유형론적 비유를 제대로 해석하려면 주요소들이 각각 현실의 무엇을 가리키는지를 바로 찾으려 하지 말고, 제재와 줄거리를 파악하여 비유 전체가 무엇을 의미하는지를 이해한 다음에 바로 이 차원에서 그 비유가 전체로서 현실의 무엇을 가리키고 있는지를 파악해야 한다.


## 알레고리적 비유

이제 알레고리적 비유의 해석법을 설명할 차례가 되었다. 이것을 위해 먼저 알레고리적 비유의 특징을 살펴보려고 하는데, 이것은 '확장된 은유'라 불리는 알레고리 자체의 특징과 일치한다. 알레고리를 확장된 은유라 부르는

---

**8** 이 책의 4장에서 보았듯이, 언어에는 언어 자체의 의미 구조를 세우려는 성향과 현실로 나아가려는 성향이 공존한다. 유형론적 비유에도 이 두 성향이 공존한다.

것은, 알레고리가 은유성의 범위에 있어서 은유보다 더 커졌다는 것인데, 이 은유성의 확장은 다음 세 가지 확장을 포함한다.

첫째, 허구성fictionality의 확장이다. (앞서 설명했듯이, 허구는 위조와 다르다.) '그 여우가 영희에게 말을 걸었다'라는 은유에서는 초점인 하나의 주요소('그 여우')를 제외하고는 전체적으로 문자적 의미가 유지되기 때문에 '누군가가 영희에게 말을 걸었다'라는 사실적인 차원에 머무른다. 그러나 '그 여우가 까마귀에게 말을 걸었다'와 같은 알레고리적 표현에서는 모든 주요소('여우'와 '까마귀')가 비문자적인 의미를 지니기 때문에 알레고리 전체가 비문자적인 표현이 되어 허구적인 차원에 놓이게 된다. 다시 말해, 은유가 비문자적인 것을 일부분 포함하고 있음에도 불구하고 전체로는 사실적인 차원에 머무는 반면, 알레고리에서는 허구의 세계가 펼쳐진다.

둘째, 구조의 확장이다. 은유는 하나의 초점과 그 초점의 이차적 의미를 확정해 주는 틀로 이루어진다. 이 때문에 은유의 규모는 틀의 범위에 한정된다. 구체적으로 말하자면, 작게는 한 단어로 된 틀에 한 단어로 된 초점이 결합하여 또 다른 단어가 된 경우('하구', '이메일')로, 크게는 문장으로 된 틀 속에 단어나 구로 된 초점이 있는 경우('그 여우가 민수에게 말을 걸었다')로 나타난다. 요컨대, 은유의 한계는 문장이다. 그러나 알레고리에는 그런 한계가 없다. 알레고리를 만드는 사람의 필요에 따라 대응 관계의 범위가 정해지기 때문에 그에 따라 규모도 얼마든지 커질 수 있다. 따라서 은유와 달리 하나의 알레고리로 된 시나 소설이 가능하다. 물론 이 책의 5장에서 본 "깃발"처럼 한 작품이 여러 은유로 구성되는 경우도 있다. 그러나 그것은 독립된 여러 은유가 한 작품에 모인 것일 뿐이다. 만일 여러 은유가 논리적 일관성을 가지고 결합하여 하나의 체계를 이룬다면, 그것이 바로 알레고리다.

셋째, 체계의 확장이다. 알레고리의 규모에 한계가 없다는 것은, 알레고리의 대응 관계가 수적으로 제한받지 않는다는 뜻이다. 현실의 요소들에 대응되는 것을 원하는 만큼 만들 수 있다는 뜻이다. 이 때문에 알레고리에는 현실의 체계에 세세히 대응되는 의미 구조가 형성되어 현실과 닮은 허구의 세계가 열릴 수 있게 된다. 이 점을 감안하여 다시 은유와 알레고리를 비교한다면, 은유는 '어떤 것을 다른 것으로 표현하는 것'이고, 알레고리는 '어떤 세계를 다른 세계로 표현하는 것'이라고 할 수 있다. 성경의 예를 들자면, 가시나무의 비유는 사람들이 사는 세상에서 일어난 정치적 사건을 식물계에서 일어나는 허구적인 사건으로 표현한 것이고, 씨 뿌리는 자의 비유는 하나님 나라의 한 양상을 이 세상의 농사의 한 과정으로 표현한 것이다.

이상의 특징을 가진 알레고리적인 비유를 해석할 때에는 비문자적 의미를 띠는 주요소들의 의미를 일일이 밝히면서 각 의미가 어떻게 서로 연결되어 전체적인 의미를 이루는지 파악해야 한다. 그 한 예로서 에스겔 17장에 나오는 다음 비유(필자의 번역)를 살펴보려고 한다.

³ (생략) 날개가 크고 깃이 길고 여러 색의 깃털로 뒤덮인 큰 독수리가 레바논에 와서 백향목의 꼭대기를 꺾었다. ⁴ 그것이 그 나무의 어린 가지 끝을 뽑아 무역지에 가져가서 상인들의 도시에 두었다. ⁵ 그리고 그 땅의 씨를 가져다가 비옥한 들에⁹ 심었다. 많은 물가에 가져다가 수양버들처럼 심었다. ⁶ 그것이 싹터서, 낮게 퍼지는 포도나무가 되었는데, 그 가지가 그 독수리를 향했고 그 뿌리는 그 자리에 있었다. ⁷ 그런데 날개가 크고 깃털이 많은 또 다른 큰 독수리가 있었는데, 보라, 이 포도나무가 그의 물을 받으려고 그 심겨진 지대로부터 그를 향해 뿌리를 뻗으며 가지를 폈다.

---

9 *bi-sēdeh zara'*, 씨의 들에.

두 독수리의 비유라 불리는 이 비유를 이해하기 위해서는, "큰 독수리", "그 땅의 씨", "포도나무", "또 다른 큰 독수리"와 같은 표현이 각각 무엇을 의미하는지를 알아야 한다. 말하자면, 그것이 현실의 무엇과 대응하는지를 알아야 하는 것이다. 그런데 이 비유만으로는 정확한 대응 방식을 알 수 없다. 그렇기 때문에 알레고리적인 비유는 그 비유를 제시하는 사람이 그 해석이나 해석의 실마리를 줘야 한다.

다행히 성경에 등장하는 알레고리적인 비유에는 종종 해석이 뒤따른다. 두 독수리 비유의 경우에는 그 해석이 같은 장 12-17절에 나온다. 이것을 보면, 첫째 "독수리", "그 땅의 씨"와 "포도나무", 둘째 "독수리"가 각각 "바벨론 왕"(12절), 유다의 "왕족 중 하나"(13절)와 "왕"(16절), "애굽[왕]"(15절)에 대응된다는 것을 알 수 있다. 따라서 "이 포도나무가 그의 물을 받으려고…그를 향해 뿌리를 뻗으며 가지를 폈다"(7절)라는 것은 유다의 왕족 중 한 사람인 시드기야가 바벨론에 의해 유다의 왕이 된 다음에 바벨론과의 "언약을 배반"(16절)한 것, 즉 바벨론과의 동맹 관계를 끊고 이집트에 접근한 것을 의미한다는 점도 알 수 있다.

누가복음 8장에 나오는 씨 뿌리는 자의 비유도 알레고리적인 비유인데, 그 내용(필자의 번역)은 다음과 같다.

> 5 씨를 뿌리는 자가 씨를 뿌리기 위해 나갔다. 그가 씨를 뿌리자, 어떤 것은 길 가에 떨어져 밟혔고, 공중의 새들이 먹어버렸다. 6 또 어떤 것은 바위 위에 떨어졌는데, 자라다가 수분이 없어서 말라버렸다. 7 다른 것은 가시떨기 속에 떨어졌는데, 가시떨기가 함께 자라서 그것을 질식시켰다. 8 또 다른 것은 좋은 땅에 떨어졌는데, 자라서 백 배의 열매를 맺었다.

이 비유에 대한 해석 역시 본문 다음(11-15절)에 나온다. 그 내용을 보면,

씨는 "하나님의 말씀"(11절)을 의미하고, 씨가 떨어진 네 종류의 땅은 각각 "말씀을 빼앗[기]는" 자(12절), "시련을 당할 때 배반하는 자"(13절), "온전히 결실하지 못하는 자"(14절), "인내로 결실하는 자"(15절)를 의미한다.

이상의 두 비유에는 주요소들 모두가 은유화되어 있다. 주요소의 대응 관계에 의도적인 범주 위반이 일어나고 있는 것이다. 구체적으로 말하자면, 두 독수리의 비유에서는 동물이나 식물이 사람에 대응하고, 씨 뿌리는 자의 비유에서는 씨가 하나님의 말씀에, 땅이 사람에 대응한다.

그런데 두 비유의 줄거리로 눈길을 돌리면 중요한 차이점을 발견하게 된다. 우선, 씨 뿌리는 자의 비유의 줄거리는 현실적이다. 실제로, 씨를 흩어뿌릴 때에는 실수로나 바람에 날려 경작지 외의 다른 곳에 떨어지는 일이 일어나고, 떨어진 땅의 특징에 따라 씨가 자라는 모습도 달라진다. 그러나 두 독수리의 비유의 줄거리는 그렇지 않다. '독수리', '포도나무' 등의 소재는 모두 일상적인데도, 그 내용은 매우 비현실적이다. 독수리가 나뭇가지를 꺾어 땅에 심을 리가 없고, 나무가 독수리에게 물을 받으려고 그것을 향하여 가지를 뻗을 리도 없으니 말이다.

이상의 비교를 통해 알레고리적 비유에 현실적인 줄거리를 가진 것도 있고 비현실적인 줄거리를 가진 것도 있다는 점을 알게 된다. 그런데 성경에 비현실적인 줄거리를 가진 비유는 아주 적다. 구약에 보이는 두 독수리의 비유와 가시나무의 비유 정도다. 신약에 나오는 예수의 비유는 유형론적 비유와 현실적인 줄거리를 가진 알레고리적인 비유로만 구성된다.

흥미로운 점은, 비현실적인 줄거리를 가진 판타지성의 비유는 사람들 사이에 일어난 구체적인 사건을 다루는 반면, 현실적인 줄거리를 가진 비유는 하나님의 나라라는 금방 눈에 보이지 않는 차원을 다룬다는 점이다. 이 두 경우가 퍽 대조적인 것 같지만, 공통점이 있다. 가리키는 것과 반대되는 세계를 만드는 것이다. 현실적인 것은 비현실적인 것으로, 하늘에 대한 것은 땅의 것으로, 이것이 알레고리의 허구성의 핵심이다. 바로 이 점 때문에 알레고리가 불투명해진다. 해석의 실마리가 주어지지 않으면, 무엇을 말하는 것인지 알기 어렵게 되는 것이다.

## 비유 내의 맥락

이상에서 살펴보았듯이 유형론적 비유와 알레고리적 비유는 그 해석의 과정에 있어서 중요한 차이를 드러낸다. 유형론적 비유의 경우, 해석의 핵심은 전체 줄거리의 논리를 파악하는 데에 있으며, 그 주요소는 전체 줄거리의 한 부분으로서 문자적 차원의 의미를 가진다. 이와 달리 알레고리적 비유의 해석에 중요한 것은 각 주요소의 대응 관계를 파악하는 것인데, 이 경우 비현실적인 세계와 현실이 연결되기 때문에 그 의미는 비문자적 차원으로 넘어간다.

그렇지만 어떤 경우든 해석은 비유 전체의 맥락인 제재를 파악함으로써 이루어진다. 단어의 의미가 맥락 속에서 확정되듯이, 비유의 경우에 주요소의 의미가 비유의 맥락인 제재에 의해 확정되기 때문이다. 이것은 맥락에 따라 주요소의 의미가 달라질 수 있다는 것을 암시한다. 예를 들어, 포도나무의 비유(요 15:1-6)에 나오는 농부는 하나님을 가리키지만, 포도원 농부의 비유(막 12:1-9)에 나오는 농부는 하나님의 뜻을 거역하는 사람들을 가리킨다. 다른 예를 들자면, 이사야 53장에 언급된 양은 "자기 길"(6절)을 고집하는 이스라엘 민족을 가리키지만, 요한복음 10장에 나오는 양은 "[예수]의 음성을"(4절) 알아듣고 따르는 제자들을 가리킨다.

먼저 포도나무의 비유와 포도원 농부의 비유에 나오는 두 '농부'의 의미를 비교해 보겠다. 농부의 일반적인 의미는 '작물을 재배하는 사람'인데,

농부 중에는 고용인으로서 농사를 지으면서 주인이 맡긴 일을 제대로 하는 '좋은 농부'도 있고 그와 반대인 '악한 농부'도 있다. 구체적으로 말하자면, '농부'라는 단어는 '작물을 재배하는 사람'이라는 어의를 가지면서, 동시에 맥락에 따라 '좋은 농부'이거나 '나쁜 농부'라는 함의를 가질 수 있게 된다. 이 점을 염두에 두고 두 비유를 비교하면 다음과 같은 차이점을 알게 된다. 포도원 농부 비유의 경우 그 제재는 농부와 주인의 관계인데, 이 맥락에서는 농부가 주인에 대해 좋은 사람일 수도 있고 악한 사람일 수도 있다. 이비유에서는 악한 사람을 가리킨다. 그러나 포도나무 비유의 제재는 주인과 농부의 관계가 아니라 포도나무와 가지의 관계다. 말하자면 좋은 농부와 나쁜 농부를 구별하는 맥락이 아니다. 따라서 이 비유에 나오는 농부는 일단 작물을 재배하는 사람이라는 어의를 기반으로 하여 궁극적으로 교회라는 포도나무를 키우시는 하나님을 가리킨다. 이처럼 '농부'라는 단어가 비유의 맥락에 따라 '나쁜 사람'을 가리키기도 하고 '좋으신 하나님'을 가리키기도 한다.

'양'의 경우를 보면, 양에게는 평소에 가던 길만을 가려는 고집스러운 면이 있지만, 일단 주인의 음성에 익숙해지면 그 음성을 알아듣고 따라가는 면도 있다. 이사야 53장은 그 제재가 죄인들을 대신해서 고난을 받는 그리스도이기 때문에, 양의 고집스러운 면을 부각해 죄인을 의미하도록 했다.

반면에 요한복음 10장은 예수와 그 제자의 관계에 관한 것이기 때문에, 양이 주인의 음성을 알아듣는 면을 부각해 제자를 가리키도록 했다.

한 가지 경우를 더 들자면, '독수리'는 신명기 32장, 이사야 40장, 에스겔 17장, 누가복음 17장에서 각각 다른 의미를 띤다. 첫째 경우는 새끼를 보호하고 양육하는 어미 독수리의 모습에 이스라엘 백성을 보호하시고 인도하시는 하나님을 비유한 것이다. 둘째 경우는 힘차게 하늘을 날아오르는 독수리의 모습에 하나님을 믿는 사람을 비유한 것이다. 셋째 경우는 조류의 왕인 독수리에 바벨론의 왕과 이집트의 왕을 비유한 것이다. 마지막 경우는 땅에 나뒹구는 시체를 먹기 위해 독수리가 모여드는 것에 마지막 때의 징조를 비유한 것이다.

이상의 차이가 생긴 이유로 다음 두 가지를 들 수 있다. 우선, 단어는 다양한 함의를 가질 수 있다. 단어가 하나의 대상을 가리켜도, 그 대상의 특징이 여럿일 수 있기 때문이다. 예를 들어, 독

수리의 특징으로는 어미의 모정도 있고, 강한 힘도 있고, 시체를 먹는 습성도 있기 때문에 '독수리'라는 단어가 함의하는 것도 새끼를 돌보는 독수리, 강한 힘을 가지고 날아오르는 독수리, 조류의 왕인 독수리, 또는 시체를 먹는 독수리가 될 수 있다. 다음, 이처럼 한 단어가 여러 함의를 가질 수 있지만, 특정한 맥락 속에서 그중 하나가 확정된다. 위의 네 경우가 포함된 본문의 맥락(필자의 번역)은 다음과 같다.

(1) 자기 둥지를 일깨우고 자기 새끼 위에 떠다니며, 자기 날개를 펴서 그것을 받으며, 자기 날개깃 위에 그것을 업는 독수리처럼, 여호와께서 홀로 그를 인도하셨고, 그와 함께한 이방의 신이 없었다(신 32:11-12)

(2) 젊은이도 무기력해지고 피곤해지며, 청년도 비틀거리고 쓰러지지만, 여호와를 기다리는 자는 새 힘을 얻을 것이며, 독수리처럼 날개 치며 올라갈 것이다. 그들은 달려도 피곤해지지 않고, 걸어도 무기력해지지 않을 것이다(사 40:30-31)

(3) (생략) 여호와께서 이렇게 말씀하셨다. "날개가 크고, 날개깃이 길고, 여러 색의 깃털이 많은 큰 독수리가 레바논에 와서 백향목의 위 끝을 꺾었다 (생략) 그리고 날개가 크고 깃털이 많은 큰 독수리 하나가 있었는데, 보라, 이 포도나무가 그 심겨진 대지에서 그에게 뿌리를 향하게 하고 그에게 가지를 뻗게 하여, 그가 자기에게 물을 대어주도록 했다(겔 17:3, 7)

(4) 하나님의 나라가 언제 임할지에 대해 바리새인들에게 질문을 받으시고서 대답하여 말씀하셨다. "하나님의 나라는 보이게 임하지 않으며, '보라, 여기다'라거나 '보라, 저기다'라고 말하지도 않을 것이다 (생략)그들이 그에게 대답하여 말했다. "주여, 어디입니까?" 그러자 그가 말씀하셨다. "시체가 있는 곳, 거기에 독수리들이 모인다."(눅 17:20-21상, 37)

이 네 비유 중에서 첫째 경우는 "여호와[의] 인도"(신 32:12)라는 맥락에서 독수리의 모정에 초점을 맞추었고, 둘째 비유는 "여호와를 기다리는 자"(사 40:31)라는 맥락에서 독수리의 강함을 부각했다. 그다음 비유는 "바벨론 왕"에 의한 유다의 멸망(겔 17:12)을 배경으로 해서 조류의 왕이라는 독수리의 지위에, 마지막 비유는 "하나님의 나라가…임할 [때]"(눅 17:1)의 징조라는 맥락에서 시체를 먹는 독수리의 습성에 주목했다.

## 비유 너머의 맥락

이상에서는 비유 내의 맥락인 제재가 비유의 해석에 어떤 역할을 하는지, 특히 비유 내의 주요소의 의미와 어떻게 연결되는지를 살펴보았다. 이제는 비유 너머의 맥락으로 눈길을 돌려 이 맥락과 비유가 어떻게 연결되는지를 보고자 한다.

비유는 한편으로는 서사로 확대된 은유이지만, 다른 한편으로는 긴 서사의 축소판이기도 하다. 예를 들어, 위에서 살펴본 포도원 농부의 비유는 주인이 보낸 종을 학대하는 농부들을 묘사함으로써 선지자들을 통해 전달된 하나님의 뜻을 거부한 유대인들의 과거사를 유형론적으로 제시한다. 또한 이 비유는 유대인의 과거사에 이어 미래의 그림을 보여주기도 한다. 포도원 농부가 포도원 주인의 아들을 죽이는 것처럼 유대인들이 하나님의 아들을 죽일 것을 예고하고 있는 것이다.

이와 달리 유대인들의 과거사가 비유의 배경에 머무는 경우도 있다. 위에서 살펴본 선한 사마리아인의 비유가 이 경우에 해당한다. 이 비유에서 가장 중요한 부분은 강도 만난 사람을 사마리아인이 도와주었다는 점인데, 이 부분의 의미를 제대로 알려면 유대와 사라미아의 관계에 대한 역사적 배경을 알아야 한다.

유대와 사마리아는 오랫동안 적대적인 관계에 있었다. 이런 관계는 이스라엘이 남왕국과 북왕국으로 분열된 것에 그 기원이 닿아있고, 에스라 4장과 느헤미야 4장에 보이듯이 유대인들이 바벨론으로부터 본토로 돌아왔을 때부터 가시화되었다. 그리고 그런 관계는 신약에서도 나타난다. 예수와 사마리아의 한 여인 사이의 대화를 통해 알 수 있듯이 "유대인이 사마리아인과 상종하지 않[았]"(요 4:9)고, 또한 예수께서 유대의 수도인 "예루살렘을 향하여 가[신다]"(눅 9:53)는 이유로 사마리아의 한 마을이 예수의 방문을 거부하지 않았는가. 그렇기 때문에 이 비유를 들은 유대인들은, 유대인 중의 유대인인 제사장과 레위인도 돌보지 않은 사람을 원수인 사마리아 사람이 도와주었다는 내용에서 크게 충격을 받았음이 틀림없다. 2차 세계대전을 겪은 영국인이나 미국인에게 '처칠도 지나가고 루스벨트도 지나갔는데 히틀러가 도와주었다'라고 말한 셈이 되니 말이다.

유대인들은 이방인과 이웃이 될 수 없다고 생각했다. 특히 사마리아 사람들과는 말할 것도 없었다. 그러나 선한 사마리아인의 비유가 말하는 이웃의 조건은 동족이 아니라, 율법교사가 제대로 대답했듯이 "자비를 베푼 자"였다. 말하자면 혈통이 같거나 고향이 같거나 배운 곳이 같아야 이웃이 되는 것이 아니라 사랑을 보이면 이웃이 될 수 있다는 것이었다.

그런데 이처럼 민족의 경계를 넘어가는 이웃 관계가 가능하다는 것에는 더 큰 의미가 있다. 이 비유 너머의 맥락, 즉 누가복음 전체에서와 이것의 후편인 사도행전에서 사마리아라는 단어가 어디서 어떻게 사용되는지를 살펴보면 그 점을 알게 된다.

누가복음에서 사마리아 사람은 다음 세 경우에 등장한다. 서술의 순서상 가장 먼저 나오는 것은 위에서 잠시 언급한 9장의 사건, 즉 사마리아 사람들이 예수의 방문을 거부한 것이다. 이 때문에 분노한 제자들이 그 마을을 저주하려 했을 때 예수께서는 오히려 제자들을 "꾸짖으[셨다]"(55절). 그다음에 등장하는 것은 지금 살펴보고 있는 10장의 선한 사마리아인의 비유다. 마지막으로, 17장에는 "나병환자 열 명"이 예수에 의해 치유되는 과정이 보인다. 그 환자들 모두가 예수의 말씀을 따라 제사장에게 가던 길에 치유되었지만 그중 한 사람만이 예수께 돌아와 감사했는데, 그가 바로 사마리아 사람이었다.

이상의 사건과 비유를 잘 살펴보면 다음과 같은 점을 발견하게 된다. 우선, 이 세 본문은 누가복음에만 보인다. 다음, 9장의 사건은 유대인에 대해 적개심을 품은 사마리아에 대한 예수의 호의적인 태도를 보여주며, 17장의 사건은 예수의 치유를 통해 드러난 하나님의 은혜에 사마리아 사람만이 반응했다는 점을 조명한다. 또한 10장에 나오는 선한 사마리아인의 비유는 하나님의 "자비"*eleos*가 유대인의 대표격인 제사장과 레위인에 의해서가 아니라 유대인의 원수인 사마리아 사람에 의해서 베풀어질 수 있다는 것을 말해 준다. 달리 말하자면, 이 비유에서 사마리아인은 '하나님의 은혜에 포함된 사람'(9장의 사건)이나 '하나님의 은혜에 반응하는 사람'(17장의 사건)을 넘어 '하나님의 은혜를 베푸는 사람'으로 소개된다. 그런데 위의 사건과 비유를 읽고 나서 사도행전을 대하면 그 모든 것이 사마리아 선교의 전주곡 역할을 한다는 것을 깨닫게 된다.

사도행전의 줄거리를 한 구절로 요약한다면 "성령이 너희에게 임하시면 너희가 권능을 받고 예루살렘과 온 유대와 사마리아와 땅끝까지 이르러 내 증인이 되리라"(행 1:8)가 될 것이다. 사도행전의 서술은 바로 이 구절대로 예루살렘에서의 전도(1:1-6:7), 스데반의 순교와 이에 뒤 이은 유대와 사마리아에서의 전도(6:8-9:31), 베드로에 의한 고넬료 전도와 이로써 시작된 이방인 선교(9:32-28:31)의 순서로 진행한다. 말하자면 "예루살렘"에서 "땅끝까지"로 넘어가는 관문이 사마리아였던 것이다.

사실, 초대교회의 그리스도인들이 사마리아로 간 것은 스데반의 순교를 시작으로 해서 일어난 교회에 대한 박해를 피하기 위해서였다. 그런데 바로 이런 과정을 통해 예루살렘 밖으로 전해지기 시작한 복음은 "온 유대와 사마리아"를 거친 뒤, 팔레스타인 지역 전체의 이방인에게는 물론, 소아시아, 마케도니아 등지의 이방인에게로 퍼져가기 시작했다.

이상의 맥락 속에서 다시 선한 사마리아인의 비유를 읽는다면 누가의 글 전체에서 독자는 다음과 같은 메시지를 듣게 된다. 우선, 이 비유를 통해 "원수를 사랑하[라]"(눅 6:27)라는 메시지를 듣게 된다. 다음, 이 메시지가 사도행전에 메아리를 일으키면 그것을 통해 선교에 대한 메시지를 듣게 된다. '복음이 유대 민족의 경계로부터 이방인의 땅으로 넘어가는 관문으로 사마리아가 있는데 이 관문은 바로 그 원수 사랑으로만 통과해 갈 수 있다'는 메시지 말이다. 달리 말해, 예수 그리스도가 십자가에서의 죽음을 통해 보여주신 그 사랑을 교회가 품지 않으면 그리스도의 복음을 땅 끝까지 전할 수 없다는 것이다.

선한 사마리아인의 비유에 대한 이상의 해석 과정을 되돌아보면 이 비유를 유형론적으로 해석해야 할 이유를 또다시 깨닫게 된다. 만일 이것을 알레고리적으로 해석한다면? 그러면 제사장, 레위인, 강도 만난 사람, 사마리아인, 여관 주인 등의 대응 관계에 골몰하다가 이 비유로부터 시작해서 사도행전에까지 울려 퍼지는, 민족의 경계를 넘어가는 하나님의 사랑에 대한 메시지를 제대로 듣지 못하게 될 것이다.

마지막으로, 선한 사마리아인의 비유를 거꾸로 구약에 유형론적으로 적용하면 어떻게 될까? 말하자면, 선한 사마리아인의 비유와 같은 의미를 띤 서사, 즉 하나님께서 하나님과의 언약 밖에 있는 사람들도 구원하기를 원하신다는 점에서 선한 사마리아인의 비유에 대응되는 서사를 구약에서 찾을 수 있을까? 물론이다! 우선, 이방인이 구원 계획에 포함되어 있음을 보여주는 요나서가 바로 눈에 들어온다. 그리고 하나님을 떠난 이스라엘을 하나님께서 여전히 사랑하신다는 점에서는 호세아서도 그렇다. 그런데 시야를 넓히면, 구약 전체, 아니 성경 전체가 온 세상에 대한 하나님의 구원과 언약 회복의 계획을 보여주고 있지 않은가.

# 후기

이 책이 나오기까지 많은 분이 도움을 주셨다. 그중 이 책에 직접적으로 관련된 분들은 다음과 같다.

우선, 영국 케임브리지대학의 박사 과정에서 데이비드 포드David F. Ford 교수님의 지도를 통해 한스 프라이의 성서해석학과 폴 리쾨르의 일반해석학이 합류해서 한 물결이 될 수 있는 길을 찾았다. 이로써 이 책의 기초가 마련되었다.

귀국 후에는 『본질과 현상』, 『목회와 신학』, 『성서마당』 등의 잡지에 글을 싣고 한국성서학연구소, 서울장신대학교, 숭실대학교, 문화연구원소금향 등에서 강의하면서 논문의 내용을 현장에 맞게 다듬을 수 있었는데, 그 과정에 도움을 주신 여러분께도 감사를 드린다. 2018년에 출판된 『성서해석학』은 이 모든 과정의 첫 열매였다.

그 뒤에 이 책이 나오기까지 필자의 삶에 일어난 큰 변화 중 하나는 전 세계적인 전염병이 시작된 2020년에 장로회신학대학교 교수로 임용된 것이었다. 현장 강의를 할 수 없는 그 기간에 영상을 통해 성서해석학과 성서신학을 가르칠 수 있었던 것은 평생 잊을 수 없는 기억으로 남을 것이다. 임용 당시의 임성빈 총장님과 교수들께, 또한 어려운 시절 동안 석좌교수 후원을 해주신 연동교회의 김주용 목사님과 교우들께 감사를 드린다. 복있는사람의 박종현 대표님과 직원들께도 감사의 말을 전하고 싶다. 이 외에도 이런 저런 방법으로 도움을 주신 분들이 많다. 일일이 언급할 수 없어 죄송할 따름이다.

마지막으로, 2018년판의 집필 중에 돌아가신 어머님 고 황영순 권사께 이 책을 드린다. 자녀들을 위해 마음을 다해 기도하시며 가진 것을 아낌없이 내어주신 그분의 사랑을 어떻게 표현할 수 있을까.

해석의 요소

18세기가 지나가는 동안 성경의 역사성 또는 사실성에 대한 도전이 일어나면서 신학에 큰 변화가 일어났다. 그 변화 중 가장 중요한 것으로 다음 두 가지를 들 수 있다. 우선, 19세기에 성경을 포함한 모든 문헌에 보편적으로 적용되는 원리를 다루는 일반해석학이 일어나면서 성경이 하나님의 말씀 또는 계시로서 가지는 특수성이 간과되기 시작했다. 다음, 철학을 학문적 파트너로 삼은 신학, 즉 조직신학으로부터 역사학을 파트너로 하는 성서신학이 분리되기 시작했다. 이상의 과정을 거치면서 성서 해석과 신학은 그 어느 때보다 큰 변화를 겪게 된다. 여기서는 그 변화의 내용이 무엇인지, 그 변화에 수반된 문제점이 무엇인지, 그리고 20세기가 지나가는 동안에 일반해석학과 성서 해석에서 그 문제에 대해 어떤 반응이 있었는지를 살펴볼 것이다.

## 해석의 네 요소

해석의 기본 관점 또는 전제와 방법론을 확인하려면 먼저 성서 해석의 기본 요소들과 그 요소들의 관계를 파악해야 한다.

해석의 요소로는 다음과 같은 것이 있다. 우선, 해석을 한다는 것은 해석의 대상인 '본문'이 있다는 뜻이다. 그러니 해석은 당연히 본문에서 시작한다. 다음, 본문의 내용은 본문 안에 머물지 않고 '현실'의 무엇인가를 가리킨다. 따라서 본문과 현실이 어떻게 연결되는지가 중요해진다. 그리고 본문이 있다는 것은 그 본문을 쓴 '저자'가 있다는 뜻인데, 이 요소에는 본문의 내용이 저자의 의도와 일치하는가의 문제가 따른다. 마지막으로, 본문은 누군가에게 읽히기 위한 것이다. 그런데 '독자'가 본문을 제대로 읽기 위해서는 저자와 공유하는 것이 있어야 하는데, 이 요소를 이 책에서는 독자의 전이해 또는 해석적 직관이라는 관점에서 이해했다.

이상의 네 요소의 관계를, 영국의 성서학자 존 바튼은 다음과 같은 도표로 제시했다.[1]

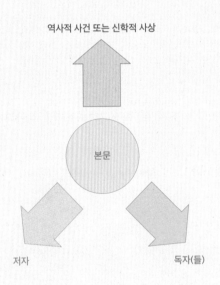

역사적 사건 또는 신학적 사상

본문

저자                         독자(들)

1 John Barton, *Reading the Old Testament: Method in Biblical Study*, rev. & enl. (Louisville, Kentucky: Westminster John Knox Press, 1996), 240.

성서 해석에서는 이 네 요소 사이의 유기적인 관계가 중요하다. 우선, 본문의 의미는 저자의 의도 및 현실과 연결되어 있다. 말하자면, 본문을 이해한다는 것은 본문에 나타난 저자의 의도를 이해한다는 것이며, 또한 본문이 현실의 무엇을 가리키는지를 이해한다는 것이다. 뿐만 아니라 독자의 해석 능력도 중요하다. 독자가 본문의 언어적 특성과 본문이 가리키는 삶의 현실에 대한 전이해를 가지고 있지 않다면 본문 자체의 의미를 제대로 이해할 수 없다.

이상의 요소들이 17세기까지는 유기적으로 연결되어 있었다. 그러나 18세기가 되자 그 유기적인 관계는 와해되기 시작했다. 이 와해의 과정에 가장 큰 요인이 된 것은 다음 두 가지, 즉 성경을 다른 문헌과 동일하게 보는 관점과 성경 내용의 사실성 또는 역사성에 대한 의심이다. 이런 상황 속에서 성경을 종교사적인 관점에서 이해하려는 역사비평이 등장했다.

역사비평의 기본 논지는 다음과 같다. 우선, 성경 본문을 읽을 때 다른 책과 마찬가지로 문자적으로 읽는다. 달리 말하자면, 본문에서 신학적 의미를 찾지 않으며, 이 의미를 보게 하는 신학적 관점을 배제한다. 만일 본문을 이해할 때 어떤 관점이 필요하다면 그것은 신학적 관점이 아니라 종교사history of religion적 관점이다. 다음, 성경 본문을 문자적 차원에서 읽으면 과학적으로 모순되거나 역사적으로 증명할 수 없는 내용을 만나게 된다. 그렇기 때문에 '본문 뒤로 가서' 역사적 사실과 다르게 본문을 쓴 '저자의 의도'를 밝혀내거나 그 본문의 실제 '역사적 정황'을 재구성해야 한다. 출애굽기를 예로 들자면, 홍해가 갈라지지 않았는데도 갈라졌다고 서술한 저자의 의도를 찾거나 홍해가 갈라지지 않았다면 실제로 어떤 일이 일어났는지를 밝혀야 한다.

이런 과정을 통해 성서 해석의 요소들은 다음과 같이 서로 분리되기 시작했다. 첫째, 본문 뒤에 숨겨진 저자의 의도를 찾는다는 것은 본문의 문자적 의미와 저자의 의도가 일치하지는 않는다는 뜻이다. 둘째, 성경의 내용이 역사적 사실과 다르다는 것은 본문의 내용과 현실이 일치하지는 않는다는 뜻이다. 셋째, 성경을 다른 종교 문헌과 마찬가지로 대한다는 것은 성경 읽기를 교회와 무관한 것으로 생각한다는 뜻이다. 달리 말하자면, 신앙공동체로서의 교회가 가지는 해석적 관점을 고려하지 않는다는 뜻이다.


## 역사비평의 시작

역사비평이 일어난 과정에는 다음과 같은 요인들이 작용했다. 그중에 가장 주목할 것은, 위에서 언급했듯이 18세기에 성경의 사실성을 체계적으로 의심하기 시작했다는 점이다.[2] 그 결과 성경의 내용 중에 역사적으로 확인될 수 없는 인물이나 사건 및 자연법칙에 어긋나는 것을 신화myth나 위조 fabrication로 간주하는 경향이 시작되었다.

다음, 19세기가 되자 보편성과 일반성의 기치 아래 학문의 통합이 시작했다. 언어 연구의 경우, 그전까지는 언어별로 시행되어 영문법, 독문법, 불문법 등의 체계가 따로 세워졌지만, 19세기가 되면서 모든 언어에 공통된 요소와 현상에 관심을 가지는 일반언어학이 출현했다. 본문 해석에 있어서도 성경, 법전, 문학작품 등을 동일한 원리로 읽으려 하는 일반해석학이 생겼다. 또한 모든 종교의 체계에서 보편적인 원리를 찾아내어 그 원리에 근거해서 개별적인 종교 현상을 설명하려고 하는 종교학도 시작되었다. 더 큰 규모로는, 인문학에 속하는 역사학, 언어학 등이 스스로를 과학의 한 부분으로 간주하면서 자연과학의 범주와 방법론을 따라 각각의 체계를 세우려 했다.

---

2 이 점에 대해서는 다음을 참고할 것: Hans W. Frei, 이종록 옮김, 『성경의 서사성 상실』 (서울: 장로교출판사, 1996).

위에서 언급한 분야 중 역사비평학과 깊은 관련이 있는 것은 일반해석학과 종교학(특히 종교사학)이다. 당시 일반해석학의 중심에는 낭만주의 해석학이 있었는데, 이것은 독일의 신학자이자 철학자인 쉴라이어마허Friedrich Schleiermacher가 그 기초를 놓고 역사학자이자 철학자인 딜타이Wilhelm Dilthey가 본 궤도에 올려놓은 해석 체계로서, 20세기 초까지 서구의 문헌 해석의 주류를 이루었다. 특히 저자의 의도와 저술 당시의 역사적 배경을 파악하는 데에 초점을 둔 해석 방법은 역사비평을 포함한 모든 해석법의 배경이 되었다. 그리고 종교사학은 역사비평학의 기본 전제와 방법론의 출처가 되었다.

이런 상황 속에서 신학계 안에는 다음과 같은 변화가 일어났다. 첫째, 18세기 말에 성서신학을 독자적인 분야로 세우려는 움직임이 일기 시작했다. 이 움직임의 선두에 선 사람이 독일의 신학자 가블러Johann Philipp Gabler인데, 그는 알트도르프대학 교수 취임 강연에서 교의신학(조직신학)과 성서신학을 구분하기를 제안했다.[3] 이 제안에 의하면, 성서신학의 임무는 역사학의 관점에서 성경을 연구하여 변함없는 진리를 찾아내는 것이고, 교의신학의 임무는 철학의 도움을 통해 그렇게 찾아낸 진리로부터 교리를 추출해 내어 교회로 하여금 현실의 필요에 대처하게 하는 것이다.

그의 제안을 살펴보면, 한편으로 성경의 역사성에 대한 도전 앞에서 성경이 진리의 출처임을 옹호하기 위한 노력이 보이기도 하지만, 다른 한편으로는 성경에 인간적인 면이 있다고 말하면서 성경 연구에 대한 역사학의 필요성을 주장한 것에서 당시 서서히 일어나고 있었던 역사비평의 반향이 들리

---

3  Johann Philipp Gabler, "De justo discrimine theologiae biblicae et dogmaticae regundisque recte utriusque finibus" (알트도르프대학 교수 취임 강연, 1787). 이 강연의 번역과 해설에 대해서는 다음을 참고할 것: John Sandys-Wunsch and Laurence Eldredge, "J. P. Gabler and the Distinction between Biblical and Dogmatic Theology: Translation, Commentary, and Discussion of His Originality," *Scottish Journal of Theology* 33 (1980): 133-158.

기도 한다.

둘째, 19세기에는 성서 해석에 일반해석학적인 전제와 기본 원칙을 적용하려 한 신학자들이 생기기 시작하는데, 그중 한 사람이 영국의 고전학자이며 신학자인 벤저민 조엣Benjamin Jowett이다.[4] 그는 "성경을 다른 책처럼 해석한다"라는 일반해석학적 전제하에 "성경은 하나의 의미를 가진다"라는 단일 의미의 원칙과 "성경을 그 자체로부터 해석하라"라는 자체 해석의 원칙을 제시했다.[5]

그가 말하는 "하나의 의미"란 본문의 통상적 의미plain meaning 또는 문자적 의미를 가리킨다. 사실, 기독교 신학자들은 초기의 교부들로부터 시작해서 종교개혁가들에게 이르기까지 문자적 의미를 기본 의미로 삼았으며,[6] 이것에서 성경의 궁극적인 의미인 영적 또는 신학적 의미를 이끌어냈다. 그런데 조엣이 말한 단일 의미의 원칙은 바로 이 신학적 의미를 인정하지 않는다는 뜻이었다.

그리고 "성경을 그 자체로부터 해석하라"는 것은 종교개혁의 슬로건 중 하나인 "오직 성경"sola scriptura을 생각나게 하지만, 사실은 다른 내용을 가지고 있다. "오직 성경"은, 종교개혁가들이 당시의 교회가 자신의 필요를 '본문 안으로 읽어들이는' 해석을 통해 칭의론을 비롯한 기독교의 핵심 내용을 크게 변질시킨 것에 반대하여 성경이 가지는 올바른 신학적 의미를 '본문으로

---

4 Benjamin Jowett, "On the interpretation of Scripture," in Temple et al., *Essays and Reviews* (London: John W. Park and Son, 1860). 이 글이 성서해석사에서 가지는 의미에 대해서는 다음을 참고할 것: Roger T. Beckwith, "Essays and Reviews (1860): The Advance of Liberalism," *Churchman* 108.1 (1994): 48-58.

5 Jowett, "On the interpretation of Scripture," 377, 378, 382.

6 문자적 해석의 역사에 대해서는 다음을 참고할 것: Brevard S. Childs, "The Sensus Literalis of Scripture: And Ancient and Modern Problem," in Herbert Donner et al. eds., *Beitraege zur alttestamentlichen Theologie*, 80-93 (Goettingen: Vandenhoeck and Ruprecht, 1977).

부터 읽어내는' 해석을 회복시키기 위해 내건 것이었다. 그러나 조엣의 원칙은 해석의 과정에 독자가 가지고 있는 주관적 요소를 배제하고 저술 당시의 역사적 상황 속에서 저자가 의미한 것을 찾아야 한다는 것인데, 문제는 배제해야 할 요소가 무엇이냐는 것이다. "신학적인 것이든 고전학적인 것이든 외적인 영향을 배제해야 한다"라는 그의 말을 보면,[7] 그가 배제하려 한 것에 신학적 관점이 있다는 것을 알 수 있다.

## 해석의 오류

이런 배경을 통해 세워진 역사비평은 중요한 문제를 안고 있었는데, 그것은 본문을 다른 요소들로부터 분리시켰다는 점이었다. 말하자면, 성서 해석에 성경의 일차 독자인 교회의 신학적 관점을 배제했고, 본문의 의미를 본문 뒤에 감추어진 저자의 의도에서 찾으려 했으며, 본문의 서술 내용을 실제 역사와 일치하지 않는 것으로 간주했다. 이렇게 된 데에는 다음과 같은 세 가지 오류가 작용했다.

● 낭만주의 해석학의 배경인 계몽주의가 외친 객관성objectivity은 허상에 가까운 것이었다. 해석이 무로부터 시작하지 않는다는 점, 관점이 없으면 해석도 없다는 점을 전혀 고려하지 않은 것이었으니 말이다. 독일의 해석학자 가다머는 계몽주의가 객관성의 기치를 들고서 관습이나 전통을 선입견 Vorurteil으로 여긴 것 자체가 "선입견에 대한 선입견"이며, 그것이 바로 "계몽

---

**7** Jowett, "On the interpretation of Scripture," 384.

주의의 근본적인 선입견"이라고 비판했다.[8]

사실, 관습convention은 적어도 다음과 같이 가장 기본적인 차원에서 우리의 삶을 지탱하고 있다. 우선, 현재의 삶이라는 면에서 관습은 소통과 해석의 기반이다. 소통의 당사자들 사이에 어휘와 문법이라는 관습이 공유되지 않으면 소통과 해석은 불가능해진다. 이 점에 대해서는 5장에서 '투명성'이라는 개념으로 설명해 두었다. 다음, 미래를 향해 나아간다는 면에서 관습은 창안invention의 발판이다. 이 책의 2장과 8장에서 설명했듯이, 새로운 것에 대한 상상은 옛것에 대한 기억에서 출발하며, 새로운 의미의 창안도 옛 언어 관습을 그 재료로 한다. 달리 말해, 창안은 관습이나 전통을 제거함으로써 이루어진다기보다 그것에 새로운 질서를 부여함으로써 이루어진다.

낭만주의 해석학과 역사비평의 오류는 관습이나 전통을 선입견 또는 편견으로 규정한 계몽주의적 오류 위에 해석 체계를 세운 것에서 시작한다. 역사비평의 경우, 객관적인 해석을 위해 신학적 관점을 포함한 모든 관점을 배제한다고 했지만 실제로는 종교사의 관점을 채택했다. 그리고 그렇게 채택한 종교사적 관점은 기본적으로 성경의 내용을 투명하게 읽어내기에 역부족인 면이 많았다.

무엇보다, 종교학으로부터는 성경의 중심 내용을 이해하는 데에 필요한 해석적 직관hermeneutical intuition을 얻을 수가 없었다. 이 직관은 성경의 저자들과 독자들의 삶의 자리인 신앙공동체에서 오는 것이기 때문이다. 또한 종교학의 보편적 관점으로는 성경에 서술된 개별 현상과 사건의 실제적인 의미를 제대로 이해하며 공감할 수 없었다. 일반언어학의 원리를 잘 알거나, 국제 공용어처럼 사용되는 영어를 잘한다고 우리말을 제대로 이해하고 구사할 수 있게 되는 것은 아니듯이 말이다. 더구나, 구약의 이스라엘 민족과 신

---

8  Gadamer, 『진리와 방법』 2, 144.

약의 교회는 주변 종교로부터 자신의 종교적 및 문화적 정체성을 지키려는 노력을 크게 기울여 왔는데, 역사비평은 자체의 종교사적인 전제 때문에 종종 그 점을 간과하거나 무시했다. 이것은 정당하지 않다.

● 낭만주의 해석학의 목표는, 프랑스의 해석학자 리쾨르의 표현을 사용한다면, "본문text 뒤에 은폐된 다른 사람의 심리적 의도를 찾는 것"이었다.[9] 본문 자체보다는 본문 외적인 것, 즉 저자의 의도와 그 의도에 영향을 준 역사적 및 문화적 상황에 더 큰 관심을 기울이면서, 그 의도를 파악하는 것을 해석으로 여기게 된 것이다. 20세기 중반에 일어난 신비평운동은 그런 심리주의적 해석에 작용하는 "의도의 오류"intentional fallacy를 강하게 비판했다.[10]

사실, 신비평운동도 '객관성'이라는 구호를 외치며 해석에 임했다. 그러나 그것은 계몽주의가 말하는 객관성과는 달랐다. 계몽주의의 객관성은 관습이나 전통의 배제를 의미한 반면, 신비평운동의 객관성은 심리주의적 관점을 배제하는 것을 의미했다. 말하자면, 해석의 초점을 저자의 심리(저작 의도)를 추적하는 데에 두지 않고 본문의 의미 구조를 파악하는 데에 둔 것이다. 뿐만 아니라 여기서 한 걸음 더 나아가, "감동의 오류"affectional fallacy라는 개념으로 본문이 독자의 심리에 끼치는 영향에 해석자가 주된 관심을 기울이는 것을 견제했다.[11] 이 때문에 신비평은 종종 해석에서 저자와 독자라는 요소를 완전히 제거하려는 운동으로 간주되고는 했고, 나중에는 실제로 그런 식의 경향을 보이기도 했다.

---

9   Paul Ricoeur, 윤철호 옮김, 『해석학과 인문사회과학』 (서울: 서광사, 2003), 250.

10  다음을 참고할 것: William K. Wimsatt and Monroe C. Beardsley, "The Intentional Fallacy," *The Sewanee Review* 54.3 (1946): 468-88.

11  다음을 참고할 것: William K. Wimsatt and Monroe C. Beardsley, "The Affective Fallacy," *The Sewanee Review* 57.1 (1949): 31-55.

그러나 원래 위의 두 오류를 지적한 것은 '오직' 본문에 관심을 두자는 뜻이 아니라 '우선적으로' 거기에 관심을 두자는 뜻이었다. 어쨌든 낭만주의 해석학의 영향으로 해석학의 실제 작업이 저자의 심리나 역사적 및 문화적 배경을 파헤치는 데에 치우쳐 심리학이나 문화사cultural history의 작업처럼 되어버린 상황에서, 신비평운동은 그런 해석의 배후에 작용하고 있었던 오류를 드러냄으로써 해석의 관심을 다시 본문으로 돌려놓는 데에 일조했다.

해석에 있어서 저자의 의도와 역사적 배경을 우선시한다는 점에서는 역사비평도 낭만주의 해석학과 비슷한 길을 가고 있었다. 다른 점이 있다면, 본문의 문자적 의미와 저자의 의도 사이의 거리가 역사비평에서 훨씬 커 보였다는 것이다. 그것은 일반 문헌과 달리 성경에 기적에 대한 많은 분량의 서술이 있기 때문이기도 하고, 이 때문에 그들이 성경을 읽을 때 그 문자적 차원에 큰 의미를 두지 않고 읽었기 때문이기도 하다. 그래서 그들은 본문을 그대로 받아들이기보다 "본문의 뒤로 가서" 본문의 문자적 의미와 다른 "저자의 의도"를 찾아내는 것을 해석의 목표로 삼았다.

위에서 언급한 출애굽기에 대한 역사비평의 전형적인 해석을 예로 들자면, 본문에는 이집트 군대를 삼킬 만한 깊은 바다인 홍해가 갈라져 그 사이로 건넜다고 되어 있지만 실제로는 깊은 바다를 건넌 것이 아니라 얕은 호수를 건넜는데, 저자는 신의 권능을 강조하기 위한 의도에서 실제와는 다르게 그 사건을 서술했다는 것이다. 이처럼 본문의 문자적 의미와 다른 저자의 의도를 찾는 것은 언어 표현과 다른 의도를 가정하는 것이다. 이것은 일종의 범주 오류다.

범주 오류는 이 책의 3장에서 설명해 두었다. 여기서 주목할 것은 길버트 라일이 자신의 저서에서 다룬 것, 즉 데카르트식의 이분법적 인간관이다. 이 인간관에 일어나는 오류의 핵심은 마음mind을 몸으로부터 분리시킨 다음에, 마음이 어떻게 작용하는가에 대해서 "몸과 같은 범주"에 소속시킨다는 것이다. 말하자면, 몸은 물리적인 차원에서, 마음은 비물리적인 차원에서, 그러나 동일하게 인과율과 같은 엄격한 법칙에 의해 "작동하는"operate 것으로 본다. 라일은 이런 인간관이 제시하는 몸과 마음의 관계를 "기계 속의 유령"a ghost in a machine 으로 표현하고, 그 유령을 다시 "유령 기계"spectral machine라고 일컫는다. '기계 속의 유령 기계'가 되는 셈이다.

미국의 성서해석학자 한스 프라이는 역사비평에서 그런 식의 오류의 한 면을 보았다.[12] 본문의 언어 표현(겉)과 다른 의도(속)를 분리시킨 다음 그 의도가 본문 뒤에서 보이지 않게 작동하는 것으로 여기는 오류 말이다.

말의 의도와 말하는 행동은 서로 분리될 수 없다. 어떤 의도를 가지면 그것이 말과 행동으로 나타나기 때문이다. 물론, 의도와 표현이 다른 것처럼 보이는 경우가 있다. 예를 들어, 아이가 학교에서 돌아와 문에 들어서면서 '엄마, 배고파요'라고 했다면, 그 말의 의도는 '(배고프니) 밥 주세요'라는 것이다. 그러나 이 책에서 설명했듯이, 그 표현과 의도 사이에는 문자적 차원에서 형성되는 의미적 연속성(배고픔)이 있다. 달리 말해, 의도는 표현의 문자적 의미에 기초해 있다. 그러나 역사비평이 갈라놓은 표현과 의도 사이에는 그런 종류의 연속성이 보이지 않는다.

● 역사비평이 본문과 다른 의도를 추정한 것은 본문에 서술된 내용이 실제 역사가 일치하지 않는다고 보았기 때문이다. 여기에는 또 다른 오류가 개입되어 있는데, 그것은 해석학과 역사학의 혼동이다. 역사비평학에서 본문의 문자적 의미와 다른 저자의 의도를 가정한 것은 역사적 검증을 해석의 전제로 삼았기 때문에 일어난 추론의 결과다. 말하자면, 역사비평학은 해석

---

**12** Hans W. Frei, *The Identity of Jesus Christ: The Hermeneutical Bases of Dogmatic Theology* (Philadelphia: Fortress Press, 1975), 92, 97.

다음에 해야 할 역사학의 작업을 바로 해석의 초반에 적용했다. 해석이 역사학으로 바뀐 것이다. 프라이가 지적한 것처럼, 이것은 "범주 오류의 고전적인 예"다.[13]

해석은 본문의 의미를 찾는 것이며, 역사적 검증은 그 의미가 역사적 사실과 일치하는지를 확인하는 것이다. 예를 들어, '세종대왕은 백장미를 만들었다'라는 문장의 의미는 말 그대로 세종대왕이 백장미를 만들었다는 것인데, 이것이 역사적 사실과 일치하면 참이 되고 그렇지 않으면 거짓이 된다. 다시 말해, '세종대왕은 백장미를 만들었다'라는 말의 의미 자체는 일단 그 말이 가리키는 역사적 사실과 상관없이 성립된다. 그리고 그 말이 의미하는 것이 현실과 부합하는지, 말하자면 '참'인지 '거짓'인지를 가리는 것은 그다음의 작업이다. 이처럼 언어 표현의 의미는 그 표현의 사실성이나 역사성을 확인하기 전에 성립된다.

성경의 경우, 복음서에 보이는 부활 서사의 의미는 예수가 죽어서 매장되었다가 다시 살아났다는 것이다. 역사학이 할 일은 그다음 단계, 즉 성경이 서술하는 예수의 부활이 역사적 사실인지를 확인하는 것이다. 그런데 역사비평은 이 과정을 거꾸로 했다. 본문의 의미를 찾은 다음 역사 앞에 선 것이 아니라, 본문의 내용이 사실인지에 대한 역사학적 판단을 본문 해석의 전제로 삼은 것이다. 그래서 부활 서사를 해석할 때, 부활이 과학적으로 불가능하며 역사적으로 증명된 적이 없기 때문에, 본문의 의미를 문자 그대로 받아들일 것이 아니라 복음서 기록자들이 초대교회를 위해 일종의 종말론적 비유로 부활 서사를 만들었다는 식으로 해석한 것이다.

그렇지만 기독교는 그 초기부터 부활 서사를 있는 그대로 받아들인 다음 역사 앞에 섰다. 바울이 말했듯이, 만일 부활이 실제로 일어나지 않은 것으

---

13 위의 글, xiv.

로 판명된다면 부활에 대한 믿음이 "헛것"(고전 15:4)이 되며 그 믿음을 가진 사람이 "모든 사람 중 더욱 불쌍한 자"(고전 15:19)가 될 것이라는 것을 알고서 말이다.


## 성서 해석의 이차적 순진성


리쾨르는 현대 서구의 사상적 변화를 순진성과 의심이라는 개념으로 설명했다.[14] 그는 계몽주의 이전 시대에 가진 하나님과 인간과 사회에 대한 생각을 "일차적 순진성"first naiveté이라고 불렀다. 19세기에는 그런 생각에 대한 강한 비판이 일어났는데, 이 비판에 중심된 개념이 "비신화화"demythologization이며, 비판의 과정에 중요한 역할을 한 사람들은 리쾨르가 "의심의 대가"로 부른 니체와 프로이트와 마르크스다.[15] 그 과정을 거친 다음에 소위 탈현대주의 시대에 들어가면서 얻게 된 순진성을 "이차적 순진성"second naiveté이라고 불렀다. 간단히 말해, 19세기에 '신화적'이라고 매도당한 세계관이 현대 학문의 재해석을 통해 다시 받아들여지는 단계를 말한다. 이 개념을 다음과 같이 성서 해석과 신학의 동향에 적용할 수 있다.

우선, 기독교 초기부터 계몽주의 이전까지는 일차적 순진성의 시대라고 할 수 있다. 이 시기에 신학은 다음과 같은 특징을 가지고 있었다. 첫째, 자연과 인간 역사를 초월하는 차원을 믿었기 때문에 과학이나 역사와 충돌되는 기적과 일상의 사건의 유기적인 관계를 설정할 수 있었다. 둘째, 신학의

---

14  순진성에 대해서는 다음을 볼 것: Paul Ricoeur, 양명수 옮김, 『악의 상징』 (서울: 문학과 지성사, 1999).

15  Paul Ricoeur, 김동규·박준영 옮김, 『해석에 대하여: 프로이트에 관한 시론』, 개정판 (고양: 인간사랑, 2020), 77, 118. 우리말 번역서에서는 suspicion을 '혐의'로 옮겼다.

주요 파트너는 인문학, 즉 철학 및 언어 관련 학문인 논리와 문법과 수사학이었다. (사실, 대부분의 종교개혁가들은 인문학자였다.) 일단, 성경이 사람의 언어로 되어 있으니 성서 해석에 언어 관련 학문이 필요한 것은 당연했다. 또한 기독교가 철학을 신학의 파트너로 삼은 것은 초기의 선교적 상황 속에서 매우 자연스러운 일이었다. 초대교회는 지중해 연안의 여러 민족에게 복음을 전하는 상황에서 그들과 공유할 수 있는 소통 체계의 필요성을 깨닫게 되어, 그 지역에 퍼져 있던 그리스 철학의 범주와 분석 방법을 채택했다. 이를 통해 효과적으로 복음을 전했을 뿐만 아니라, 영지주의와 같은 이단적 사상의 도전과 비기독교 철학자들의 공격을 막아낼 수도 있었다.[16]

그러나 위에서 보았듯이, 18세기가 지나가는 동안 과학과 역사학의 도전으로 성경의 사실성에 대한 믿음이 흔들리게 되었다. 그 결과, 철학과 손잡은 신학과 다른 신학 체계의 필요성이 대두되었고, 이런 필요성에 의해 역사학을 파트너로 하는 성서신학이 19세기에 일어났다. 이런 배경 속에서 일어난 역사비평학은 성경의 사실성과 관련된 의심 때문에, 해석의 관심을 본문으로부터 저자의 의도와 역사적 배경으로 돌렸다.

이처럼 해석이 본문 외적인 것에 치우치자, 그것에 대한 반작용이 20세기에 일어났다. 문학이론, 언어학, 수사학, 서사학 등에 기반을 둔 공시적 분석법이 본문을 강조하기 시작했으며, 가다머와 독자반응법을 통해 공동체의 해석 전통에 대한 관심이 일어난 것이다. 이것은 다음과 같은 것을 의미

---

16  David J. Bosch, 김병길·장훈태 옮김, 『변화하고 있는 선교』(서울: 기독교문서선교회, 2000), 304-16. 히브리식 사고방식과 헬라식 사고방식을 날카롭게 대조시킨 논지에 대한 비판과 기독교가 그리스 철학에 의해 변질되었다는 논지에 대한 비판에 관해서는 각각 다음을 참고할 것: James Barr, *The Semantics of Biblical Language* (London: Oxford University Press, 1961); Frances Young, "The Critic and the Visionary," *Scottish Journal of Theology* Vol 41 (1988): 297-312.

한다. 우선, 성서 해석이 역사학에만 의존하지 않고 다양한 방법론을 사용하게 되었다는 것을 의미한다. 철학 관련 분야(철학과 역사철학)와 언어 관련 분야(언어학, 수사학, 서사학)의 범주와 방법론을 사용하는 해석학을 통해 성경을 해석하는 데에 적절한 환경이 생긴 것이다. 다음, 공동체의 해석 전통에 대한 관심이 일어났다는 것은 성경의 일차 독자인 교회의 해석적 직관에 대한 학문적 뒷받침이 생겼다는 것을 뜻한다.

정리하자면, 성경에 서술된 역사에 대한 의심을 통과한 후 성서해석은 이 시대의 학문적 논의를 기반으로 해서 이차적 순진성을 가지게 되었다. 본문 자체에 대한 관심이 회복되고 교회의 해석적 직관이 강조됨으로써 본문에서 저자의 의도와 지시 내용이 만나, 이 시대의 독자가 성경을 있는 그대로 읽을 수 있는 환경이 마련된 것이다.

# 참고문헌

박정관. "강에도 입이 있다." 『본질과 현상』 25 (2011 가을): 171-88.

_____. "과거는 사라지지 않는다." 『본질과 현상』 20 (2010 여름): 147-64.

_____. "구약의 비유 해석, 이론과 실제." 제2회 소석 성서학 학술마당 발표 논문, 2011.

_____. "그냥 꽃과 탁자 위의 꽃" 상. 『창조문예』 200 (2013년 9월): 28-39.

_____. "그냥 꽃과 탁자 위의 꽃" 하. 『창조문예』 201 (2013년 10월): 12-26.

_____. "뒤를 보며 앞으로 나아가기." 『본질과 현상』 21 (2010 가을): 186-202.

_____. "본문, 해석, 현실." 『성서마당』 95 (2010 가을): 8-18.

_____. "시간의 강에서." 『본질과 현상』 19 (2010 봄): 166-85.

_____. "옛 이야기 들어라." 『본질과 현상』 26 (2011 겨울): 148-66.

_____. "투명한 말과 불투명한 말." 『본질과 현상』 24 (2011 여름): 161-77.

_____. "Figuring Reality: A Hermeneutical Study of Text, Reference and Community in Engagement with Hans W. Frei and Paul Ricoeur." 케임브리지대학교 박사학위 논문, 2008.

_____. "Kyung-Chik Han, a Realist." In Sebastian Chang-Hwan Kim and Andrew Chung Yoube Ha eds., _Reflections on the Life and Teaching of Rev. Kyung-Chik Han_, Building Communities of Reconciliation Vol. 1, 116-123. Seoul: Nanumsa, 2012.

농림축산식품부. 『2020 해외 한식 소비자 조사』 (2020).

유치환. 『청마시초』. 경성: 청색지사, 1939.

Alden, Raymond McDonald. "The Development of the Use of Prose in the English Drama: 1660-1800." *Modern Philology* 7.1 (1909): 1-22.

Arnold, Matthew. "The Study of Poetry." In R. H. Super ed., *The English Literature and Irish Politics*, 161-88. Ann Arbor: The University of Chicago Press, 1973.

Auerbach, Erich. *Scenes from the Drama of European Literature*. New York: Meridian Books, 1959.

Augustinus. *Confessiones*; 『고백록』.

_____. *De Dontriniana Christiana*; 『기독교 교리에 관하여』.

Barr, James. "Abbā Isn't Daddy." *Journal of Theological Studies* 39.1 (April, 1988): 28-47.

_____. *The Semantics of Biblical Language*. London: Oxford University Press, 1961.

Barth, Karl. *Church Dogmatics*. III.2, ed. G. W. Bromiley and T. F. Torrance. Edinburgh: T&T Clark, 1960.

Barton, John. *Reading the Old Testament: Method in Biblical Study*, rev. & enl. Louisville, Kentucky: Westminster John Knox Press, 1996.

Beardsley, Monroe C. *Aesthetics: Problems in the Philosophy of Criticism*. New York: Harcourt, Brace & World, 1958.

Beasley-Murray, George R. *John*, 2nd ed. Word Biblical Commentary 36. Nashville, Tennessee: Thomas Nelson, 2000.

Beckwith, Roger T. "Essays and Reviews (1860): The Advance of Liberalism." *Churchman* 108.1 (1994): 48-58.

Black, Max. *Models and Metaphors: Studies in Language and Philosophy*. Ithaca: Cornell University Press, 1962.

Bosch, David J. *Transforming Mission: Paradigm Shift in Theology of Mission*. Maryknoll, New York: Orbis Books, 1991; 김병길·장훈태 옮김, 『변화하고 있는 선

교』. 서울: 기독교문서선교회, 2000.

Bradley, Francis Herbert. "Why Do We Remember Forwards and Not Backwards?"
　　*Mind* 12 (1887): 579-82.

Bury, John B. "The Science of History." 케임브리지대학 교수 취임 기념강연, 1903.

Charlesworth, James H. *The Old Testament Pseudepigrapha* 2 vols. New York:
　　Doubleday, 1983, 1985.

Childs, Brevard S. "The Sensus Literalis of Scripture: And Ancient and Modern
　　Problem." In Herbert Donner et al. eds., *Beitraege zur alttestamentlichen Theologie*,
　　80-93. Goettingen: Vandenhoeck and Ruprecht, 1977.

Coats, George W. "Parable, Fable, and Anecdote: Storytelling in the Succession
　　Narrative," *Interpretation* 35.4 (1981): 368-82.

Collingwood, Robin George. *The Idea of History*. Oxford: Oxford University Press,
　　1946.

Cook, Ann Jennalie. "The Mode of Marriage in Shakespeare's England." *Southern
　　Humanities Review* 2 (1977): 126-32.

Cross, Frank M., Jr. "Aspects of Samaritan and Jewish History in Late Persian and
　　Hellenistic Times." *Harvard Theological Review* 59 (1966): 201-11.

Crossan, John Dominic. *In Parables: The Challenge of the Historical Jesus*. New York:
　　Harper & Row, 1973.

Draaisma, Douwe. *Why Life Speeds Up as You Get Older: How Memory Shapes Our
　　Past*, trans. Arnold and Erica Pomerans. Cambridge: Cambridge University Press,
　　2004; 김승욱 옮김, 『나이 들수록 왜 시간은 빨리 흐르는가』. 서울: 에코리브르, 2005.

Dubois, Jacques et al. (Group µ). *A Gerneral Rhetoric*, trans. Paul B. Burrell & Edgar
　　M. Slotkin. Baltimore, Maryland: The Johns Hopkins University Press, 1981.

Evans, Craig A. *Mark 8:27-16:20*. Word Biblical Commentary. Nashville, Tennessee:
　　Thomas Nelson, 2001; 김철 옮김, 마가복음 8:27-16:20. WBC 34하. 서울: 솔로몬,
　　2002.

Frege, Gottlob. *Translations from the Philosophical Writings of Gottlob Frege*, eds.

Peter Geach and Max Black. Oxford: Basil Blackwell, 1970.

Frei, Hans W. *The Eclipse of Biblical Narrative*. New Haven & London: Yale University Press, 1974; 이종록 옮김, 『성경의 서사성 상실』. 서울: 장로교출판사, 1996.

_____. *The Identity of Jesus Christ: The Hermeneutical Bases of Dogmatic Theology*. Philadelphia: Fortress Press, 1975.

_____. *Theology and Narrative: Selected Essays*, eds. George Hunsinger and William C. Placher. New York and Oxford: Oxford University Press, 1993.

Gabler, Johann Philipp. "De justo discrimine theologiae biblicae et dogmaticae regundisque recte utriusque finibus." 알트도르프대학 교수 취임 강연, 1787.

Gadamer, Hans Georg. *Truth and Method*, 2nd rev., trans. Joel Weinsheimer and Donald G. Marshall. New York: Continuum, 1989; 이길우 외 옮김, 『진리와 방법』, 2권. 서울: 문학동네, 2000.

Gombrich, Ernst H. *The Story of Art*, 16th ed. London: Phaidon, 1995; 백승길·이종숭 옮김, 『서양미술사』. 서울: 예경, 1997.

Good, Roger. "God as the Word: Logos and Rhema", *Affirmation and Critique* 18.2 (Fall, 2013): 71-77.

Gunkel, Hermann. *Das Märchen im Alten Testament*. Tübingen: J. C. B. Mohr, 1921.

Guthrie, W. K. C. *A History of Philosophy Vol.1: The Earlier Presocratic and the Pythagoreans*. Cambridge: The Cambridge University Press, 1962.

Halbwachs, Maurice. *On Collective Memory*, trans. Lewis A. Coser. Chicago: Chicago University Press, 1992.

Hassabis, Demis et al. "Patients with Hippocampal Amnesia Cannot Imagine New Experiences." *Proceedings of the National Academy of Sciences* 104-5 (2007): 1726-31.

Hertzberg, Hans Wilhelm. *I and II Samuel*. Old Testament Library. London: SCM Press, 1964.

Hester, Marcus B. *The Meaning of Poetic Metaphor*. The Hague: Mouton & Co.,

1967.

Jakobson, Roman and Morris Halle. *Fundamentals of Language*. The Hague: Mouton, 1956.

Jowett, Benjamin. "On the interpretation of Scripture." In Temple et al., *Essays and Reviews*, 330-433. London: John W. Park and Son, 1860.

Jülicher, Adolph. *Die Gleichnisreden Jesu*, 2nd ed. Tübingen: Mohr, 1910.

Just, Arthur A., Jr., *Ancient Christian Commentary on Scripture: New Testament* III. Downers Grove, Illinois: InterVarsity Press, 2003.

Kelsey, David H. *The Uses of Scripture in Recent Theology*. Philadelphia: Fortress Press, 1975.

Kissinger, Warren S. *The Parable of Jesus: A History of Interpretation and Bilbliography*. ATLA Bibliography Series 4. Lanham, Maryland: The Scarecrow Press, 1979.

Kittel, Gerhard ed., *Theological Dictionary of the New Testament*, 10 vols. Grand Rapids, Michigan: Eerdmans, 1964-99.

Lakoff, George and Mark Johnson. *The Metaphors We Live By*. Chicago and London: The University of Chicago Press, 2003; 노양진·나익주 옮김, 『삶으로서의 은유』, 수정판. 서울: 박이정, 2006.

Lamsa, George M. *The New Testament according to the Eastern Text: Translated from Original Aramaic Sources*. Philadelphia: A. J. Holman Co., c1940.

Louw, Johannes P. and Eugene A. Nida eds. *Greek-English Lexicon of the New Testament: Based on Semantic Domains*, vol.1. New York: United Bible Societies, 1988.

Metzger, Bruce M. *A Textual Commentary on the Greek New Testament*. London: United Bible Societies, 1971.

Mounce, William D. *Pastoral Epistles*. Word Biblical Commentary 46. Nashville: Thomas Nelson, 2000; 채천식·이덕신 옮김, 『목회서신』. WBC 46. 서울: 솔로몬, 2009.

Nida, Eugene A. *Language, Culture and Translating*. Shanghai: Shanghai Foreign Language Education Press, 1993.

Nida, Eugene A. and Charles R. Taber. *The Theory and Practice of Translation: With Special Reference to Bible Translating*. Leiden: Brill, 1969.

Nooteboom, Cees. *Rituals*, trans. Adrienne Dixon. London: Harvill, 1996.

Ogden, Charles Kay and Ivor Armstrong Richards, *The Meaning of Meaning: A Study of the Influence of Language upon Thought and of the Science of Symbolism* (San Diego: Harcourt Brace Jovanovich, 1989).

Origen, *Homilies on the Gospel of Luke*, 34.3.

Preus, James S. *From Shadow to Promise: Old Testament Interpretation from Augustine to the Young Luther*. Cambridge, Mass.: Belknap Press of Harvard University Press, 1969.

Pyles, Thomas and John Algeo. *The Origins and Development of the English Language*, 4th ed. Fort Worth, Texas: Hartcourt Brace College Publishers, 1993.

Richards, Ivor Armstrong. *The Philosophy of Rhetoric*. Oxford: Oxford University Press, 1936; 박우수 옮김, 『수사학의 철학』. 서울: 고려대학교출판부, 2001.

Ricoeur, Paul. "Biblical Hermeneutics." *Semeia* 4 (1975): 29-148.

_____. *Freud and Philosophy: An Essay on Interpretation*. New Haven: Yale University Press, 1970; 김동규·박준영 옮김, 『해석에 대하여: 프로이트에 관한 시론』, 개정판. 고양: 인간사랑, 2020.

_____. *Hermeneutics and the Human Science*, trans. John B. Thompson. Cambridge: Cambridge University Press, 1981; 윤철호 옮김, 『해석학과 인문사회과학』. 서울: 서광사, 2003.

_____. *Figuring the Sacred: Religion, Narrative, and Imagination*, ed. Mark I. Wallace, trans. David Pellauer. Minneapolis: Fortress Press, 1995.

_____. *Interpretation Theory: Discourse and the Surplus of Meaning*. Fort Worth: Texas Christian University Press, 1976; 김윤석·조현범 옮김, 『해석 이론』 서울: 서광사, 1998.

_____. *The Rule of Metaphor: Multi-disciplinary Studies of the Creation of Meaning in Language*, trans. Robert Czerny. Toronto: University of Toronto Press, 1977.

_____. *The Symbolism of Evil*, trans. Emerson Buchanan. Boston: Beacon, 1967; 양명수 옮김, 『악의 상징』 서울: 문학과지성사, 1999.

_____. *Time and Narrrative*, 3 vols., trans. Kathleen Blamey and David Pellauer. Chicago, Michigan: The University of Chicago Press, 1983-85; 김한식·이경래 옮김, 『시간과 이야기』 3권. 서울: 문학과지성사, 1999, 2000, 2004.

Roenneberg, Till *The Internal Time: Chronotypes, Social Jet Lag and Why You're So Tired*. Cambridge, Massachusetts: Harvard University Press, 2012.

Ryle, Gilbert. *The Concept of Mind*. London: Hutchinson, 1949.

Sandys-Wunsch, John and Laurence Eldredge. "J. P. Gabler and the Distinction between Biblical and Dogmatic Theology: Translation, Commentary, and Discussion of His Originality." *Scottish Journal of Theology* 33 (1980): 133-158.

Saussure, Ferdinand de. *Course in General Linguistics*, eds. Charles Bally and Albert Sechehaye, trans. Roy Harris. Chicago and La Salle: Open Court, 1983; 김현권 옮김, 『일반언어학 강의』. 서울: 지식을만드는지식, 2012.

Shakespeare, William. 『로미오와 줄리엣』.

_____. 『십이야』.

Silva, Moisés ed., *New International Dictionary of New Testament Theology and Exegesis*, 2nd ed., 5 vols. Grand Rapids, Michigan: Zondervan, 2014.

Smart, J. J. C., ed. *Problems of Space and Time*. New York: The Macmillan Company, 1964.

Simonetti, Manlio. *Ancient Christian Commentary on Scripture: New Testament* Ib. Downers Grove, Illinois: InterVarsity Press, 2002.

Taleb, Nassim Nicholas. *The Black Swan: The Impact of the Highly Improbable*. New York: Random House, 2007; 차익종 옮김, 블랙스완. 파주: 동녘사이언스, 2007.

Todorov, Tzvetan. *Littérature et signification*. Paris: Larousse, 1967.

Tulving, Endel and Wayne Donaldson eds., *Organization of Memory*. New York: Academic Press, 1972.

Turbayne, Colin Murray. *The Myth of Metaphor*. New Haven: Yale University Press, 1962.

Volf, Miroslav. "Remembering Well in a Violent World." In Sebastian Chang-Hwan Kim and Andrew Chung Yoube Ha eds., *Reflections on the Life and Teaching of Rev. Kyung-Chik Han*, Building Communities of Reconciliation Vol. 1. Seoul: Nanumsa, 2012.

Wilder, Amos N. *Jesus Parables and the War of Myths: Essays on Imagination in the Scriptures*. Philadelphia: Fortress Press, 1982.

Wimsatt, William K. and Monroe C. Beardsley, "The Affective Fallacy", *The Sewanee Review* 57.1 (1949): 31-55.

_____. "The Intentional Fallacy", *The Sewanee Review* 54.3 (1946): 468-88.

Wittgenstein, Ludwig. *Philosophical Investigation*, trans. G. E. M. Anscombe. Malden, Massachusetts: Blackwell, 2001.

Young, Frances. "The Critic and the Visionary." *Scottish Journal of Theology* 41 (1988): 297-312.

# 사진 출처

이 책에 사용된 사진은 저작권 제약이 없는 것으로서 이 책에 나온 순서대로 표시했다. 그 중 무료 사이트에 올려놓은 사진은 내용, 작가의 아이디, 웹사이트 주소(괄호 안)의 순서로 표시해 놓았다. 무료로 사용하도록 허락한 작가들께 감사의 뜻을 전한다.

## 1장

프란츠 대공의 암살: Achille Beltrame, "오스트리아의 프란츠 대공과 호헨베르크 공작부인 소피의 암살," Domenica del Corriere (1914. 7. 12.), 1.

기차의 어린이: PublicDomainPictures (pixabay.com)

## 2장

두바이: designerpoint (pixabay.com)

노인과 시계: Willagard Krause (pixabay.com)

시계: Icon8_team (pixabay.com)

모래시계 안의 사람: xaviandrew (pixabay.com)

파일 캐비닛(수정): OpenClipart-Vectors (pixabay.com)

축구 경기: Pyxis-Web-Solutions (pixabay.com)

웅크린 개: Mark Hessling (unsplash.com)

십자가: OpenClipart-Vectors (pixabay.com)

3장

세 개의 사과: benjamin-wong (unsplash.com)

대학교 건물: alfcermed (pixabay.com)

자동차 배기가스: skitterphoto (pixabay.com)

달리는 토끼: WFranz (pixabay.com)

재생기 버튼: Bru-nO (pixabay.com)

노인과 어린이: geralt (pixabay.com)


4장

장미꽃: OpenClipart-Vectors (pixabay.com)

집 앞의 장미꽃 (부분/색상 수정): nrd (unsplash.com)

집 앞의 장미꽃: nrd (unsplash.com)

다섯 개의 사과: geralt (pixabay.com)


5장

파란색의 스펙트럼(부분/수정): No-longer-here (pixabay.com)

집과 잔디: midascode (pixabay.com)

레모네이드 판매차: chris1947 (pixabay.com)


6장

시계와 소녀: khmkhor (pixabay.com)

성경과 헤드폰이 있는 예수의 이름: SeanWichertSr (pixabay.com)

하트로 된 십자가: GDJ (pixabay.com)


7장

법궤: DesignDrawArtes (pixabay.com)

소파: ShutterlyFabulous (pixabay.com)

예루살렘 성전: noamhen (pixabay.com)

건반: feracosn (pixabay.com)

## 8장

여우 그림: fuu-j (unsplash.com)

하구: Atlantos (pixabay.com)

검은 백조: Bobbleoff (pixabay.com)

여우와 까마귀: Louise (pixabay.com)

타자기와 랩톱컴퓨터: Sreeguru (pixabay.com)


## 9장

사람의 창조: 미켈란젤로, 『아담의 창조』(1512).

지구: geralt (pixabay.com)

왕 스테인드글라스: falco (pixabay.com)

반죽: giulioperricone (pixabay.com)

십자가: congerdesign (pixabay.com)

낙타: 요한 포겔, 『독일의 회복된 평화에 대한 상징적 명상』(1949)의 삽화

물이 넘치는 방: TheDigitalArtist (pixabay.com)


## 10장

예수, 요한, 베드로, 유다: 레오나르도 다빈치, 『최후의 만찬』(1895-8), 부분.

셰익스피어 글로브 극장: RGY23 (pixabay.com)

잠자는 고양이: Shanon (pixabay.com)

문: Pexels (pixabay.com)

동상과 사람: Peggy_Marco (pixabay.com)

사막여우: hradient (pixabay.com)

박수: Clker-Free-Vector-Images (pixabay.com)


## 11장

비틀카 사진: Hans Benn (pixabay.com)

비틀카 삽화: esclphotograf (pixabay.com)

천칭저울: Monam (pixabay.com)

성찬: debby-hudson (unsplash.com)

호두와 호두까기: domeckopol (pixabay.com)

**12장**

사과와 지구: geralt (pixabay.com)

포도원: mattiasboeckel (pixabay.com)

양떼와 목자: Free-Photos (pixabay.com)

독수리: rise-a-mui (pixabay.com)

| | | | | | |
|---|---|---|---|---|---|
| 21:4-9 | 182, 217 | | 9:8-15 | 241 | |
| 22:18 | 165 | | 10:9 | 125, 168 | |
| 24:10 | 211 | | 10:11 | 40 | |
| 25:1-9 | 182, 230 | | 18:31 | 119 | |
| | | | 19:18 | 119 | |

## 신명기

| | |
|---|---|
| 1:13 | 132 |
| 1:28 | 176 |
| 4:34 | 165 |
| 5:15 | 40 |
| 6:18 | 161 |
| 7:18-19 | 40 |
| 8:3 | 164, 169 |
| 14:1 | 155 |
| 15:15 | 40 |
| 24:9 | 40 |
| 24:18 | 40 |
| 24:22 | 40 |
| 28:37 | 243 |
| 32:6 | 155 |
| 32:10 | 162 |
| 32:11-12* | 257 |
| 32:11-12 | 167 |
| 32:12 | 258 |
| 33:10 | 163 |

## 여호수아

| | |
|---|---|
| 1:1-9 | 194 |
| 7:5 | 145 |
| 17:4 | 164 |
| 22:14 | 125 |

## 사사기

| | |
|---|---|
| 6:9 | 40 |

## 롯기

| | |
|---|---|
| 2:12 | 167 |
| 2:20 | 202 |
| 3:12-13 | 202 |
| 4:1 | 202 |
| 4:14 | 202 |

## 사무엘상

| | |
|---|---|
| 1:7 | 119 |
| 1:19 | 122 |
| 2:10* | 204 |
| 10:12 | 243 |
| 10:18 | 40 |

## 사무엘하

| | |
|---|---|
| 5:13 | 248 |
| 7:1 | 122 |
| 9:6 | 98 |
| 12:1-4* | 244 |
| 12:1-4 | 241 |
| 12:10 | 168 |
| 20:3 | 248 |
| 22:7 | 162 |
| 22:9 | 163 |

## 열왕기상

| | |
|---|---|
| 4:32 | 243 |

| | |
|---|---|
| 8:33 | 127 |
| 9:3 | 161 |
| 13:21 | 164 |
| 20:39-40 | 241 |
| 21:27 | 49 |

## 열왕기하

| | |
|---|---|
| 3:18 | 161 |
| 11:12 | 211 |
| 11:18 | 170 |
| 15:26 | 161 |
| 17:36 | 40, 165 |
| 19:28 | 162 |
| 21:11-15 | 194 |
| 23:26-27 | 194 |
| 24:2-4 | 194 |
| 25:1-7 | 193 |

## 역대상

| | |
|---|---|
| 6:32 | 122 |
| 6:48 | 119 |
| 12:23 | 164 |
| 16:1-6 | 118 |
| 16:11 | 161 |
| 16:34 | 127 |
| 16:36 | 128 |
| 17:10 | 125, 168 |
| 17:24 | 125 |
| 24:11 | 131 |
| 28:2 | 166 |

## 역대하

| | |
|---|---|
| 1:10-12 | 132 |
| 1:15 | 176 |

| | |
|---|---|
| 6:24 | 127 |
| 6:42 | 161 |
| 7:14 | 161 |
| 16:9 | 161 |
| 20:18 | 98 |
| 20:21 | 127 |
| 31:15 | 131 |

## 에스라

| | |
|---|---|
| 4:3 | 131 |
| 10:11 | 127 |

## 느헤미야

| | |
|---|---|
| 7:7 | 131 |
| 8:6 | 98 |
| 8:15 | 119 |
| 8:17 | 131 |
| 9:17 | 163 |

## 에스더

| | |
|---|---|
| 8:1 | 168 |

## 욥기

| | |
|---|---|
| 1:20 | 98 |
| 8:14 | 122 |
| 16:9 | 162 |
| 27:23 | 211 |
| 40:14 | 127 |

## 시편

| | |
|---|---|
| 4:6 | 161 |
| 6:6 | 176 |
| 8:3 | 126, 166 |

| | | | | |
|---|---|---|---|---|
| 11:4 | 161 | | 99:5 | 167 |
| 15:1 | 119 | | 102:25 | 165 |
| 17:8 | 167 | | 103:13 | 156 |
| 18:6 | 162 | | 104:29 | 161 |
| 18:8 | 163 | | 105:4 | 160 |
| 18:9 | 166 | | 106:1 | 127 |
| 20:6 | 165 | | 106:7 | 40 |
| 22:16 | 155 | | 107:1 | 127 |
| 23:1 | 155 | | 115:12 | 168 |
| 24:6 | 161 | | 118:1 | 127 |
| 27:8 | 161 | | 118:29 | 127 |
| 31:2 | 162 | | 119:65 | 132 |
| 32:5 | 127 | | 119:135 | 161 |
| 34:15 | 161 | | 132:5 | 167 |
| 36:7 | 167 | | 132:7 | 167 |
| 47:1 | 211 | | 134:1 | 122 |
| 50:14-15 | 127 | | 136:1 | 127 |
| 52:8 | 119 | | | |
| 57:1 | 167 | | | |

## 잠언

| | |
|---|---|
| 1:7 | 132 |
| 3:34* | 204 |
| 10:1 | 243 |
| 15:3 | 161 |
| 17:1 | 237 |
| 22:12 | 161 |
| 28:13 | 127 |
| 31:28 | 127 |

| | | |
|---|---|---|
| 61:4 | 167 | |
| 66:8 | 128 | |
| 67:1 | 161 | |
| 68:5 | 155 | |
| 66:8 | 128 | |
| 77:11-15 | 40 | |
| 77:15 | 165 | |
| 80:1 | 155 | |
| 86:1 | 162 | |
| 88:2 | 162 | |
| 89:13 | 165 | |
| 90:10 | 145 | |
| 91:4 | 167 | |
| 92:132 | 119 | |
| 95:7 | 155 | |
| 99:2 | 167 | |

## 전도서

| | |
|---|---|
| 1:2 | 200 |
| 3:14 | 200 |
| 5:7 | 200 |
| 7:18 | 200 |
| 8:12 | 200 |

| | |
|---|---|
| 8:13 | 200 |
| 8:15 | 200 |
| 9:9 | 200 |
| 12:9 | 243 |
| 12:13 | 200 |

## 이사야

| | |
|---|---|
| 2:4 | 169 |
| 2:5 | 125 |
| 3:20 | 122 |
| 6:1 | 166 |
| 11:15-16 | 40 |
| 33:2 | 165 |
| 40:30-31* | 257 |
| 40:31 | 258 |
| 41:10 | 165 |
| 43:25 | 37 |
| 45:9 | 155 |
| 48:13 | 165 |
| 45:7 | 172 |
| 53:6 | 254 |
| 54:5 | 155 |
| 55:12 | 211 |
| 62:5 | 155 |
| 62:8 | 165 |
| 64:8 | 145 |
| 64:9 | 37 |
| 65:5 | 163 |
| 65:26 | 171 |
| 66:1 | 166 |

## 예레미야

| | |
|---|---|
| 3:15 | 132 |
| 11:4 | 40 |

| | |
|---|---|
| 11:7 | 40 |
| 14:21 | 37 |
| 21:3 | 168 |
| 31:31 | 218 |
| 31:32 | 155 |
| 33:11 | 127 |
| 35:7 | 122 |
| 35:18 | 125, 168 |
| 51:41 | 128 |

## 예레미야애가

| | |
|---|---|
| 1:18 | 165 |
| 2:15 | 211 |
| 3:56 | 162 |

## 에스겔

| | |
|---|---|
| 16:35 | 155 |
| 17:3, 7* | 257 |
| 17:3-7* | 251 |
| 17:3-10 | 241 |
| 17:12 | 258 |
| 17:12-17 | 252 |
| 18:2 | 243 |
| 20:5-10 | 40 |
| 21:17 | 211 |
| 21:26 | 168 |
| 22:13 | 211 |
| 25:6 | 211 |
| 38:18 | 163 |

## 다니엘

| | |
|---|---|
| 7:25 | 104 |
| 12:7 | 104 |

## 호세아

| | |
|---|---|
| 2:16 | 155 |
| 4:1 | 132 |
| 4:6 | 132 |
| 6:6 | 132 |
| 13:4 | 40 |

## 아모스

| | |
|---|---|
| 2:10 | 40 |
| 3:15 | 122 |
| 5:21 | 164 |

## 미가

| | |
|---|---|
| 4:2 | 120 |
| 4:3 | 169 |
| 6:4 | 40 |

## 스가랴

| | |
|---|---|
| 2:8 | 162 |
| 9:9 | 119, 221 |

신약

## 마태복음

| | |
|---|---|
| 1:1-17 | 218 |
| 1:22-23 | 218 |
| 2:5-6 | 218 |
| 2:7 | 103 |
| 2:11 | 99 |
| 2:16 | 103 |
| 3:6 | 128 |
| 3:7 | 155 |
| 4:4 | 164, 169 |

| | |
|---|---|
| 4:16 | 171 |
| 5:11 | 109 |
| 5:13 | 145 |
| 5:17 | 218 |
| 5:21-22 | 219 |
| 5:27 | 176 |
| 5:27-28 | 219 |
| 5:29 | 176 |
| 5:29-30 | 219 |
| 5:32 | 111 |
| 5:35 | 166 |
| 5:44 | 114 |
| 5:44-45* | 51 |
| 5:46 | 114 |
| 6:5 | 112 |
| 6:24* | 204 |
| 7:2 | 177 |
| 7:3-5 | 176 |
| 7:9-10 | 177 |
| 7:12 | 218 |
| 8:8 | 110 |
| 10:16 | 171 |
| 10:37 | 112 |
| 11:25 | 103, 128 |
| 12:1 | 103-4 |
| 12:6 | 123 |
| 12:32 | 110 |
| 12:34 | 155 |
| 12:36 | 109 |
| 13:19 | 110 |
| 13:39 | 172 |
| 14:1 | 104 |
| 15:23 | 110 |
| 18:23 | 111 |
| 18:23-34 | 241 |

| | |
|---|---|
| 19:19 | 114 |
| 19:22 | 110 |
| 19:24 | 174 |
| 19:25-26 | 177 |
| 21:1-5* | 221 |
| 21:4-5 | 218 |
| 21:34 | 105 |
| 22:37 | 114 |
| 22:39 | 114 |
| 22:40 | 218 |
| 22:46 | 110 |
| 23:6 | 112 |
| 23:6-7 | 113 |
| 23:35 | 123 |
| 23:27 | 155 |
| 24:35 | 110 |
| 25:19 | 104, 111 |
| 26:18 | 105 |
| 26:30 | 124 |
| 26:48 | 113 |
| 26:61 | 123 |
| 26:75 | 110 |
| 27:38 | 173 |
| 28:19 | 118 |

## 마가복음

| | |
|---|---|
| 1:1 | 118 |
| 1:5 | 128 |
| 1:15 | 105 |
| 1:45 | 111 |
| 5:36 | 110 |
| 7:29 | 110 |
| 8:32 | 110 |
| 9:32 | 110 |

| | |
|---|---|
| 10:21 | 114 |
| 10:25 | 174 |
| 10:26-27 | 177 |
| 12:1-9 | 241, 254 |
| 12:13 | 110 |
| 12:31 | 114 |
| 12:33 | 114 |
| 14:44 | 113 |
| 14:58 | 123 |
| 14:72 | 110 |

## 누가복음

| | |
|---|---|
| 1:46 | 124 |
| 1:57 | 105 |
| 1:65 | 109 |
| 2:13 | 124 |
| 2:15 | 111 |
| 2:29 | 110 |
| 3:2 | 110 |
| 3:7 | 155 |
| 3:23-38 | 218 |
| 4:5 | 104 |
| 4:23 | 243 |
| 5:1 | 110 |
| 5:5 | 110 |
| 5:15 | 110 |
| 5:25 | 124 |
| 6:27 | 11, 114, 261 |
| 6:28 | 124 |
| 6:32 | 114 |
| 6:35 | 114 |
| 7:1 | 110 |
| 7:7 | 110 |
| 7:17 | 110 |

6:10　　　　　105

## 에베소서

| | |
|---|---|
| 2:12 | 104 |
| 5:19 | 124 |
| 5:25 | 114 |
| 6:12 | 170 |
| 6:18 | 105 |

## 빌립보서

| | |
|---|---|
| 2:11 | 128 |
| 3:2 | 155 |

## 골로새서

| | |
|---|---|
| 3:16 | 124 |
| 3:19 | 114 |
| 4:6 | 110 |

## 데살로니가전서

| | |
|---|---|
| 1:8 | 110 |
| 2:17 | 104 |
| 4:9 | 114 |
| 5:1-2 | 106 |

## 데살로니가후서

| | |
|---|---|
| 2:16 | 114 |

## 디모데전서

| | |
|---|---|
| 3:2 | 199 |
| 3:12 | 199 |
| 5:11-14 | 199 |

## 디모데후서

| | |
|---|---|
| 3:1 | 105 |
| 3:8* | 233 |
| 3:16 | 22 |
| 4:3 | 105 |
| 4:10 | 113 |

## 디도서

| | |
|---|---|
| 1:1 | 134 |
| 1:6 | 199 |
| 3:15 | 113 |

## 히브리서

| | |
|---|---|
| 2:12 | 124 |
| 4:8 | 131 |
| 4:14 | 131, 226 |
| 6:5 | 110 |
| 6:6 | 226 |
| 6:14 | 124 |
| 6:20 | 226 |
| 9:1-22 | 225 |
| 9:9 | 103 |
| 9:10 | 105 |
| 9:12 | 226 |
| 9:15 | 226 |
| 11:15 | 105 |
| 12:6 | 114 |
| 12:24 | 226 |
| 13:15 | 235 |

## 야고보서

| | |
|---|---|
| 2:8 | 114 |
| 5:16 | 128 |